MOSER BIKE GUIDE

idee autor layout	Elmar Mo
photography	Heinz Enc
cover	Sabine Urbas-Plenk
satz	Wolfgang Schiller
production © copyright	Delius Klasing & Co. Bielefeld Printed in Germany 1991

ISBN 3-7688-0732-0

Inhalt und Touren sind nach bestem Wissen zusammengestellt, eine Gewähr für die Richtigkeit der Angaben wird nicht gegeben. Die Befahrung erfolgt auf eigene Gefahr und kann mit den üblichen, beim Aufenthalt im Gebirge immer vorhandenen Risiken verbunden sein. Jede Haftung ist ausgeschlossen. Der Autor weist ausdrücklich darauf hin, daß in wenigen Ausnahmefällen vorgeschlagene Wegabschnitte einem allgemeinen Fahrverbot unterliegen können oder nur für Fußgänger zugelassen sind. Für die Begehung von Ordnungswidrigkeiten in diesem Zusammenhang wird nicht gehaftet. In beiden Fällen muß das Bike geschoben werden.

Impressum

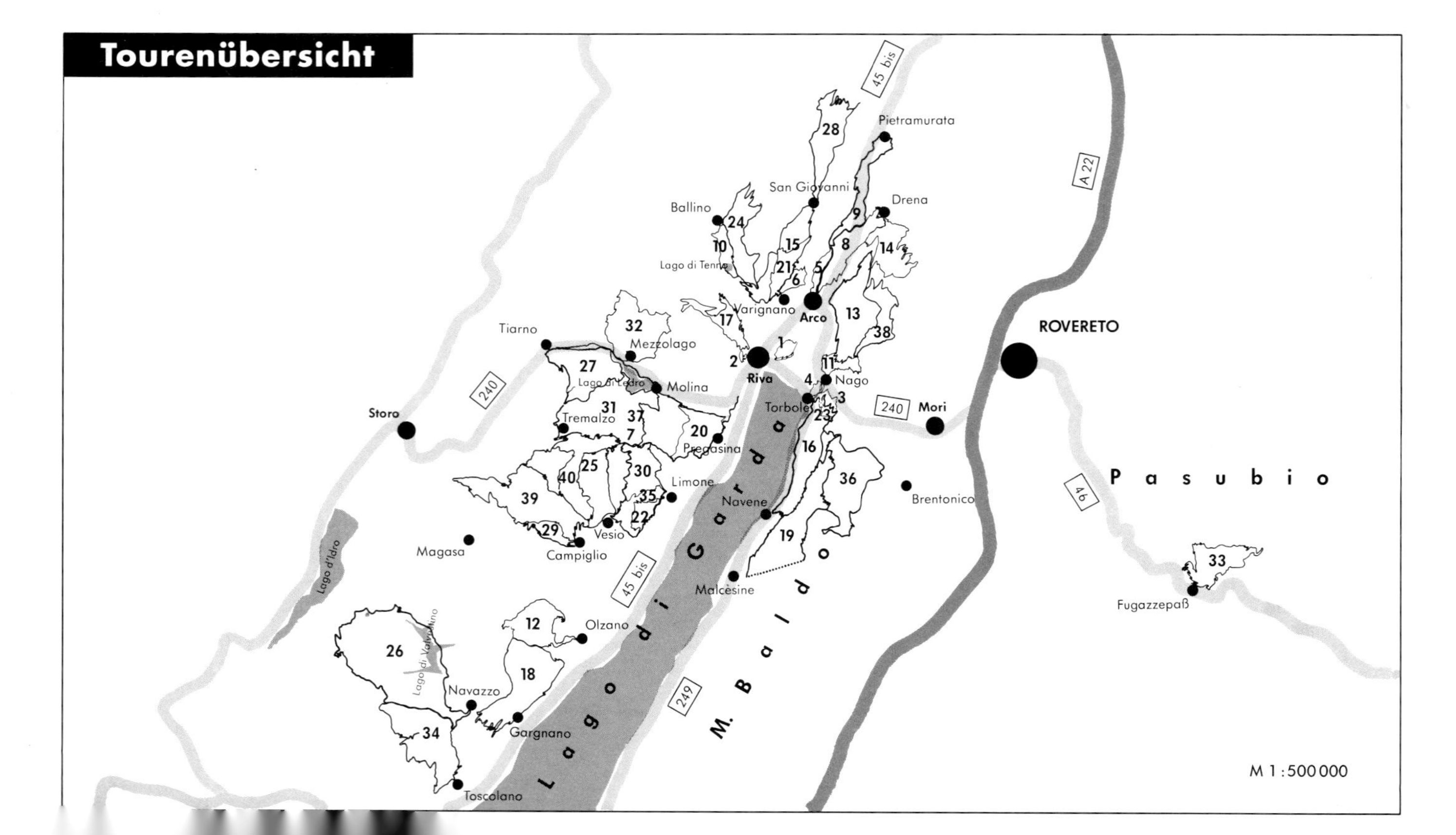
Tourenübersicht
Pietramurata
San Giovanni
Drena
Ballino
Lago di Tenno
Varignano
Arco
ROVERETO
Tiarno
Mezzolago
Riva
Lago di Ledro
Molina
Nago
Torbole
Mori
Storo
Tremalzo
Pregasina
Limone
Navene
Brentonico
Pasubio
Vesio
Campiglio
Magasa
Lago d'Idro
Malcesine
Lago di Garda
M. Baldo
Fugazzepaß
Olzano
Lago di Valvestino
Navazzo
Gargnano
Toscolano
45 bis
A 22
240
249
46
M 1:500 000

Inhalt

Roncone
Bezzecca
Tiarno
Locca
Pieve di Ledro
Lago di Ledro
Molina di Ledro
Legos
Palafitte
C.NO DELLA MAROGNA
TACCHETTO BASSO
BOCCHETTA DI NANSESA
CIMA DELLE SCLAPE
COLMA
M. TRAVEL
MURAVALLE
DOSSO RA
DEI FORTINI
PUNTA DELLA BROA
CLEMONE
CORNO

G O
D I G A R D A
(B E N A C O)
Riva del Garda
Nago

Benutzerhinweise

- Die Touren (mit Ausnahme der ersten sechs Kurzrouten) sind subjektiv nach Schwierigkeitsgrad in aufsteigender Folge numeriert.

- Alle Fahrzeiten verstehen sich ohne Berücksichtigung von Pausen. Bei der Summe Höhenmeter handelt es sich um die insgesamt bei einer Tour zu bewältigenden Auffahrts-Höhenmeter. In der Tourenlänge sind auch die Entfernungen der Trage- oder Schiebestrecken enthalten.

- Der Wegweiser beschreibt alle Stationen einer Tour, die einer genauen Wegweisung bedürfen. **Dazwischen bleiben Sie stets auf dem eingeschlagenen Hauptweg oder -pfad** und ignorieren sämtliche Abzweige, Kreuzungen etc. Die Verwendung eines Kilometerzählers wird Ihnen die Orientierung zusätzlich erleichtern.

- **Sämtliche Touren können garantiert alleine mit diesem Wegweiser auch ohne jedes Kartenmaterial befahren werden.** Das Mitführen einer Landkarte zur Übersicht ist empfehlenswert, vertrauen Sie im Zweifel aber immer der Wegweiserbeschreibung. Die meisten Karten sind unvollständig und in Teilen nicht auf dem neuesten Stand.

- Ich empfehle den Kauf der KOMPASS-Karten im Maßstab 1:50.000. Die drei Blätter 101, 102 und 73 decken das gesamte, beschriebene Tourengebiet um den Gardasee einschließlich der Region Pasubio ab. Wer sich allerdings en detail nach Karte orientieren möchte, sollte zu den amtlichen Karten des Istituto Geografica Militare (I.G.M.) im Maßstab 1:25.000 greifen, die jeden Trampelpfad enthalten. Die

I.G.M.-Blätter im Maßstab 1:50.000 sind wegen schlechter und lückenhafter Zeichnung nicht zu empfehlen. Von der Comune di Tenno und der Comune di Nago-Torbole gibt es zwei sehr gut brauchbare Wanderkarten über die Region um den Tennosee bzw. den Monte Altissimo im Maßstab 1:20.000, die kostenlos in den jeweiligen Touristenbüros erhältlich sind.
Die I.G.M.-Karten gibt es in Italien nur bei Libreria Disertori, Via Diaz 11, Trento, Tel. 0039/461/981455 (meist vorrätig) oder in Deutschland auf Bestellung bei Geobuch, Rosental 6, 8000 München 2, Tel. 089/265030 (dauert ca. 2 - 4 Wochen).

- Die folgenden Fremdenverkehrsämter geben touristische Auskünfte: Torbole, Tel. 0039/464/505177, Riva, Tel. 0039/464/554444, Arco, Tel. 0039, 464/517111, Limone, Tel. 0039/365/954265. Hier zwei Kontaktadressen für Unterkunft in Torbole: Pension Sandra Bertolini, Via Pasubio, 12, Tel. 0039/464/505277 oder Villa Stella, Hotel und Appartements, Via Strada Grande, 42, Tel. 0039/464/505354. Zimmer vermittelt auch die Firma 3S-Bike (siehe unten).

- Für geführte Touren rund um den Lago empfehle ich die Firma 3S-Bike, die auch Fahrtrainings und Bike-Verleih anbietet: 3S-Bike (im Hotel Benaco), Torbole, Via Benaco, Tel. 0039/464/506077 (Informationen auch in Deutschland unter Postfach 1126, 7420 Münsingen, Tel. 07381/2088 oder 89 erhältlich).

- Folgende Übersetzung sollten alle Einsteiger und Normal-Biker am Lago montiert haben:
  vorne: 16 / 28 / 40 hinten: z. B. 13/30 oder 13/34

Lago
Biking
Lago-Biking – ein Hauch von Paradies.
Am Morgen in Gianni's Bar zu Arco
den dampfenden Cappuccino,
in mediterranem Flair
durch Zypressen- und Olivenhaine
hinauf in eine hochalpine Felsenwelt,
atemberaubende Schotterabfahrten,
Kamikaze-Trials
und grandiose Ausblicke
über den glitzernden Gardasee.
Am Abend Pasta und Vino
unter Sternen, Vorfreude
auf das neue Abenteuer
am nächsten Tag.

Lago-Biking

In kaum einer anderen Bike-Region liegen Paradies und Fegefeuer so nah beisammen: Wo eben noch himmlische Ausblicke zum Gardasee lockten, wartet hinter der nächsten Biegung schon teuflisches Gestein, das voll in die Gelenke knallt. Der Lago-Neuling bekommt den ersten überwältigenden Eindruck nach knapp vierstündigem Rutsch von den lieblichen oberbayrischen Seen über den Brenner bereits bei Nago: Bilderbuch-Blicke, das erste traumhafte See-Panorama, aber auch schroffe Felswände: stone age - zurück in die Steinzeit!

Ein eigentümliches Felsending ragt schon wie eine gigantische Muschel aus dem Strandsand der Sarca-Ebene am nördlichen Seeufer, dahinter türmen sich die fast senkrechten Steinfassaden des Westufers über den zahlreichen Tunnels der Gardesana Occidentale. Oberhalb von Torbole erstrecken sich die Felstrümmer-Flanken des Monte Altissimo. Langsam wird es zur Gewißheit - den Biker erwartet hier nicht nur sanfter Italo-Rock, 'Rock around the clock' ist angesagt!

Am Lago beginnt für manch unbedarften Bike-Genossen eine neue Zeitrechnung. Hier ist Schluß mit dem Rollen über weiche Waldwege und durch kühle, waldreiche Bachtäler - man muß knallharten Fels lieben lernen. Aber das Wunder geschieht sogar mit Softies. Mit jeder Tour schwindet die Abscheu vor dem harten Element und irgendwann ist auch der eingefleischteste Forstweg-Tourenstrampler zum begeisterten Trial-Piloten mutiert. Es bleibt auch kaum eine andere Wahl. Die Schotterbrocken sind allgegenwärtig, bedecken Fahrbahnen und Hänge, türmen sich schier in allen Dimensionen, wenn die alten Militärpfade durch enge Tunnels führen. Zweiundfünfzig (!) dieser Felsenröhren hält alleine die Traumtour auf den Spuren des Ersten Weltkriegs am Pasubio bereit. Teils absolute Finsternis ist bei dieser Fahrt nur eine der vielen zu lösenden Aufgaben. Aber schließlich sind die meisten Wege und Pfade der Region ehemals für die trittsicheren Mulis auf vier Beinen angelegt worden. 14/18 schleppten diese braven Viecher mit stoischer Ruhe schwerste Nachschublasten auf die heiß umkämpften Gipfel, Tunnels boten dabei besten Schutz vor heftigem Artilleriebeschuß.

Solche Glanzpunkte eines Biker-Lebens hält der Gardasee im Überfluß bereit. Neben Tunnels aller Art findet der Offroad-Fan immer wieder traumhafte Seeblicke bei fast jeder Tour, faszinierende Pfadpassagen an steilen Abhängen, rasante Abfahrten auf kehrenreichen Schotterwegen und anspruchsvolle Trial-Pisten, deren extremste Abschnitte Normal-Biker nur noch allen Vieren abzurutschen vermögen. Dazu kommt immer wieder das tolle Feeling des Bikens in einsamen, hochalpinen Fels-Gefilden mit Bilderbuch-Blicken auf märchenhaft schöne, mediterrane Bergwelten. Auf den Aktiven warten unvergeßliche Eindrücke, von denen sich noch lange bei den eher lauen Touren am heimatlichen Isar-Strand zehren läßt.

Dabei ist nicht alles am Lago auch wirklich schwer. Viele Bergpfade sind verglichen mit unseren Breitengraden sogar überrraschend velofreundlich, auch wenn nicht selten etwas Schwindelfreiheit an steilsten Abhängen gefordert ist. Die alten Militärstrategen haben nicht nur für Mulis und ihre Treiber freie Bahn auf Berges Höhen geschaffen, auch mächtige Kanonen sollten auf die Gipfel gefahren werden, um die Feinde in den Tälern in Schach halten zu können. Ihr Trick dabei: Einbau von zum Teil abenteuerlichen Serpentinen, die die Höhendifferenz relativ sanft abarbeiten und heute dem Velo-Treiber ein oft müheloses Vorankommen bescheren. Paradebeispiel dafür ist die alte Tremalzo-Schotterstraße auf ihrem schönsten Abschnitt zwischen Passo Nota und dem Tremalzo-Tunnel auf 1863 Meter Höhe. Wie eine Schlange windet sich das helle Pistenband in schier unendlichen Kehren durch grüne, von hellen Kalkfelsen durchsetzte Grashänge und bietet traumhafte Ausblicke auf die umliegenden Bergkämme.

Entscheidend fürs Biken am Gardasee: Man muß seine Touren den Umständen anpassen. Auffahrten plant man am besten über gute Wege ein und für die Abfahrten wählt man eher die Trial-Pfade oder Karrenwege, die ohnehin nur zum reinen Sinkflug taugen. Himmelwärts geht auf den meisten dieser Pisten nämlich so gut wie gar nichts, manchmal fällt schon das Gehen samt geschultertem Bike schwer genug. Viele Bergfahrten kann man sogar auf asphaltierte Straßen verlegen und zudem häufig das Automobil benutzen. Gerade Einsteiger sollten dieses Plus am Lago nutzen und dadurch so manche Auffahrt weitaus erträglicher gestalten.

Absolutes Sperrgebiet für Ritzel-Mobile ist die Gardesana Occidentale. Hier, auf der Fahrstraße am Westufer zwischen Gargnano, Limone und Riva, gibt es unzählige enge und stockdunkle Tunnels, die man aus Sicherheitsgründen auch mit Beleuchtung keinesfalls befahren sollte. Relativ problemlos läßt sich für Biker dagegen das östliche Pendant, die Gardesana Orientale, benutzen. Der beste Standort für den Lago-Biker liegt an den nördlichen Ufern. Hier um Torbole, Riva und Arco sind die meisten Touren-Startplätze sogar mit dem Bike erreichbar und nach Limone, Tremosine und Tignale ist es mit dem Auto auf der Rennstrecke durch die Röhren der Gardesana Occidentale nur ein Katzensprung ...

1 MONTE BRIONE

11,5 km · **1:40** Std · **542** Hm

Mäßig schwere Tour! Kurztrip auf den Spuren der ehemaligen Worldcup-Route. Leichte Trials, traumhaftes Lago-Panorama während der Abfahrt. Supertour!

Beschreibung

MTB-Worldcup '87, Riva/Torbole, Lago di Garda. Fünfmal kämpfen sich moderne, stollenbewehrte Gladiatoren über einen mörderischen Parcours. Am Ende taumeln selbst erprobte Cracks, über weite Strecken gefährlich nahe an der Hangkante, schiebenderweise den Panoramica-Pfad hinauf und rutschen auf Reifen und Schuhsohlen die steilsten Schlüsselstellen der Abfahrt hinunter. Ein Szenario so recht nach dem Geschmack der Sadisten unter den Zuschauern, die sich in der Schlußphase des Rennens am jämmerlichen Zustand so manchen Bikers ergötzten. Kein Wunder, eignet sich doch die Auffahrt über die Panoramica-Route wirklich nur für die artverwandten Masochisten. Es handelt sich zumindest am Anfang keineswegs um Fahren, sondern fast ausschließlich um Berg-Cross-Laufen mit locker geschultertem Drahtesel, verbunden mit dem Manko, den See stets im Rücken zu haben.

Der Normal-Biker abseits der Sado-Maso-Szene kann den Spieß aber sehr leicht umdrehen und sich seine eigene Route suchen. Er nutzt den Brione am besten für eine Spritztour nach der Lago-Ankunft. Die Traumfahrt macht die richtige Laune auf größere Aufgaben, stellt erste nicht ganz leichte Anforderungen und ist doch von jedem zu bewältigen. Die bequeme Asphaltstraße wird zur zweimaligen Auffahrt genutzt und mit den Auf- und Abfahrtspassagen des Worldcup-Races, nur jeweils bergab, zu einer Doppelschleife mit Erkundung des ganzen schrägen Tafelberges kombiniert.

Das Schmankerl der Auffahrt an den bewaldeten Westhängen der Brione-Muschel liegt bei Kilometer 2,0. Eine Höhle führt in wenigen Schritten vom Wegesrand durch den Berg zur östlich senkrecht abfallenden Wand. Auf den ersten Blick recht harmlos, entpuppt sich das Ding zum Panorama-Kleinod. Gleichsam wie aus einem offenen Fenster genießt man in zweihundertfünfzig Meter Höhe mitten aus der Felsflanke heraus einen der schönsten Blicke über die Sarca-Mündung auf Torbole und Nago.

Etwas höher zweigt man auf einen Schotterweg ab, der auf Wunsch bis unmittelbar vor den Sendemasten des Brione führt, wo in wenigen Gehminuten auf unbefahrbarem Pfad der Gipfel erreichbar ist. Für Biker allerdings ist dies kaum der Mühe wert. Am besten schon vorher bei der alten Bunkeranlage den beginnenden Pfad ansteuern, der den absoluten Höhepunkt der Tour markiert. Bald geht es stets haarscharf an der Felskante entlang wieder hinab nach Riva. Die schwappenden blauen Wellen, durchzogen vom bunten Gewimmel der miniaturhaften Surfersegel und der See in fast seiner gesamten Ausdehnung mit den umgebenden, steil aufragenden Felsflanken, lie-

Fahrstrecke

km	Ort	Hm	Zeit
0,0	Riva beim Porto di Riva	**73**	
2,0	Panoramahöhle	255	
2,5	Abzweig Panoramica-Route	285	0:21
3,1	Bunker-Anlage	335	0:25
4,7	bei Riva	90	0:43
6,5	Panorama-Höhle	255	
7,9	Fonte S. Alessandro	364	
8,0	Panorama-Punkt	**366**	1:12
10,0	San Alessandro	80	1:32
10,4	Colombera	78	
11,5	Riva	73	1:40

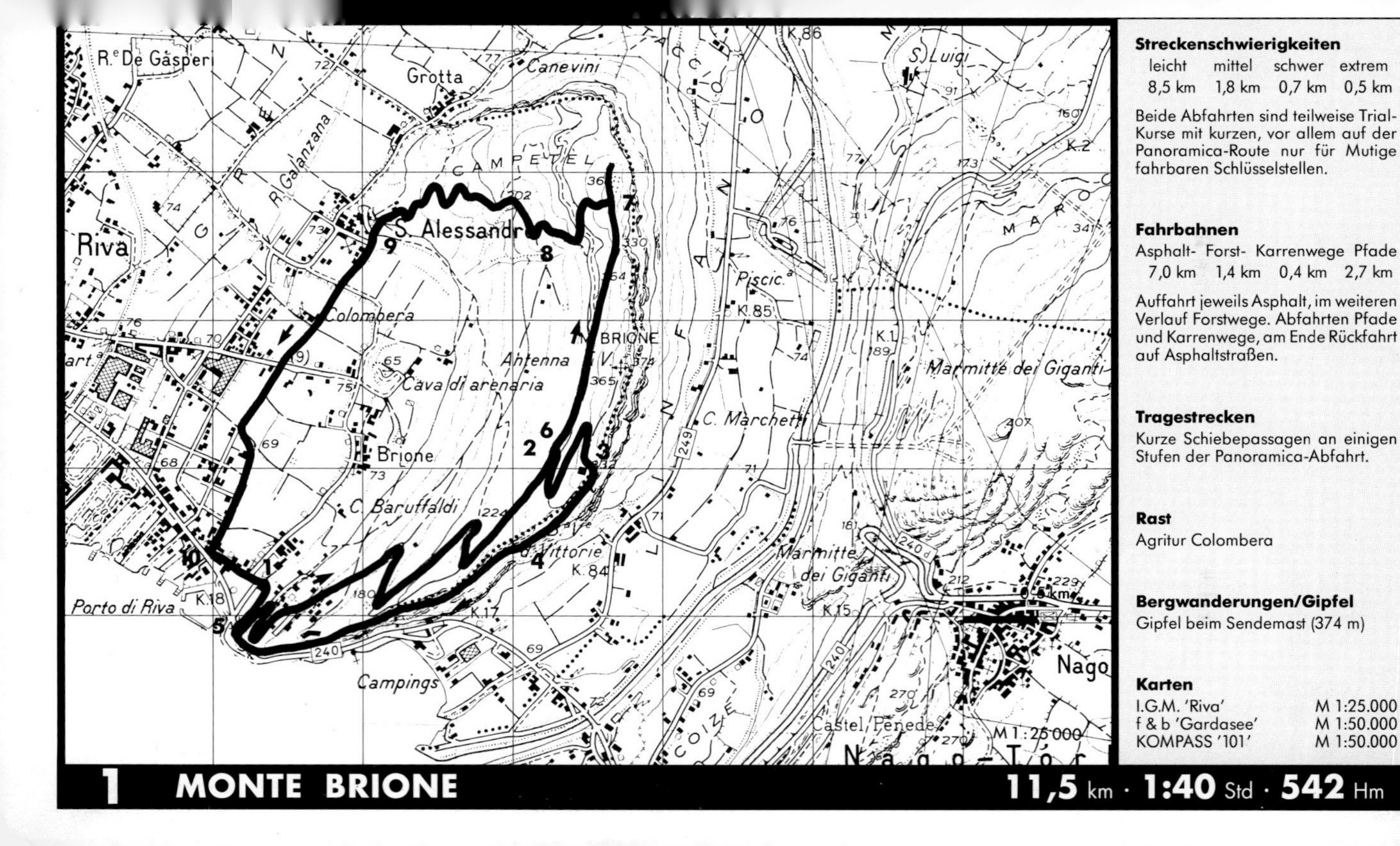

1 MONTE BRIONE

11,5 km · **1:40** Std · **542** Hm

Streckenschwierigkeiten

leicht	mittel	schwer	extrem
8,5 km	1,8 km	0,7 km	0,5 km

Beide Abfahrten sind teilweise Trial-Kurse mit kurzen, vor allem auf der Panoramica-Route nur für Mutige fahrbaren Schlüsselstellen.

Fahrbahnen

Asphalt-	Forst-	Karrenwege	Pfade
7,0 km	1,4 km	0,4 km	2,7 km

Auffahrt jeweils Asphalt, im weiteren Verlauf Forstwege. Abfahrten Pfade und Karrenwege, am Ende Rückfahrt auf Asphaltstraßen.

Tragestrecken

Kurze Schiebepassagen an einigen Stufen der Panoramica-Abfahrt.

Rast

Agritur Colombera

Bergwanderungen/Gipfel

Gipfel beim Sendemast (374 m)

Karten

I.G.M. 'Riva'	M 1:25.000
f & b 'Gardasee'	M 1:50.000
KOMPASS '101'	M 1:50.000

SCOTT
SCOTT
Giro

ständig in Blickrichtung vor dem Biker-Auge. Eine wahre Traumfahrt mit häufigen, dem Namen der Route alle Ehre machenden Panorama-Blicken, die immer wieder zum Innehalten und staunenden Verweilen einladen.

Während der herrlichen Abfahrt gibt es nur wenige wirklich kritische Schlüsselstellen. Einige Stufen und steile Rinnen mit stark erodierter Fahrbahn verlangen Trial-Qualitäten, Anfänger müssen gegebenenfalls etliche Meter schieben. Ansonsten läßt die Route fast ungetrübten Genuß zu. Ab und an geht es an alten Geschützstellungen aus den beiden Weltkriegen vorbei, einmal rollt das Bike über die Betondecken ehemaliger Bunkeranlagen. Die durchgehend vor dem Abgrund gespannten Stahltrosse geben trotz der gähnenden Tiefe allmählich ein Gefühl von relativer Sicherheit, perfektes Trial-Training für so manch andere Tour dieser Region ohne Sicherungen ...

Erst am Ende wird der Pfad extrem steil und über die eine oder andere Stufe geht es wohl eher zu Fuß hinab zur Anfahrtsstraße. Wer will, kann hier beim nahen Ausgangspunkt das Bike nun gleich wieder auf bereits bekannter Route bergauf lenken und die zweite Schleife angehen. Diesmal läßt man den zum Panoramica-Pfad abzweigenden Schotterweg liegen und steuert zum hinteren Ende des Monte Brione. Am alten Militär-Fort Fonte San Alessandro vorbei leitet ein Pfad zu einem schönen Aussichtspunkt auf die nördliche Sarca-Ebene und die umliegenden Höhenzüge mit ihren zahlreichen Tourenmöglichkeiten vom Stivo bis zum Misone.

Nach Begutachtung dieser Region aus der Ferne, rollt man auf gleichem Weg ein Stück zurück und zweigt auf einen Pfad an den Westhängen des Berges hinunter nach San Alessandro ab, wo ein Asphaltweg durch die Ebene zurück zum Ausgangspunkt in Riva leitet. Die Abfahrt ist überwiegend eine Trial-Piste mit engen, herrlich in vollem Schwung fahrbaren Serpentinen und steilen, steinigen Geröllpassagen auf alten Karrenwegen, dazwischen kurze Abschnitte auf besseren Forstwegen. Am Ende wartet ein Asphaltband und absoluten Cracks bietet sich in Sichtweite der Burg noch die Möglichkeit zu kurzen Mutproben. Sie verlassen die Zivilisations-Piste, schießen über die Straßenkante hinaus, um etliche Meter weiter unten in einer steilen Schotterrinne wieder aufzusetzen. Das ist die Fährte der '87er Worldcup-Route, eine der Schlüsselstellen des damaligen Rennens. Während nämlich die meisten hier, in der Regel am Ende ihrer Kräfte, auf allen Vieren abrutschten, haben echte Helden die Passage für den entscheidenden Vorsprung genutzt. In der letzten Runde haben sie an dieser Stelle mit waghalsigem Sprung im wahrsten Wortsinne gleich mehrere Konkurrenten 'überflügelt' ...

Anfahrt

An der Verkehrsinsel in Torbole Ri. *'Riva'* fahren.

Fahrt zum Startplatz

Nach Durchquerung des ersten Tunnels bei der Ortstafel *Riva'* rechts Ri. *'Camping Monte Brione'* abzweigen. Nach 100 m am Halteschild rechts fahren und nach 50 m bei dem umzäunten Gebäude parken. Hier beginnt die Tour (2,2 km, 4 Min.).

Alternative Startorte

--

Wegweiser

1 **km 0** Der Asphaltstraße hinter dem Gebäude rechts, kurz bergauf, dann ein Stück flach und schließlich über etliche Kehren wieder stets bergauf folgen.

2 **km 2,5** Bei einer kleinen Felswand von der Asphaltstraße rechts auf den zunächst ebenen Schotterweg abzweigen.

3 **km 3,1** In der Linkskehre bei der alten Bunkeranlage rechts über die Stufen auf den Pfad abzweigen, links hinter dem Bunker entlangfahren und dann dem Pfad stets an der Hangkante steil bergab folgen.

4 **km 3,7** An einem betonierten Aussichtsrondell den Weg geradeaus überqueren und weiter dem Pfad stets bergab folgen.

5 **km 4,7** Man mündet bei einem Gebäude über einige Stufen an die erste Kehre des Anfahrtsweges.
Wer die Tour hier beenden möchte, rollt geradeaus die letzten Meter zum Ausgangspunkt zurück. Für die zweite Tourenschleife jedoch der Asphaltstraße auf bereits bekanntem Weg wieder bergauf folgen.

6 **km 7,0** Am rechts zur Bunkeranlage abzweigenden Schotterweg diesmal geradeaus auf der Asphaltpiste bleiben.

7 **km 7,9** Links zweigt ein Pfad ab (Holzschild mit Friedenstaubensymbol), der später zur Abfahrt dient. Zunächst aber geradeaus bleiben und am alten Fort vorbei noch 120 m zum Aussichtspunkt fahren.
Anschließend zurückrollen und rechts auf o.g. Pfad abzweigen.

8 **km 8,5** Nach Abfahrt beim kleinen Wiesengelände rechts auf dem Weg weiterfahren. Nach 100 m rechts auf den Pfad abzweigen (nicht kurz zuvor auf den Grasweg Ri. *'Punto Panoramica'*!). Nach 140 m beim alten Fort dem Weg halbrechts in Richtung des Holzpfeils folgen und nun stets bergab bleiben.

9 **km 10,0** In San Alessandro an der Wegekreuzung beim Basketball-Platz geradeaus fahren und dem Weg nun stets in gleicher Richtung, später am Lokal *'Colombera'* und an einer modernen Kirche vorbei, folgen.

10 **km 11,3** Kurz vor der Hauptstraße am Seeufer beim *'Hotel Gardesana'* links zum Ausgangspunkt hin abzweigen.

Variationen

Für Cracks:

1. Worldcup-Route: Wer die Tour etwas knackiger gestalten möchte, fährt die Original-Route des '87er Worldcup-Rennens. Dazu gleich am Anfang in der ersten Linkskehre rechts über einige Treppenstufen auf den Panoramica-Pfad abzweigen und diesem stets bergauf folgen. Daran anschließend die Abfahrt wie beschrieben absolvieren.

2. Kombination einiger Kurzrouten: Zum Ausfüllen eines ganzen Tages mit erstem Kennenlernen von Standort und Umgebung am nördlichen Gardasee, lassen sich die folgenden Kurztouren in dieser Reihenfolge kombinieren: Sentiero della pace, Castel Penede, Monte Brione, Bastione, Padaro und Laghel. Dazu eventuell noch die Corno-Tour nehmen.

Auch probieren:

3. Andere Brione-Abfahrten: An den Westhängen des Brione gibt es diverse Abfahrtsmöglichkeiten auf Pfaden und Wegen. Die beschriebene Route ist allerdings die schönste Kombination zum Kennenlernen des ganzen Berges.

4. Fahrt zum Gipfel: Wer bei WW 3 auf dem Forstweg durch die Linkskehre bleibt, gelangt direkt zum Wegende beim Sendemasten des Brione. Ein unbefahrbarer Fußpfad führt in wenigen Minuten zum Gipfel mit kleinem Rastplatz und Sitzbank.

2 BASTIONE

4,9 km · 1:02 Std · 320 Hm

Mäßig schwere Tour! Kurztrip in den steilen Bergflanken zur alten Burg hoch über Riva. Die schönsten Blicke auf Riva mit seinem alten Hafenbecken. Supertour!

Fahrstrecke

0	Riva	**85**	
	Passegiata Bastione		
0,4	Abzweig	143	
	Bar Pineta		
1,1	Bastione	211	0:18
1,7	Abzweig	252	
	Bar S. Maddalena		
2,9	Pfadabzweig	**342**	0:41
3,4	bei Bastione	223	
4,9	Riva	85	1:02

Beschreibung

Manche Leute sagen, der Gardasee erreiche den Höhepunkt seiner Schönheit und seines Zaubers in Riva. Fürwahr scheint das Städtchen der passende Antipode zur umgebenden Faszination Natur zu sein. Architektur aus allen Jahrhunderten heißt hier das Zauberwort, angelegt unter den fast senkrecht zum See abfallenden Felsen des mächtigen Bergriesen Rocchetta.

Reste antiker Mauerwerke, die Festung Rocca von 1124 mit ihren vier vom Wasser umschlossenen Türmen und der Zugbrücke zur Verteidigung der Küste, der Apponale-Turm aus dem Jahr 1220 mit dem Symbol Rivas, 'anzolim', einem sich drehenden Engelchen, das mit ausgebreiteten Flügeln trompetend die Besucher empfängt. Großartige, von den Römern errichtete Bögen wie Porta San Marco und Porta San Michele, die Via Fiume mit ihren mittelalterlichen Geschäftshäusern, die Via Maffei mit fresken- und gemäldegeschmückten Patrizierhäusern und schließlich die von der k.u.k. Donaumonarchie geprägten Fassaden vieler Prunkgebäude.

All diese Zeugen einer lebhaften Geschichte lassen sich natürlich auch bei einem Bummel durch die belebte Altstadt zur prächtigen Hafenmole bewundern. Am eindrucksvollsten betrachtet sich das Ganze jedoch von hoch oben, von der Panorama-Terrasse der Bastione. Aus fast senkrechtem Blickwinkel liegen Altstadt, Hafen und See zu Füßen und das wuselige Miniatur-Treiben des Talbeckens und der Seeufer erhält aus einsamer, stiller Ferne einen ganz besonderen Reiz.

Für den Biker ist die Angelegenheit nur eine Mini-Spritztour, die allerdings mit supersteilen Up- und Downhills aufwartet. Der direkte Weg zur Bastione ist eine schmale Asphaltpiste, deren zahlreiche Serpentinen den Neigungswinkel recht erträglich gestaltet. Cracks und Gipfelstürmer entscheiden sich für die extrem steile Rampe, die etwas weiter nördlich auf kleinem Umweg und mit etwas rauherem Untergrund zum selben Ziel führt. Recht bequem oder fast schon offroadmäßig zieht man so am Monte Englo hinauf zum alten Gemäuer der Bastione.

Nach erstem Genuß der traumhaft schönen Ausblicke über den Lago und das alte Städtchen Riva setzt man die Fahrt mit dem zweiten Teil der Tourenschleife fort. Nach kurzer Flachpassage zieht die ob ihrer Steilheit weitgehend befestigte Piste wieder kräftig himmelwärts an, die Neigung überschreitet teilweise die 30 %-Schwelle.

Bevor jedoch der Schweiß in Strömen fließt, zieht ein fast ebener, links abzweigender Forstweg den genußorientierten Biker magisch an. Mit traumhaften Tiefblicken auf den Lago quert man in toller Fahrt die steilen Berg-

Streckenschwierigkeiten

leicht	mittel	schwer	extrem
2,7 km	0,2 km	1,7 km	0,3 km

Ungewöhnlich steile Auf- und Abfahrten, extreme Trialpfad-Passage bergab zur Bastione.

Fahrbahnen

Asphalt-	Forst-	Karrenwege	Pfade
1,2 km	3,1 km	–	0,6 km

Auffahrt bis kurz vor Bastione asphaltierter, schmaler Weg, anschließend an steilen Passagen immer wieder befestigter Forstweg. Abfahrt zur Bastione auf felsigem, steilem Geröllpfad mit einigen Stufen. Abfahrt nach Riva auf überwiegend befestigtem, extrem steil abfallendem Weg.

Tragestrecken

Einige sehr kurze Passagen auf der Pfadabfahrt zur Bastione.

Rast

Bar Pineta, Bar/Ristorante S. Maddalena

Bergwanderungen/Gipfel

Capanna S. Barbara (560 m)
Bochet dei Concoli (1200 m)
Rocchetta (1540 m)

Karten

COMUNE di Tenno	M 1:20.000
I.G.M. 'Riva'	M 1:25.000
f & b 'Gardasee'	M 1:50.000
KOMPASS '101'	M 1:50.000

2 BASTIONE

4,9 km · **1:02** Std · **320** Hm

flanken des Rocchetta. Kurz vor den mächtigen Röhren, die das Wasser aus dem 600 m höher liegenden Ledrosee zum Kraftwerk am Gardaseeufer leitet, taucht man nach links auf einen Pfad ab und scheint schier im Abgrund zu versinken. Ein Trial-Ungetüm mit Schlüsselstellen höchsten Schwierigkeitsgrades auf felsigen Untergründen leitet wieder hinab zur Bastione.

Neugierige können sich beruhigt die Weiterfahrt zur Pumpstation bei den Röhren sparen. Hinter den Riesenschläuchen führt zwar ein Pfad weiter um den Berg, wer sich aber nicht als menschliche Steinlawine auf der tief darunter verlaufenden Fahrstraße des Seeufers wiederfinden möchte, sollte sich dort mit dem Bike nicht hinwagen. Eine eventuelle, auch nur bedingt per Bike empfehlenswerte Alternavtive führt lediglich zum noch etwas höher mitten in den Felsflanken liegenden Capanna S. Barbara und dem nicht weit davon entfernten, im Stein klebenden Kapellchen. Das kleine runde Ding ist schon vom Seeufer bei Riva aus als weißer Fleck in den grauen Steinmassen zu sehen und übt auf viele eine besondere Anziehungskraft aus.

Der Pfad zu diesem hoch hängenden Schwalbennest zweigt kurz vor der bereits erwähnten Pumpstation ab und ist beschildert. Bis zur halben Strecke wartet eine traumhafte Trial-Piste mit atemberaubenden Tiefblicken aus der steilen Wand, dann bereiten wüstes Gestein und grober Fels jedem Fortkommen per Bike ein abruptes Ende und erfordern auf dem weiteren Weg den Einsatz fester Schnürstiefel. Trotzalledem, für den Liebhaber einsamer Winkel und außergewöhnlicher Perspektiven eine sehr lohnenswerte Unternehmung ...

Wer nach Abfahrt wieder bei der Bastione mündet, wird kaum umhin kommen, noch einmal auf der davor befindlichen Terrasse die Blicke schweifen zu lassen. Kenner timen die Fahrt so, daß sie gerade beim hereinbrechenden Abend hier ankommen. Es ist ein wahrer Genuß, hoch über den langsam aufflackernden Lichtern des Tals in aller Stille zu verweilen und noch lange die bald illuminierte Uferlinie des Lago di Garda zu beobachten!

Für den über das Asphaltband aufgefahrenen Biker sollte dann die Abfahrt auf bereits bekannter Route auch bei totaler Finsternis keine unlösbare Aufgabe mehr sein. Bei Helligkeit wählt man allerdings zur Abwechslung besser den beschriebenen Weg auf sehr steil abfallendem, mit vielen, mittels Beton und für die Reifen etwas tückischen Betonsteinen befestigten Abschnitten, der ebenfalls in Riva nahe des Ausgangspunktes mündet.

Mit vom vielen Bremsen schweißnassen Händen rollt man zwischen den Häusern die letzten Meter am Fuß dieses mächtigen, soeben erkundeten Felsriesen entlang und staunt bei dem gewaltigen Anblick jetzt um so mehr über die unerwartete Befahrbarkeit der abweisenden Flanken ...

Anfahrt

An der Verkehrsinsel in Torbole Ri. *'Riva'* fahren und dort ab dem ersten Kreisverkehr stets Ri. *'Brescia, Limone'* halten.

Fahrt zum Startplatz

Im Ort, bei km 4,6 kurz vor der Ortsausfahrt in Richtung Limone, zweigt rechts, gegenüber eines Motorradgeschäftes, der schmale Asphaltweg *'Passegiata Al Bastione'* ab. Hier beginnt die Tour, Parkmöglichkeiten gibt es ausreichend entlang des Straßenrands (4,6 km, 10 Min.).

Alternative Startorte

--

Wegweiser

1 **km 0** Den schmalen Asphaltweg Ri. *'Passegiata Al Bastione, ...'* stets bergauf befahren.

2 **km 0,8** Am Asphaltende links hoch auf den Schotterweg Ri. *'Bastione, ...'* steuern, der nach 200 m an der Bastione endet. Anschließend zu WW 2 zurückkehren und dann den zunächst fast ebenen Schotterweg Ri. *'Campi, Malga Grassi, ... 402'* befahren.

3 **km 1,5** Man mündet an einem betonierten Weg und bleibt geradeaus Ri. *'Capanna Grassi, Rif. N. Pernici'*. Nach 40 m dem Weg steil bergauf in o.g. Ri. folgen.

4 **km 2,2** In einer Rechtskehre vom betonierten Weg geradeaus auf den breiteren, zunächst ebenen Schotterweg abzweigen.

5 **km 2,9** Vom Weg links auf den abschüssigen Pfad Ri. *'Bastione, Riva 404'* abzweigen, der anfangs einige Stufen aufweist.

6 **km 3,4** Dem Pfad oberhalb der Bastione vorbei folgen, nach 90 m mündet man an den bereits bekannten Weg und fährt links bergab.

7 **km 3,6** Man mündet wieder am bekannten WW 2, fährt entweder auf dem asphaltierten Anfahrtsweg nach Riva zurück oder nimmt eine alternative Abfahrtsroute:
Dazu hier links Ri. *'Campi, Malga Grassi, ... 402'* fahren.

8 **km 3,9** Man mündet wieder am betonierten Weg und fährt diesmal rechts bergab.

9 **km 4,5** Ortsdurchfahrt Riva: Bei den ersten Häusern der Asphaltstraße nach rechts folgen und nach 130 m an der querenden Straße wieder rechts bergauf halten. Nach 70 m links bergab zur Hauptstraße rollen und die letzten Meter rechts zum Ausgangspunkt fahren.

Tips + Info

Der Abstecher zu Capanna und Kapelle S. Barbara ist nur bedingt per Bike zu empfehlen. Lohnenswerter ist ein Fußmarsch, evt. auch eine Bike-Fahrt bis zur halben Strecke mit anschließender Wanderung zum Zielpunkt unter Zurücklassen des Bikes.
Die Auf- und Abfahrtsroute kann beliebig auf den guten Asphaltweg oder auch auf die etwas schlechtere Schotter- und Betonpiste (steiler) gelegt werden.

Variationen

Für Cracks:

1. Capanna und Kapelle S. Barbara: Im Verlauf der Tour gibt es die Möglichkeit, einen schönen Abstecher zu dem hoch in den Felsbergen liegenden Capanna S. Barbara und zur gleichnamigen Kapelle zu machen. Man bleibt bei WW 5 geradeaus auf dem Weg und zweigt nach 200 m, kurz vor der Pumpstation, rechts auf den beschilderten Pfad zur in der Felswand klebenden Kapelle von S. Barbara ab. Knapp 200 Höhenmeter sind es auf dieser nur zur Hälfte befahrbaren Trial-Piste bis zum kleinen Rifugio, noch etwas höher liegt die Kapelle.

2. Nördlichere, schwerere Auffahrt: Statt der beschriebenen Auffahrt über den guten Asphaltweg kann auch die etwas rauhere und wesentlich steilere Piste der Abfahrt zur Auffahrt verwendet werden.

3. Kombination mit Tour 17 (Capanna Grassi): Wer Tour 17 in umgekehrter Richtung fahren möchte benutzt zur Anfahrt nach Campi die bei Tour 2 beschriebene Route bis WW 4 und bleibt dort auf dem Weg bergauf Ri. *'Campi'*.

3 SENTIERO DELLA PACE

11,0 km · **1:45** Std · **590** Hm

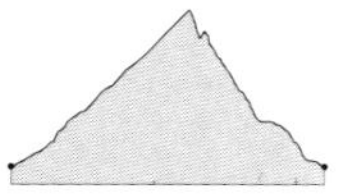

Mäßig schwere Tour! Kurztrip hoch über Torbole und Nago mit Trial-Fahrt durch einen alten Schützengraben. Supertour!

Beschreibung

Im Ersten Weltkrieg war das Gebiet um die Malga Zures eine der am härtesten umkämpften Ecken am Lago. Über den Altissimo verlief die Grenze zwischen der k.u.k. Donaumonarchie und Italien. Torbole und Riva gehörten noch zu Österreich-Ungarn. Entsprechend der damaligen militärischen Gipfelmanie wurden hier aus fest eingegrabenen Stellungen heraus verlustreiche, am Ende wie so oft keiner Seite wirklich erfolgbringende Scharmützel ausgetragen. Zum siebzigsten Jubiläum des Kriegsendes von 1918 weihte man einen mitten durch die ehemaligen Schützengräben führenden 'Sentiero della pace' ein. Ein Friedensweg, einst für den Krieg geschaffen, heute zum Frieden mahnend.

Von Torbole geht es auf Asphalt hinauf zum Freizeitgelände und über die geschotterte Strada dell' Olif durch Olivenhaine und Weinreben zur Strada del Monte Baldo. Die asphaltierte Panoramastraße zieht am sonnenausgesetzten Felstrümmerhang eines Erdbebenabbruchs in Richtung Monte Altissimo, bis man kurz vor der Malga Zures auf den links beginnenden Sentiero della pace abzweigt. Auf der sehr bekannten und dadurch etwas belasteten Route sollten Biker, insbesondere im ersten Wegabschnitt nach Abzweig von der Asphaltstraße, absolute Vorsicht walten lassen, langsam und ohne Verursachung jeweder Brems- oder Driftspuren abfahren, um den extra restaurierten Weg zu schonen. Nach kurzer Abfahrt wird es an einem mächtigen Felsblock vorbei zunehmend enger. Man geht einige Stufen hoch und rollt bald darauf mitten durch einen fast mannshohen Schützengraben. Hautnah sind die Ängste der hier vor Jahrzehnten verschanzten Menschen zu spüren, willfährige Opfer machtbesessener Neurotiker in einem sinnlosen Vernichtungskrieg zu sein. Nichts hat sich bis heute daran geändert, lediglich das Abschlachten Soldat gegen Soldat haben perverse Hirne zum nur scheinbar sauberen, sachlichen und computerisierten 'Schlag' weiterentwickelt. Das grauenhafte Ergebnis ist immer noch das Gleiche.

Wenige Gehmeter oberhalb des Schützengrabens gibt es an der Felskante mit herrlichem Seeblick ein stilles Plätzchen zum Reflektieren, bevor man sich weiter über einige Schlüsselstellen wie Stufen und enge Felsspalten zum Beginn eines Weges quetscht. In karger Landschaft rollt man hinab zu den Weinfeldern vor Nago, durchquert den Ort und benutzt den uralten Steinpflasterweg der Strada di Santa Lucia nach Torbole. Die historische Route eröffnet zum Abschluß aus idyllischem Winkel die schönsten Blicke auf den Lago.

Fahrstrecke

km	Ort	Hm	Zeit
0,0	Torbole beim Bootshafen	**68**	
1,2	Villa Gloria	130	
1,4	Freizeitgelände	156	
2,5	Strada del M. Baldo	266	0:22
6,2	Abzweig Sentiero della pace	**628**	1:00
8,9	S. Guiseppe	230	
9,2	Nago	228	1:35
9,7	Strada di S. Lucia	195	
10,7	Hotel S. Lucia	90	
11,0	Torbole	68	1:45

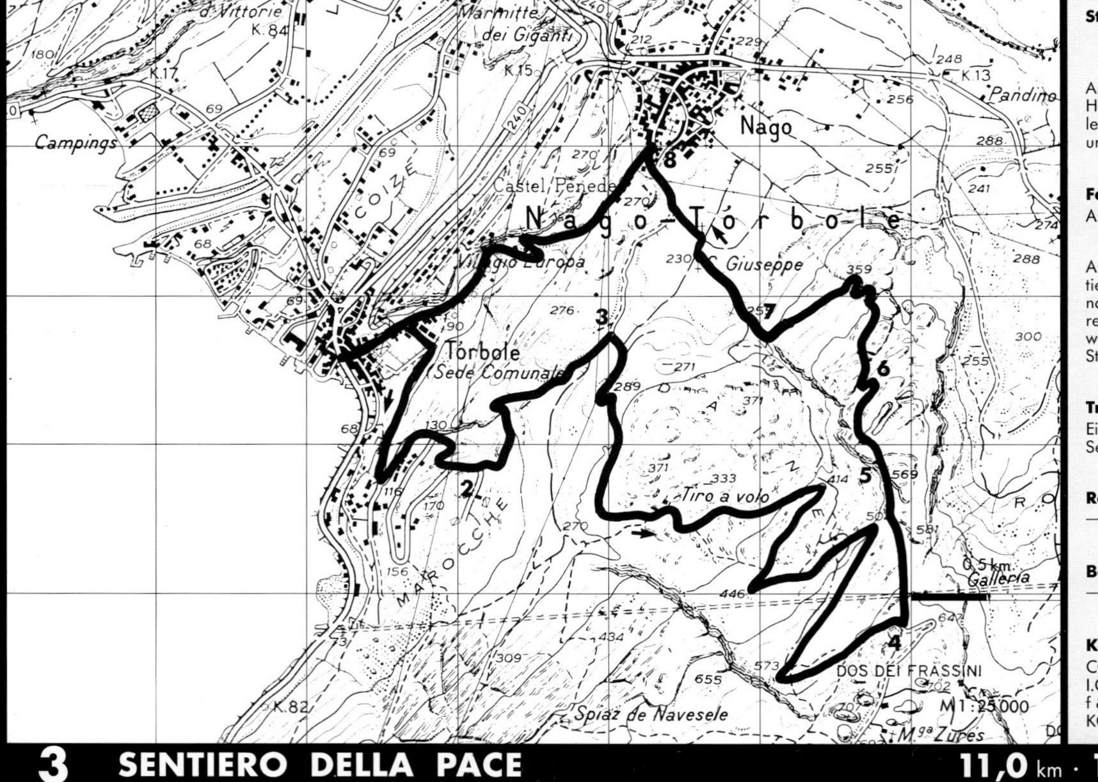

Streckenschwierigkeiten

leicht	mittel	schwer	extrem
5,0 km	4,9 km	1,0 km	0,1 km

Anstrengende Auffahrt am freien Hang. Der Sentiero della pace ist leicht trialmäßig mit wenigen kurzen, unbefahrbaren Passagen.

Fahrbahnen

Asphalt-	Forst-	Karrenwege	Pfade
6,6 km	1,9 km	1,6 km	0,9 km

Auffahrt bis zum Abzweig des Sentiero della pace auf Asphalt. Abfahrt nach dem Sentiero auf grobem Karrenweg, am Ende bis Nago Asphaltwege. Strada di S. Lucia grober Steinpflasterweg, Rest asphaltiert.

Tragestrecken

Einige sehr kurze Passagen auf dem Sentiero della pace.

Rast

–

Bergwanderungen/Gipfel

–

Karten

COMUNE Nago-Torb.	M 1:20.000
I.G.M. 'Riva'	M 1:25.000
f & b 'Gardasee'	M 1:50.000
KOMPASS '101' o. '102'	M 1:50.000

3 SENTIERO DELLA PACE

11,0 km · **1:45** Std · **590** Hm

SCOTT
SCOTT
SCOTT

Wegweiser

1 km 0 Ortsdurchfahrt Torbole: Am *'Hotel Geier'* beim kleinen Bootshafen links Ri. *'s. andrea, parco olivi, ...'* abzweigen und den kleinen Platz überqueren. Nach 40 m die Straße links bergauf Ri. *'Sentiero 601, Monte Altissimo, ...'* befahren und dieser Beschilderung nun mehrmals folgen.

2 km 1,4 Am Abzweig in den Freizeitpark geradeaus bleiben und nach 50 m dem Schotterweg Ri. *'Sentiero 601, ...'* bergauf folgen. Die folgenden, Ri. *'601'* beschilderten Pfadabzeige liegen lassen und stets auf dem Weg bleiben.

3 km 2,5 Bei einem Heiligenschrein rechts Ri. *'Monte Baldo'* fahren und diese Asphaltstraße nun stets bergauf befahren.

4 km 6,2 Links auf den breiten, abschüssigen Sentiero della pace abzweigen (10 m weiter zweigt rechts bergauf der gleiche Pfad Ri. *'Dos Casina, Malga Zures'* ab).

5 km 6,6 Den großen Felsblock passieren und einige Stufen aufwärts gehen. Nach 80 m fährt man durch den engen Schützengraben.

6 km 7,0 Man mündet an einen mit Steinplatten gepflasterten Platz und fährt links bergab auf dem Pfad weiter, der später zum Karrenweg wird und bis hinab ins Tal führt.

7 km 8,6 Bei einem Gebäude den breiten Schotterweg rechts bergab rollen. Nach 250 m beim Heiligenschrein dem Asphaltweg nach rechts folgen, nach 50 m am zweiten Schrein links halten und nach 140 m am Stopschild geradeaus bis Nago fahren.

8 km 9,2 Ortsdurchfahrt Nago: Bei den ersten Gebäuden auf dem linken Wegzweig halten. Nach 120 m links zurück auf den Weg Ri. *'Carrozzeria F.lli Venturi'* am Parkplatz vorbei abzweigen und der Straße bald auf grobem Pflaster steil hinab nach Torbole bis zum Ausgangspunkt folgen.

Tips + Info

Biker sollten sich auf dem von der Gemeinde restaurierten Sentiero della pace besonders im ersten, abschüssigen Abschnitt nach Abzweig von der Asphaltstraße, rücksichtsvoll verhalten und keinesfalls durch überflüssige Bremsmanöver den Weg beschädigen.
Der genaue Routenverlauf ist nur auf der Karte der COMUNE NAGO-TORBOLE über den 'Monte Altissimo' korrekt verzeichnet.

Anfahrt

Die Tour beginnt in Torbole.

Fahrt zum Startplatz

An der Verkehrsinsel in Torbole Ri. *'Malcèsine'* fahren. Nach 200 m zweigt am *'Hotel Geier'* beim kleinen Bootshafen links ein Sträßchen Ri. *'s. andrea, parco olivi, ...'* ab. Hier beginnt die Tour, eine Parkmöglichkeit gibt es auf dem Gelände des Parco Pavese direkt am See. Die dorthin führende *'Via Benaco'* zweigt kurz zuvor beim Tabak-Shop ab (der Parkplatz ist in der Saison gebührenpflichtig).

Vorsicht: Im Ort gibt es für Falschparker hohe Strafmandate!

Alternative Startorte

Nago

Variationen

Für Cracks:

1. Kombination mit der Corno-Tour: Nach der Abfahrt vom Sentiero della pace den Ort Nago durchqueren und die Route über Corno (Tour 11) anhängen.

Auch probieren:

2. Kombination mit der Castel-Penede-Tour: Am Ende der Fahrt über den Sentiero della pace den Ort Nago durchqueren und die Route durch den Parco Publicco hinauf zum Castel Penede anhängen.

4 CASTEL PENEDE

6,6 km · **0:54** Std · **248** Hm

Leichte Tour! Kurztrip über Torbole und Nago zur Burgruine auf einem Panorama-Felsen mit anschließendem Besuch eines eiszeitlichen Unikums.

Fahrstrecke

0,0	Torbole beim Bootshafen	**68**	
0,7	Strada di S. Lucia	96	
1,7	Nago	219	0:20
2,5	Parco Publicco	228	
3,0	Castel Penede	**285**	0:30
3,8	Nago	213	
4,6	Marmitte dei Giganti	156	0:40
5,4	Torbole Hotel Stella	69	
6,6	Torbole	68	0:54

Beschreibung

Das ehemals schöne Schlößchen Penede ist heute eine kümmerliche Ruine, dem nur die herrliche Panoramalage auf einem Felsen hoch über Torbole und Nago geblieben ist. Im Jahre 1439 waren die damals noch intakten Mauern Zeugen einer bis dato in der Historie noch nicht gesehenen Aktion, vergleichbar nur mit der Hannibal'schen Alpenüberquerung per Dickhäuter. Zu Füßen des Castels tauchten plötzlich große Galeeren auf, die von Menschenhand durch das wasserlose Tälchen von Santa Lucia zum Gardasee gezogen wurden. Derart kühne Ideen konnten in jener Zeit natürlich nur der Serenissima entsprungen sein. Die maritime Großmacht Venedig lag im Clinch mit dem Mailänder Herzog Visconti und die erfolgsverwöhnte Lagunenstadt geriet in der Auseinandersetzung um Brescia auf die Verliererstraße. Die verbündetet Stadt war von den Mailändern belagert, auf dem Landweg durch die Poebene war keine Hilfe möglich, das viscontinische Heer beherrschte die Region.

Um den Brescianern zu Hilfe eilen zu können, faßte der Doge der Lagunenstadt den kühnen Plan, unter Umgehung des üblichen Landweges die belagerte Stadt mit Schiffen über das Etschtal und den Gardasee zu versorgen. Auf dieser Route war allerdings der zu jenen Zeiten noch vorhandene, heute versickerte Lago di Loppio Endstation des schiffbaren Weges. Zum Gardasee gab es eigentlich kein Durchkommen. Also wurden die schweren Galeeren entladen und in mühevoller, tagelanger Arbeit mit vorgespannten Ochsen über hölzerne Rollen zum Passo San Giovanni und durch das Santa-Lucia-Tälchen hinab nach Torbole gezogen. Eine Schnapsidee, wie sich im nachhinein herausstellen sollte. Die Schiffe wurden beim Transport derart in Mitleidenschaft gezogen, daß das Unternehmen auf dem Benaco mit einer schlimmen Niederlage endete. Nachdem die lädierten Kriegsschiffe über den See bis vor Maderno gesegelt waren, wurde dort die gesamte Flotte von den Mailändern vernichtet.

Doch der Löwe von San Marco hatte noch nicht ausgebrüllt, er war wie immer in seiner Geschichte lernfähig. Bereits im darauffolgenden Jahr versuchte man es erneut und hatte endlich Erfolg. Nun schaffte man auf gleichem Weg die zum Bau von Schiffen notwendigen Materialien nach Torbole, zimmerte dort eine nagelneue, schlagkräftige Flotte zusammen, die schließlich die Mailänder vom Gardasee vertrieb. Einer der letzten großen Erfolge der Venezianer, denn mit Columbus' Entdeckung der Schiffspassage in die neue Welt um die folgende Jahrhundertwende veränderten sich Handelswege und Einflußsphären schlagartig und San Marco's Bedeutung schwand zusehends. Bis heute fristet die Lagunenstadt ihr Dasein als langsam versinkendes Museum einer glorreichen Epoche, Synonym für die Vergänglichkeit von Macht.

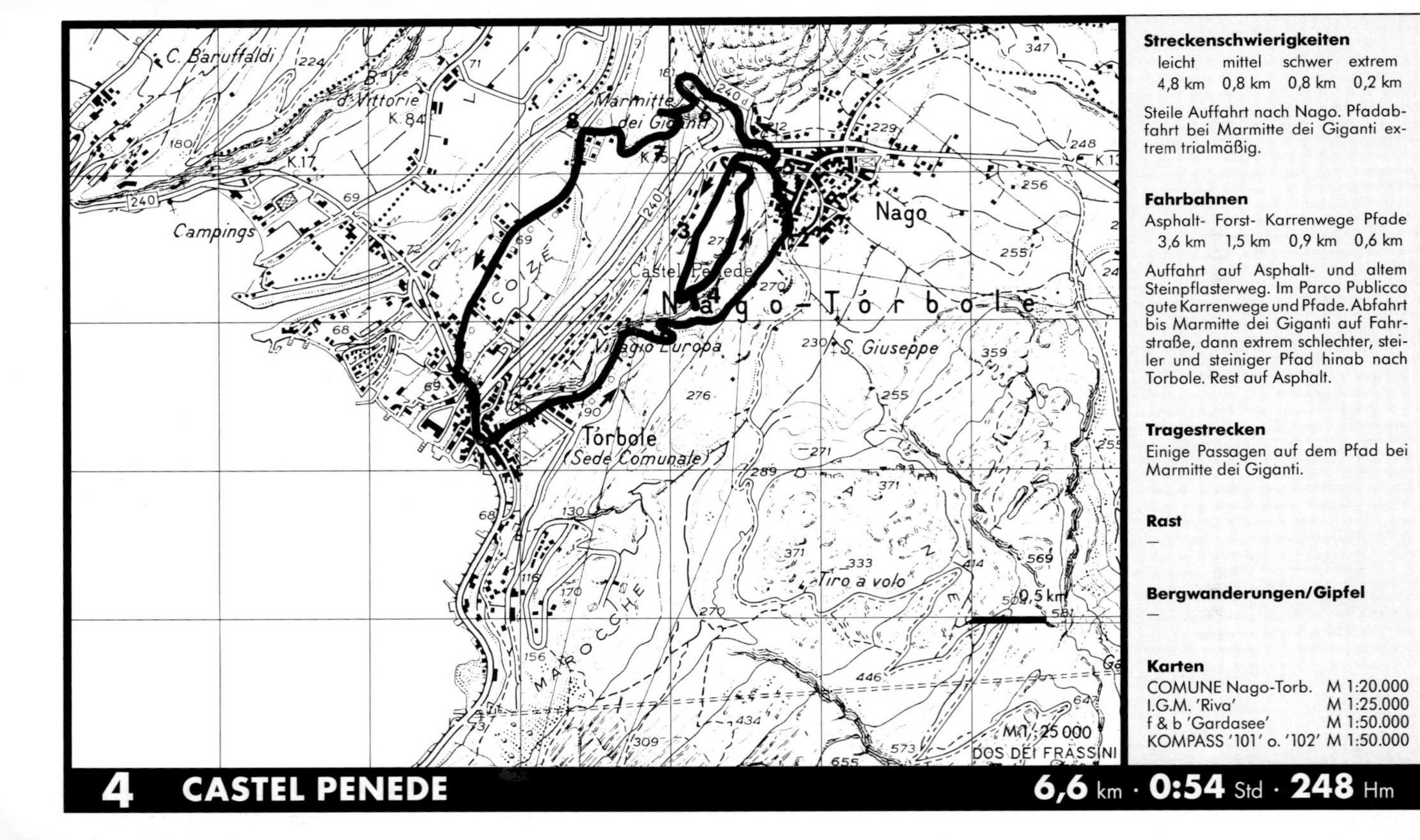

Streckenschwierigkeiten

leicht	mittel	schwer	extrem
4,8 km	0,8 km	0,8 km	0,2 km

Steile Auffahrt nach Nago. Pfadabfahrt bei Marmitte dei Giganti extrem trialmäßig.

Fahrbahnen

Asphalt-	Forst-	Karrenwege	Pfade
3,6 km	1,5 km	0,9 km	0,6 km

Auffahrt auf Asphalt- und altem Steinpflasterweg. Im Parco Publicco gute Karrenwege und Pfade. Abfahrt bis Marmitte dei Giganti auf Fahrstraße, dann extrem schlechter, steiler und steiniger Pfad hinab nach Torbole. Rest auf Asphalt.

Tragestrecken

Einige Passagen auf dem Pfad bei Marmitte dei Giganti.

Rast

—

Bergwanderungen/Gipfel

—

Karten

COMUNE Nago-Torb.	M 1:20.000
I.G.M. 'Riva'	M 1:25.000
f & b 'Gardasee'	M 1:50.000
KOMPASS '101' o. '102'	M 1:50.000

4 CASTEL PENEDE

6,6 km · **0:54** Std · **248** Hm

4 CASTEL PENEDE

6,6 km · **0:54** Std · **248** Hm

Auf den Biker wartet an den mittelalterlichen Schauplätzen der Geschichte eine herrliche Spritztour, gut geeignet für einen ersten Erkundungstrip der Umgebung von Torbole und Nago. Vom Seeufer fährt man hinauf ins Tälchen von Santa Lucia, wo am uralten Ortsschild Torbole vorbei ein Steinpflasterweg steil nach Nago leitet. Auf dieser historischen Route zwischen Gardasee und Etschtal genießt man aus idyllischer Ecke heraus herrliche Blicke zum See. Erstes Ziel nach Durchquerung von Nago ist der Parco Publicco, auf dessen höchstem Punkt die Ruinen des ehemaligen Castel Penede thronen. Die Fahrt führt auf Karrenwegen und Pfaden mit immer wieder unterschiedlichen Seepanoramen bis unmittelbar vor die traurigen Mauerreste auf dem Gipfel.

Ein Karrenweg leitet wieder hinab nach Nago, wo für kurze Zeit die Fahrstraße nach Torbole benutzt wird, die heute die historische Strada di Santa Lucia als Verkehrsweg abgelöst hat. Nach kurzer Abfahrt zweigt rechts der beschilderte Pfad zu einem eiszeitlichen Unikum ab. 'Marmitte dei Giganti' heißt es hier - Töpfe der Riesen! Nach wenigen Fahrminuten steht man vor einer Felsauswaschung in Form einer überdimensionalen, halbierten Brennblase, mit erstaunlich glatten Seitenwänden und harmonischer, völlig symmetrischer Form. Ein Bildhauer hätte nicht schöner Hand anlegen können. Eine Tafel informiert über des Rätsels Lösung - Gletscher waren am Ende der letzten Eiszeit die Künstler. Bei ihrem Rückzug stürzte abschmelzendes Oberflächenwasser durch Gletscherspalten in die Tiefe und führte dabei auch Gesteinsmaterial mit. Beim Auftreffen auf dem unterm Eis liegenden weichen Kalkgestein führte die Wirbelbewegung des Wassers in Verbindung mit den schleifenden Geröllpartikeln zu diesen eigentümlichen Auswaschungen, die dem abergläubischen Volksmund wie Riesentöpfe erschienen und sich nur hier am nördlichen Gardasee an verschiedenen Stellen finden.

Nachdem man über eine Eisenleiter auch noch zum zweiten, etwas höher liegenden Topf aufgestiegen ist, fährt man auf dem Pfad wieder ein Stück zurück und zweigt rechts auf eine heiße Piste hinunter ins Tälchen ab. Sämtliches Eiszeit-Geröll scheint sich hier nach Auswaschung der Töpfe abgelagert und schön über den gesamten Pfad verteilt zu haben. Wer fahren will, muß schon ein Trial-Akrobat sein und sich sehr feinfühlig mit gut dosiertem Bremseinsatz abwärts tasten. Im kleinen Wiesengelände des Talgrundes ist zunächst kein Weg mehr erkennbar. Man hält sich stets geradeaus und rollt direkt unter den schroffen Felswänden hinaus nach Torbole. Am Hotel Villa Stella mündet man wieder in der Zivilisation, fährt auf Asphaltpisten durch den Ort zurück zum Ausgangspunkt beim kleinen Bootshafen oder lenkt das Bike zu einem weiteren Erkundungstrip. Vielleicht auf den gegenüberliegenden Monte Brione, dessen senkrechte Felsfassaden zum Greifen nahe liegen.

Allen Einsteigern sei dringend empfohlen, nach Besichtigung der Riesenpötte den Geröllpfad zu ignorieren und auf dem Asphaltband der Hauptstraße nach Torbole abzutauchen.

Anfahrt

Die Tour beginnt in Torbole.

Fahrt zum Startplatz

An der Verkehrsinsel in Torbole Ri. *'Malcèsine'* fahren. Nach 200 m zweigt am *'Hotel Geier'* beim kleinen Bootshafen links ein Sträßchen Ri. *'s. andrea, parco olivi, ...'* ab. Hier beginnt die Tour, eine Parkmöglichkeit gibt es auf dem Gelände des Parco Pavese direkt am See. Die dorthin führende *'Via Benaco'* zweigt kurz zuvor beim Tabak-Shop ab (der Parkplatz ist in der Saison gebührenpflichtig).

Vorsicht: Im Ort gibt es für Falschparker rigoros hohe Strafmandate.

Alternative Startorte

Nago

Wegweiser

1 **km 0** Ortsdurchfahrt Torbole: Am *'Hotel Geier'* beim kleinen Bootshafen links Ri. *'s. andrea, parco olivi, ...'* abzweigen und den kleinen Platz überqueren. Nach 40 m die Straße links bergauf Ri. *'Sentiero 601, Monte Altissimo, ...'* befahren. Nach 190 m von der links Ri. *'Nago'* führenden Straße geradeaus abzweigen und dieser nun am *'Hotel S. Lucia'* vorbei bis hinauf nach Nago folgen.

2 **km 1,7** Ortsdurchfahrt Nago: Am Straßendreieck kurz nach dem Parkplatz geradeaus bleiben, nach 40 m am Brunnen links in das kleine, enge Sträßchen abzweigen und nach 200 m bei der Felswand geradeaus Ri. *'parco publicco, castel penede, ...'* bleiben.

3 **km 2,5** Im Park dem schmalen Weg leicht bergan stets bis hinauf zur Ruine folgen.

4 **km 3,0** An der Ruine des Castel Penede umdrehen, 120 m auf dem Anfahrtsweg abrollen und in der Kehre rechts auf den Pfad zum Trimmplatz hin abzweigen. Nach 40 m durch die kleine Bodenmulde und dann bergauf halten. Am höchsten Punkt geradeaus bleiben, dem Weg hinab zur Asphaltstraße der Anfahrt folgen und dort nach rechts bergab zurück zur Felswand in Nago fahren.

5 **km 3,8** An der Felswand links abzweigen, bis zur Hauptstraße fahren und dieser links bergab Ri. *'Riva, Torbole'* folgen.

6 **km 4,5** Während der Abfahrt rechts auf den Pfad Ri. *'Marmitte dei Giganti'* abzweigen und bis zu dessen Ende bei der Infotafel fahren. Anschließend 60 m bis zum Abzweig des Schotterpfades Ri. *'Torbole'* zurückkehren und diesem nach kurzer Flachpassage auf steiler, steiniger Piste bergab folgen.

7 **km 5,0** Im flachen Wiesengelände stets geradeaus halten, dem steinigen Karrenweg unterhalb der Felsen entlang folgen und bald rechts über das Bächlein zum Ort hin abzweigen.

8 **km 5,3** Ortsdurchfahrt Torbole: Bei den ersten Häusern dem Weg links an der Steinmauer entlang bis zur Straße am Hotel *'Villa Stella'* folgen und diese nach links zurück zum Ausgangspunkt befahren.

Tips + Info

Der genaue Routenverlauf ist nur auf der Karte der COMUNE NAGO-TORBOLE über den 'Monte Altissimo' korrekt verzeichnet.

Variationen

Für Cracks:

1. Kombination mit Tour 3, Sentiero della pace: Für diese Variante zuerst wie dort beschrieben die Route des Sentiero della pace fahren und anschießend die Fahrt zum Castel Penede bzw. Marmitte dei Giganti anhängen.

2. Kombination mit anderen Kurztouren der Umgebung: Die Fahrt läßt sich mit einigen Kurz-Routen der Umgebung sehr gut zu einer tagesfüllenden Tour kombinieren (siehe dazu auch Variation 2 bei Tour 1, Monte Brione).

Auch probieren:

3. Auffahrt über Strada del Tenin: Eine schöne, etwas leichtere Fahrt ergibt sich auch, wenn man wie bei der Altissimo-Tour über die Strada del Tenin auffährt, die Castel-Penede-Runde im Parco Publicco dreht, die anschließende Fahrt zum Marmitte dei Giganti ausläßt und in herrlicher Abfahrt über die alte Pflasterstraße von S. Lucia mit tollen Seeblicken zurück nach Torbole rollt.

5 LAGHEL

8,8 km · **1:02** Std · **249** Hm

Sehr leichte Tour! Kurztrip mit einer weiten Schleife und leichten Trials um das Castello von Arco.

	Laghel		
0,0	Arco	**90**	
	P Sarca-Brücke		
1,9	S. Maria di Laghel	220	0:16
3,5	Campo G.E.I.	285	
3,6		**308**	
5,1	Brücke bei Ceniga	108	0:48
8,8	Arco	90	1:00

Beschreibung

Im Vergleich zu den allgemeinen Rummelplätzen um die nördlichen Lago-Ufer, führt das stille Örtchen Arco fast schon ein Schattendasein. Von der lärmenden Surfer-Sippe bisher verschont, hat es weitgehend seinen Charakter bewahren können. Hier findet man die besten Ristorantes, Pizzerien und Geschäfte, mit der beruhigenden Gewißheit, daß auch sehr viele Einheimische verkehren. Kein Wunder, daß sich liebenswertere Zeitgenossen wie die Kletterer in Arco am wohlsten fühlen. Die Felswände um das Sarca-Tal sind ein wahres Eldorado für diese Fingerhakler. Jedes Jahr geht das weltbekannte Kletter-Spektakel 'RockMaster' über die Bühne, ein Wettbewerb der besten Freeclimber, der allerdings an künstlichen Wänden stattfindet.

Arco ist der ideale Ausgangspunkt für die meisten Touren der nördlichen Lago-Region. Hier gibt es alles, was das Biker-Herz begehrt. Am Sarca-Ufer unterhalb der alten Brücke liegt ein großer Parkplatz, an der Ecke ist der schlichte Bike-Shop von Mauricio Giuliani und gegenüber die Bar FreeMaster von Gianni Vandoni. Die beiden Bilderbuch-Italiener arbeiten beim Bike-Verleih zusammen. Wer eine Tour etwas unterschätzt hatte, kann in der Bar noch bis weit nach Geschäftsschluß sein Leihradl abgeben. Mauricio ist ein Mountain-Bike-Tier und hat am Berg bisher noch jeden fast mühelos abgehängt. So manch geschlagener Crack staunte schon Bauklötze, wenn der vermeintliche Supersportler anschließend seine Glimmstengel herauszog und zum Kettenraucher wurde. Sein Shop ist zwar nicht gerade was zum vorzeigen, eher ein Unikum aus grauen Vorzeiten. Aber als excellenter Techniker hat er den schönen Schein auch nicht nötig, was man nicht von allen am Lago behaupten kann. Und bei ihm geht es nicht nur um die schnelle Lira. Jeder Lago-Urlauber mit Bike-Problemen ist zu raschem Werkstatt-Service willkommen, Italienischkenntnisse vorausgesetzt.

Und die Tour? Nun, eigentlich auch ein Unikum, nämlich eine der wenigen kinderleichten Fahrten der Region. Für richtige Mountain-Biker nur zum Ein- oder Ausrollen vor oder nach größeren Aufgaben geeignet, führt die Route im einzig nennenswerten Anstieg hinauf zum Kirchlein von Santa Maria di Laghel. Durch ein Waldtälchen geht es hinab in die Nähe von Ceniga und auf asphaltierter Fahrbahn zwischen Wein- und Kiwi-Plantagen durch die Sarca-Ebene zurück nach Arco. Blutige Anfänger werden auf einer leicht trialmäßigen Pfad-Passage sogar etwas gefordert sein, alle anderen sollten diese Spazierfahrt wenigsten mit der Padaro-Runde zu einer richtigen Tour kombinieren. Eine alternative Erschwerung wäre höchstens noch, den Büßerweg hinauf nach Laghel unter den Augen der zahlreichen Heiligen wie zu Urzeiten auf Knien hochzurutschen ...

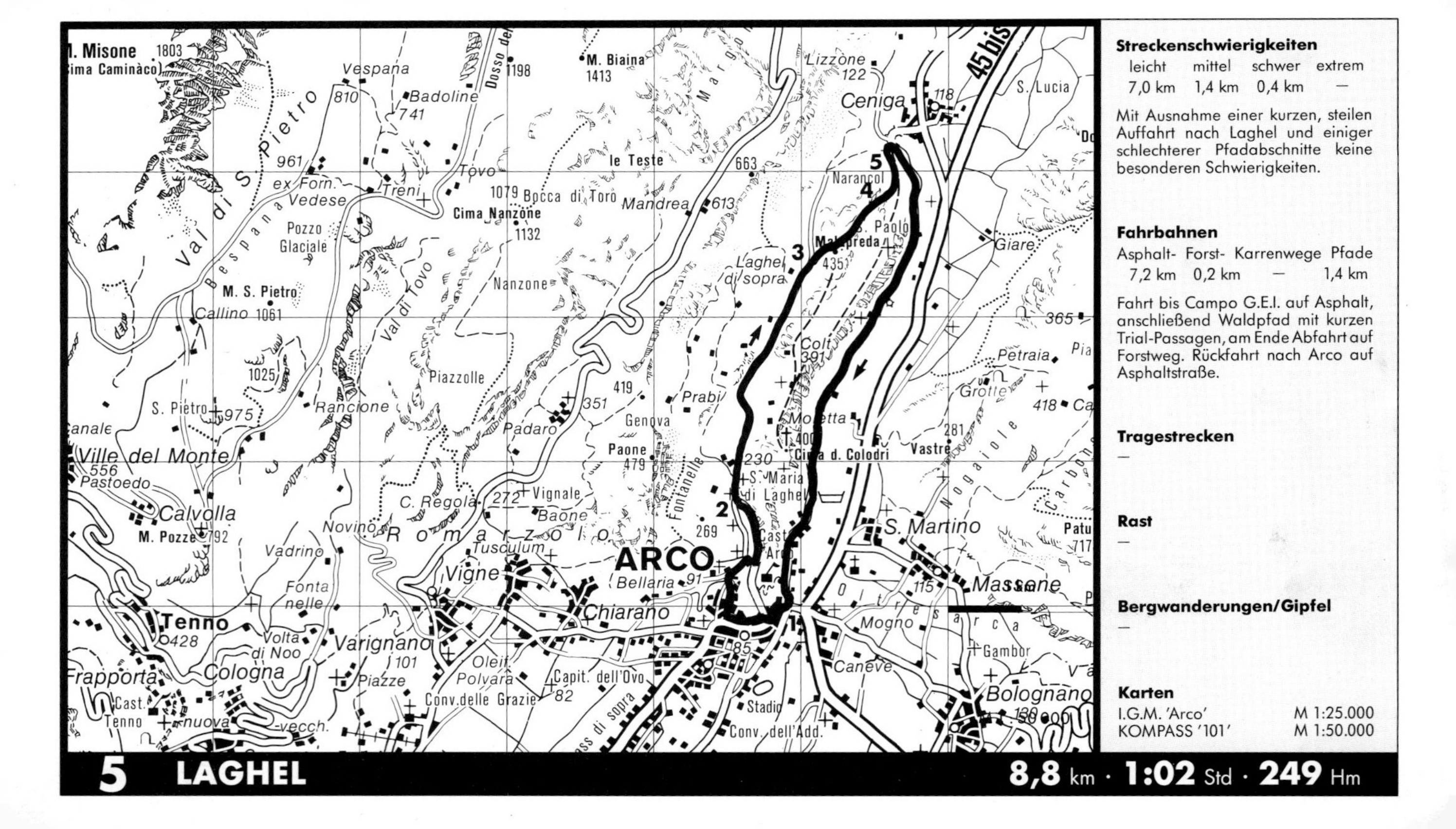

Streckenschwierigkeiten

leicht	mittel	schwer	extrem
7,0 km	1,4 km	0,4 km	–

Mit Ausnahme einer kurzen, steilen Auffahrt nach Laghel und einiger schlechterer Pfadabschnitte keine besonderen Schwierigkeiten.

Fahrbahnen

Asphalt-	Forst-	Karrenwege	Pfade
7,2 km	0,2 km	–	1,4 km

Fahrt bis Campo G.E.I. auf Asphalt, anschließend Waldpfad mit kurzen Trial-Passagen, am Ende Abfahrt auf Forstweg. Rückfahrt nach Arco auf Asphaltstraße.

Tragestrecken

–

Rast

–

Bergwanderungen/Gipfel

–

Karten

I.G.M. 'Arco'	M 1:25.000
KOMPASS '101'	M 1:50.000

5 LAGHEL **8,8** km · **1:02** Std · **249** Hm

5 LAGHEL

8,8 km · **1:02** Std · **249** Hm

Wegweiser

1 km 0 Ortsdurchfahrt Arco: Die *'Via G. Segantini'* (Fußgängerzone, Radfahren erlaubt) befahren. Nach 380 m auf Höhe der Kirche geradeaus an den Arkaden entlang bleiben und in die *'Via Vergoland'* steuern. Nach 190 m und leichter Auffahrt am Ende der Fußgängerzone der Fahrstraße nach rechts Ri. *'Passegiata Laghel, ...'* folgen. Nach 330 m rechts Ri. *'Laghel'* und nach 200 m, unterhalb des Burgfelsens, nochmals rechts Ri. *'Laghel'* halten.

2 km 1,7 Man mündet an einem gepflasterten Weg mit Heiligenfiguren und fährt rechts bergauf. Nach 170 m bei der Wegekreuzung an der Kirche von S. Maria di Laghel der Asphaltstraße halbrechts Ri. *'Campo G.E.I.'* folgen. Nach 100 m geradeaus in o.g. Ri. bleiben.

3 km 3,5 Kurz nach dem Eingang zum Campo G.E.I. von der Asphaltstraße geradeaus auf den Schotterweg Ri. *'Sentiero Laghel, Ceniga'* abzweigen, der bald zum Pfad wird.

4 km 4,4 Einen links abzweigenden Pfad liegen lassen und geradeaus Ri. *'Sentiero Laghel, Ceniga'* bleiben.

5 km 5,0 Man mündet an einem Weg und fährt links bergab. Nach 120 m mündet man an einen Asphaltweg, folgt diesem nach rechts und nach 20 m an der Infotafel wieder nach rechts an der alten Brücke vorbei. Den Weg nun stets bis zurück zum Ausgangspunkt in Arco befahren.

Tips + Info

Da es sich bei dieser Tour nur um eine sehr kleine und einfache Runde handelt, empfiehlt sich die Kombination mit der Padaro-Tour. Man startet ebenfalls in Arco an der alten Sarca-Brücke und fährt wie im Wegweiser bechrieben bis zum Ende der Fußgängerzone. Dort der Fahrstraße dann nach links folgen und bei Mündung an der Hauptstraßenkehre diese nach rechts Ri. *'Varignano'* befahren. Nach 1,7 km rechts Ri. *'Varignano, Padaro, San Giovanni'* abzweigen, stets geradeaus bis zur Kirche von Varignano fahren und die Route der Padaro-Tour aufnehmen.

Ein Cappuccino in der Bar FreeMaster von Gianni Vandoni gehört zu den Pflichtübungen bei dieser Tour.

Während der Fahrt durch die Fußgängerzone passiert man auf Höhe der Kirche eine der besten Eisdielen. Das Eis ist allerdings nur akzeptabel, leider gibt es am Lago nichts besseres.

Anfahrt

An der Verkehrsinsel in Torbole Ri. *'Riva'* fahren. Nach 800 m rechts Ri. *'Arco'* abzweigen und nach 4 km am Kreisverkehr Ri. *'Arco'* bleiben.

Fahrt zum Startplatz

In Arco bei Mündung an der Hauptstraße dieser nach rechts folgen und unmittelbar vor der Sarca-Brücke geradeaus auf den etwas tiefer am Flußufer liegenden großen Parkplatz abzweigen. Die Tour beginnt am Eingang in die Fußgängerzone, der *'Via G. Segantini'* (6,5 km, 10 Min.).

Alternative Startorte

--

Variationen

Die kleine Fahrt läßt sich bestens mit der Tour 6, Padaro, kombinieren. Dazu kann man für eine dann schon längere Fahrt die Touren 8, Drena und/oder 9, Marocche, nehmen.

6 PADARO

6,8 km · 1:06 Std · 376 Hm

Mäßig schwere Tour! Kurztrip in die mediterranen Olivenhänge hinter Arco mit steiler Asphalt-Auffahrt, tollen Trial-Pfaden und schönen Lago-Blicken.

Beschreibung

Orte wie Padaro, Mandrea und San Giovanni waren früher einmal winzige Bergler-Nester und nur mit Mühe auf schmalen Karrenwegen oder Maultierpfaden erreichbar. Die Zivilisation der Ebene endete an den Felshängen von Romarzolo hinter Arco, Vigne und Varignano, zu den Einsiedlern traute sich kaum mal einer hinauf. Der Bau einer Asphaltstraße änderte die Situation schlagartig. Heute haben viele Lago-Trentiner ihre Wochenendhäuschen in San Giovanni, Gorghi oder Tovo und genießen von dort bei schönem Wetter die Traumblicke auf die nördlichen Gletscherregionen Adamello und Presanella.

Ganz so weit führt die Padaro-Tour zwar nicht, sie umrundet lediglich die ersten Felshügel des beginnenden Gebirges, bietet aber dem Biker einen knackigen Kurztrip mit einer Menge Fahrspaß. Vom Startpunkt bei der alten Kirche in Varignano aus wird die teilweise kräftig durch mediterrane Wein- und Olivenhänge anziehende Asphaltstraße benutzt, im Rücken stets das traumhafte Panorama des Lago-Beckens. Hinter Padaro biegt man auf einen tollen Waldpfad ab, der gespickt mit kurzen Trials ins Tälchen von Laghel führt. Hier können unverbindlich die Fähigkeiten für größere, am Lago reichlich vorhandene Trial-Aufgaben getestet werden.

Nach kurzer Abfahrt über Schotter- und Asphaltwege geht es wieder auf einen Pfad, der bald vor der prächtigen Kulisse des Lagos eine Slick-Rock-Übung auf den Felsplatten von Fontanelle bietet. Am Ende rollt man durch Vigne zurück nach Varignano zum Ausgangspunkt bei der Kirche.

Kenner fahren nach Arco ab zum Blitzbesuch in Giannis's FreeMaster-Bar. Der Zweite im Bunde der Bilderbuch-Italiener ist der wahre Meister des Cappuccino und serviert ihn als Einziger am Lago wirklich perfekt mit einer traumhaften, die halbe Tasse füllenden Crema. Genau so gut gibt es natürlich Espresso, Latte macchiato und Cafè macchiato oder auch das Nationalgetränk des Trentino, Vino con Amaro, kleine Gläschen mit trocknem Weißwein und einem Schuß Campari sowie frische, knusprige Pannini. Am besten ist die Padaro-Tour wohl zwischen zwei Besuchen in Gianni's Bar aufgehoben. Statt in Varignano kann man nämlich ebenso in Arco starten und vom großen Parkplatz am Sarca-Ufer aus mit dem Bike nach Varignano anfahren. Dies empfiehlt sich am Wochenende ohnehin, weil die Parkplätze vor der Kirche im uralten Ortskern von Varignano sehr begrenzt sind und sich die Einheimischen hier nicht so gerne die Butter vom Brot nehmen lassen. Da sich die Tour zur Kombination mit der Laghel-Runde anbietet, führt der Weg dann zwangsläufig zweimal direkt am Cappuccino-Paradies vorbei ...

	Fahrstrecke		
0,0	Varignano Kirche	100	
2,2	Padaro	351	0:25
2,8	Pfadabzweig	402	
3,1		**428**	
3,7	Pfadende	302	
4,2	bei Laghel	256	0:44
4,5	Fontanelle	244	
4,8		193	
5,1		203	
6,0	Vigne	92	
6,4		**88**	
6,8	Varignano	100	1:06

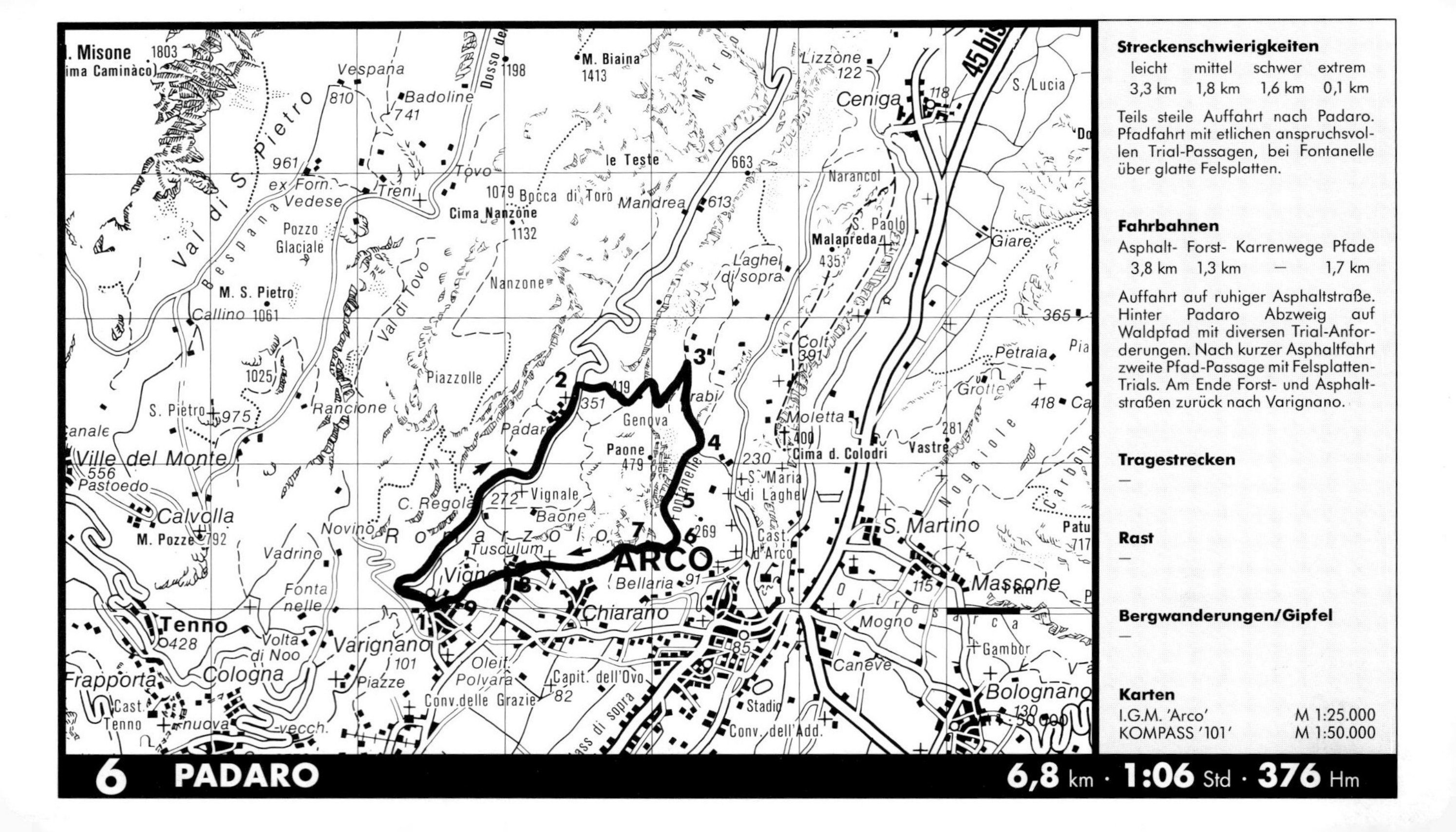

Streckenschwierigkeiten

leicht	mittel	schwer	extrem
3,3 km	1,8 km	1,6 km	0,1 km

Teils steile Auffahrt nach Padaro. Pfadfahrt mit etlichen anspruchsvollen Trial-Passagen, bei Fontanelle über glatte Felsplatten.

Fahrbahnen

Asphalt-	Forst-	Karrenwege	Pfade
3,8 km	1,3 km	–	1,7 km

Auffahrt auf ruhiger Asphaltstraße. Hinter Padaro Abzweig auf Waldpfad mit diversen Trial-Anforderungen. Nach kurzer Asphaltfahrt zweite Pfad-Passage mit Felsplatten-Trials. Am Ende Forst- und Asphaltstraßen zurück nach Varignano.

Tragestrecken

–

Rast

–

Bergwanderungen/Gipfel

–

Karten

I.G.M. 'Arco' M 1:25.000
KOMPASS '101' M 1:50.000

6 PADARO

6,8 km · **1:06** Std · **376** Hm

6 PADARO

6,8 km · **1:06** Std · **376** Hm

Wegweiser

1 **km 0** Die Asphaltstraße an der Kirche vorbei ortsauswärts und dann stets steil bergauf befahren, später den Ort Padaro passieren.

2 **km 2,8** Gut 600 m nach dem Ortsschild *'Padaro'*, unmittelbar hinter einem Wasserhäuschen, von der Fahrstraße rechts auf den etwas verwachsenen Pfad am Zaun entlang abzweigen. Nach 260 m an der Pfadverzweigung links halten, nach 40 m am linken Abzweig zum Hochspannungsmasten auf dem Pfad bergab bleiben. Nach 60 m mündet man an einen weiteren Pfad und fährt links bergab. Nach 150 m und steiler Abfahrt an der Verzweigung rechts halten.

3 **km 3,7** Der Pfad mündet an einem Betonweg und man rollt rechts bergab.

4 **km 4,2** Bei einem Eisentor vom Asphaltweg rechts auf den zunächst kurz ansteigenden Schotterweg abzeigen, der bald zum Pfad wird.

5 **km 4,5** Bei den Felsplatten von Fontanelle leicht links abwärts halten und am Ende der Felsen auf dem dort wieder erkennbaren Pfad bergab bleiben. Nach 150 m und Passieren einer Hütte über das Betonmäuerchen steigen, den Karrenweg links bergab befahren und bald einige Stufen abwärts gehen. Bei der Mündung an einem Weg links bergab halten.

6 **km 4,8** In einem baumbestandenen Wiesengelände aus der Linkskehre des Weges geradeaus bzw. leicht rechts auf den bald bergauf führenden Pfad abzweigen.

7 **km 5,1** Man mündet an einen Weg und folgt diesem nach rechts von der Toreinfahrt weg. Nach 360 m am Wegedreieck unterhalb der Felsflächen links bergab, nach 310 m am Wegedreieck bei der Zinnenmauer geradeaus und nach 10 m weiter bergab halten.

8 **km 6,0** Ortsdurchfahrt Vigne: Die Kirche geradeaus passieren (nicht links bergab!) und nach 30 m links in die *'Via Bordellino'* abzweigen.

9 **km 6,6** Ortsdurchfahrt Varignano: Am Halteschild geradeaus bleiben und nach 130 m am zweiten Halteschild beim kleinen Lebensmittelladen rechts bergauf zum Ausgangspunkt bei der Kirche fahren.

Tips+Info

Bei Start in Arco bessere Park-Möglichkeiten!

Anfahrt

An der Verkehrsinsel in Torbole Ri. *'Riva'* fahren. Nach 800 m rechts Ri. *'Arco'* abzweigen und nach 4 km am Kreisverkehr Ri. *'Arco'* bleiben. In Arco bei Mündung an der Hauptstraße dieser nach links folgen und nach 400 m rechts Ri. *'Varignano, ...'* abzweigen. Der Straße 1,9 km folgen und dann rechts Ri. *'Varignano, Padaro, San Giovanni'* abzweigen.

Fahrt zum Startplatz

Stets geradeaus in den Ort hinein fahren und vor der Kirche parken. Hier beginnt die Tour (8,6 km, 15 Min.).

Alternative Startorte

Arco, P bei der Sarca-Brücke (mit kurzer Bike-Anfahrt nach Varignano)

Variationen

Auch probieren:

1. Kombination mit Tour 5, Laghel: Die Fahrt über Padaro läßt sich mit der Laghel-Tour zu einer größeren Runde kombinieren. Dazu bei WW 4 auf dem Asphaltweg geradeaus bergab bleiben und bei der Kirche S. Maria di Laghel die Route von Tour 5 aufnehmen.

SHIMANO
LONGUS

7 TREMALZO 1 — 28,6 km · 2:20 Std · 397 Hm

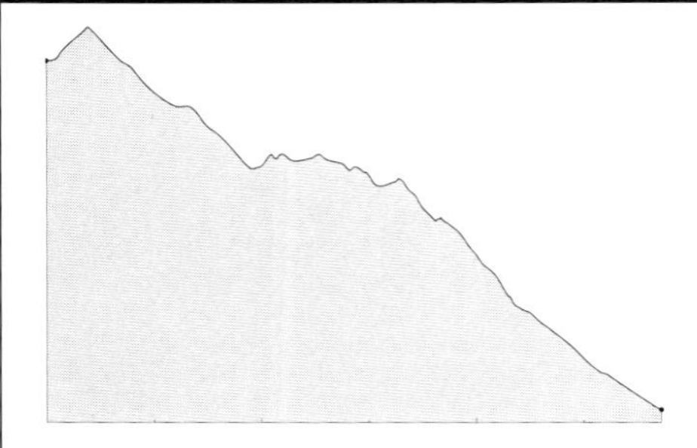

Leichte Tour! Fahrt über die herrliche Tremalzo-Route von oben nach unten. Am Ende die schönsten Seeblicke der Region und Abfahrt mit vielen Perspektiven senkrecht über dem Wasser. Traumtour!

Beschreibung

Tremalzo - fast schon ein Synonym für höchsten Bike-Genuß am Gardasee! Wie immer man diese variable Route auch befährt, jede der zahlreichen Möglichkeiten ist vom Feinsten und der Biker findet in der Region südlich des Ledrosees neben Natur pur Fahrten in allen erdenklichen Schwierigkeitsgraden und auf Wunsch eine Vielzahl von traumhaften Trial-Pisten. Hier läßt sich beliebig kombinieren, Biker aller Klassen können sich maßgeschneiderte Routen zusammenbrauen, die immer einen maximalen Erlebniswert bieten. Zu den leichtesten Übungen für Einsteiger gehört der Start von oben, also vom Tremalzo-Gebiet aus. Bis zum Rifugio Garda gibt es eine am Passo d'Ampola abzweigende Fahrstraße, die nicht nur Weichlinge für die Auffahrt per Pkw nutzen können. Entweder man läßt sich hier in der weitläufigen, grünen Hochfläche mit ihren zahlreichen Rifugios absetzen oder holt das Benzin-Gefährt nach Beendigung der Tour mit einem zweiten Wagen wieder ab.

Kurz hinter dem auf 1665 Meter liegenden Passo di Tremalzo startet man auf der Schotterpiste hinter dem Rifugio Garda die Fahrt zum Tremalzo-Tunnel. Nur schlappe 160 Höhenmeter sind hinauf zur Röhre zurückzulegen, bevor der mitten im Tunnel liegende Scheitelpunkt der Tour von 1863 Höhenmetern den reinen Genuß verheißt. Von jetzt an geht's fast nur noch bergab. Es ist ein Traum, eine der schönsten Routen am Lago auch als Anfänger fast ohne Kraftanstrengung fahren zu können. Das helle Schotterband der Piste schlängelt sich in zahllosen Kehren durch die kalkfelsdurchsetzten Grashänge des Corno della Marogna hinab zum Passo Nota. Nur anfangs behindert etwas gröberer Schotter die Abfahrt. Könner driften auf dem zusammengeschwemmten Gesteinsmaterial in

Fahrstrecke

km	Ort	Höhe	Zeit
0,0	Tremalzo P bei Rifugio Garda	1702	
1,8	Tremalzo-Tunnel	**1863**	0:16
6,1	Baita Tuflungo	1490	
9,5	Passo Nota	1198	0:57
10,3	Passo di Bestana	1274	
12,0	Bocca dei Fortini	1243	1:14
12,7	Rif. Baita Segala	1268	
14,4	Passo Guil	1204	
15,4		1110	
16,3	Passo Rocchetta	1159	1:36
18,0	Sentiero 115	955	
18,6	Malga Palaer	946	1:53
19,3	Porta dei Larici	881	
22,5	Pregasina	520	2:10
28,6	Riva	**66**	2:20

Streckenschwierigkeiten

leicht	mittel	schwer	extrem
24,2 km	3,5 km	0,9 km	–

Einzige Schwierigkeit neben kleineren Auffahrten ist die etwas trialmäßige Fahrt auf dem Sentiero 115 zwischen Passo Rocchetta und Malga Palaer.

Fahrbahnen

Asphalt-	Forst-	Karrenwege	Pfade
6,4 km	18,1 km	4,0 km	0,1 km

Auffahrt bis Tremalzo-Tunnel und Abfahrt bis Passo Nota auf Schotterstraße, abschnittweise schlechter Zustand. Bis Passo Guil Forstweg, dann Pfad bis Malga Palaer mit kurzen Trial-Passagen. Abfahrt nach Pregasina auf Schotterweg, dann bis Riva Asphaltstraße.

Tragestrecken

–

Rast

Rif. Passo Nota, Rif. Baita Segala, Ristorantes in Pregasina.

Bergwanderungen/Gipfel

Monte Tremalzo (1974 m)
Corno della Marogna (1953 m)

Karten

I.G.M. 'Storo, Bezzecca, Riva, Malcèsine'	M 1:25.000
f & b 'Gardasee'	M 1:50.000
KOMPASS '102'	M 1:50.000

7 TREMALZO 1

28,6 km · 2:20 Std · 397 Hm

wagemutiger Schräglage durch enge Serpentinen und sollten nur den hautengen Frontalkontakt mit ebenfalls häufig hier verkehrenden, bestens vermummten Motocrossern vermeiden. Ratsamer ist auf jeden Fall eine eher genußvolle und langsame Abfahrt. Man sieht einfach mehr und läuft keine Gefahr, gegebenenfalls zu den Todesopfern unter Bikern zu zählen, die es hier schon gegeben haben soll.

Nach der Fahrt durch ein wahres Wunderland der Natur mündet man beim Passo Nota an einer Hochebene, durch die sich ein breiter Forstweg mit nur kleinen Auf- und Abfahrten über den Passo di Bestana zum Bocca dei Fortini und Passo Guil zieht. Eine sehr gemächlich zu fahrende Route, bei der man in erster Linie schöne Blicke über das Valle Piana und Limone zum Gardasee und dem dahinter thronenden mächtigen Baldo-Massiv genießen kann. Am Ende leitet ein schmaler Pfad mit nur leichten Trial-Aufgaben zum Passo Rocchetta, einem weiteren Höhepunkt der Tour. Zwischen den zerklüfteten Felskegeln der fast senkrecht zum Wasser abfallenden Steilwände gibt es aus mehr als tausend Metern Höhe traumhafte Blicke auf die blauen Wellen des Lago.

Anschließend leitet ein nicht allzu schwerer Trial-Pfad durch die Waldhänge zur verfallenen Malga Palaer, wo ein Forstweg-Downhill mit immer wieder extremem Neigungswinkel bis Pregasina beginnt. Ab dem kleinen Bergler-Nest rollt man auf asphaltierter Straße weiter bergab nach Riva und wird auch auf dieser Passage wieder überwältigt von atemberaubenden Tiefblicken. Die Piste ist abenteuerlich in die steilen Felswände gehauen und verläuft oft senkrecht über dem Wasserspiegel, am Ende durch zahlreiche Felsentunnels ziehend - fast unbeschreiblich schön! Mit einem Gefühl der Schwerelosigkeit segelt man hoch über dem blauen Gewässer hinab zum Seeufer und kann, kaum dort angekommen, das Glücksgefühl über diese Traumtour nur schwerlich unterdrücken.

Nach diesem Erlebnis ist schnell der Entschluß gefaßt, am nächsten Tag gleich noch die Variante der eben absolvierten Route anzugehen. Die Tremalzo-Schotterstraße ist faszinierend genug, sie ein zweites Mal zu fahren und am Passo Nota dann das Bike in Richtung Limone zu lenken, wo die schöne Schiffspassage zurück nach Riva wartet. Auch diese Fahrt läßt sich für Genießer ausrichten, wenn man den völlig unproblematischen Weg durchs Val di Bondo nach Vesio und die weiterführende Fahrstraße stets bergab bis zum Seeufer wählt. Allerdings bietet sich hier eher eine herrliche Trial-Fahrt für absolute Cracks an. Vom Passo geht es zunächst noch einige Höhenmeter bergauf zum Corna Vecchia. Dort verengt sich die Piste zum Pfad und führt durch fünf Felsentunnels. Normal-Biker können sich hier nun immer noch für die Weiterfahrt durch den sechsten Tunnel und wieder auf breitem Forstweg hinab nach Vesio entscheiden. Wer allerdings vor nichts zurückschreckt, schultert sein Bike, trägt es links über einen kleinen Sattel und rollt auf begeisterndem, voll fahrbarem Pfad mit permanenten Lago-Blicken stets leicht abschüssig bis Dalco und stürzt sich auf der gleichnamigen Horror-Abfahrt hinab ins Valle del Singol ...

Anfahrt

An der Verkehrsinsel in Torbole Ri. *'Riva'* fahren und dort stets Ri. *'Lago di Ledro'* oder *'Val di Ledro'* halten. Nach Passieren des Tunnels ins Ledrotal stets auf der Hauptstraße über Biacesa, Pre, Molina, am Ledrosee vorbei und über Pieve und Tiarno bis zum Passo d'Ampola fahren. Kurz bevor die Hauptstraße ins Tal abfällt, zweigt dort links die Straße Ri. *'Tremalzo'* ab, der man bis zum Ende der Asphaltdecke beim Rifugio Garda stets bergauf folgt.

Fahrt zum Startplatz

Kurz vor dem Ende der Asphaltdecke und wenige Meter vor dem Rifugio Garda auf dem rechts der Straße liegenden Parkplatz parken. Hier beginnt die Tour (42 km, 45 Min.).

Alternative Startorte

--

Wegweiser

1 km 0 Vom Parkplatz die bald geschotterte Tremalzo-Straße am Rifugio Garda vorbei hinauf zum Tunnel und nach dessen Durchquerung stets bergab bis zum Passo Nota befahren.

2 km 9,5 Am Passo Nota mündet man beim kleinen Grillplatz an einem Wegedreieck, läßt den rechts Ri. *'Tremosine'* führenden Weg liegen und fährt geradeaus. Diesem Hauptweg nun stets folgen, bald wird in steiler Auffahrt der beschilderte *'Passo di Bestana'* überquert.

3 km 12,0 Am Bocca dei Fortini den links bergauf Ri. *'Lago di Ledro'* führenden Weg liegen lassen und auf dem zunächst ebenen Wegzweig geradeaus bleiben.

4 km 14,4 Am Passo Guil führt der Weg links bergauf durch ein Holzgatter. Hier geradeaus auf den beginnenden Pfad steuern, nach 600 m den rechten Pfadabzweig liegen lassen und Ri. *'Passo Rocchetta'* bleiben.

5 km 16,3 Nach steiler Auffahrt über zwei Serpentinen am Passo Rocchetta Ri. *'Pregasina'* bleiben, die Schranke bei der kleinen Steinhütte passieren und dann dem Pfad nach links folgen (nicht dem steilen Karrenweg bergab!).

6 km 18,0 Bei einem markierten Fels auf den rechts abzweigenden Pfad steuern. Nach 430 m geradeaus über das Wiesengelände halten und unterhalb der Hütte dem Weg links bergab folgen.

7 km 18,6 Bei der Ruine der Malga Palaer dem breiten, zunächst fast ebenen Forstweg geradeaus folgen und stets auf dieser Piste bleibend bis Pregasina abfahren.

8 km 22,3 Ortsdurchfahrt Pregasina: Die Kirche passieren, der Asphaltstraße nach 180 m durch die Ortsmitte am Brunnen und am *'Hotel Panorama'* vorbei stets bergab und ortsauswärts Ri. *'Riva'* folgen.

9 km 25,9 Nach Abfahrt und Überquerung einer Brücke bei Mündung an der alten Verbindungsstraße ins Ledrotal rechts Ri. *'Riva'* bleiben und durch die Tunnels bis zur Mündung an der Hauptstraße am Seeufer bei Riva abfahren.

Tips + Info

Unbedingt auch eine der Varianten dieser Abfahrt nach Limone probieren. Die Schiffsfahrt zurück nach Riva mit Ausschank von Getränken ist ein toller Abschluß des Bikens.

Variationen

Grundsätzlich kann man diese Art der Tremalzo-Tour statt nach Riva ebensogut nach Limone hin orientieren. Am Ende der verschiedenen Varianten geht es dann jeweils per Schiff zurück nach Riva:

Für Cracks:

1. Über Corna Vecchia und Dalco: Eine Traumfahrt führt vom Passo Nota (WW 2) zum Corna Vecchia, wo das Bike nach dem fünften Tunnel in einer Kehre links etwa 15 Min. über den Sattel getragen wird. Mit permanenten Seeblicken leiten dann die Sentieros 102, 109 und 110 nach Dalco. Dort führt die gleichnamige Extrem-Abfahrt auf dem Sentiero 111 ins Valle del Singol und weiter nach Limone.

Auch probieren:

2. Über Corna Vecchia, Piazzale Angelini und Vesio nach Limone: Etwa im gleichen Schwierigkeitsgrad wie die beschriebene Route bis Riva führt diese Variante über Vesio nach Limone. Dazu wie bei Variation 1 fahren, am Corna Vecchia auf dem Pfad durch den letzten Tunnel bleiben und dann dem Forstweg bis Vesio folgen. Von Vesio führt die asphaltierte Fahrstraße mit tollen Seeblicken nach Limone (siehe auch Alternativ-Wegweiser bei Tour 25).

3. Durchs Valle di Bondo nach Limone: Die leichteste aller Abfahrtsmöglichkeiten führt durchs etwas reizlose Valle di Bondo nach Vesio.

8 DRENA

20,7 km · 1:45 Std · 458 Hm

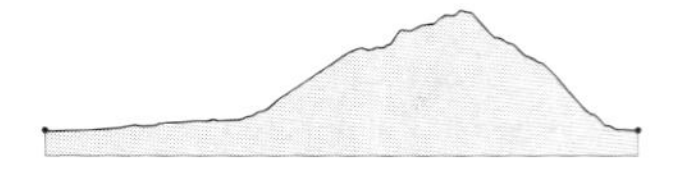

Leichte Tour! Genüßliche Fahrt durch die Sarca-Ebene auf guten Fahrbahnen und in leichte Berghänge hinein. Am Ende schöne Fernsicht zum Lago.

Beschreibung

Das Trentino beherbergt noch heute eine schier unglaubliche Anzahl von Schlössern, Burgen und Ruinen, einst stolze Beherrscher der Täler und alten Handelsstraßen. Diese Zeugen jahrhundertealter Geschichte hatten hier am Schnittpunkt der römischen und germanischen Welt wichtige strategische Rollen übernommen. Über den neuen Hauptverkehrswegen stehen sie noch heute, mehr oder weniger erhalten. Die Bastione in Riva, das Castel Penede in Nago, die Schlösser von Tenno, Arco und Drena, scheinbar macht- und funktionslos vor dem modernen Verkehrsfluß kapitulierend, prägen als Fixpunkte noch immer das Bild der Landschaften, im gesamten Trentino ebenso wie am nördlichen Gardasee.

Eine der wirklich leichten Lago-Touren verläuft in einer Schleife zwischen dem ehemals wohl beeindruckendsten Castello über Arco und dem Castel Drena. Die Herren von Arco waren lange Zeit die absoluten Herrscher dieser Gegend und hatten einen ihrer Bedeutung gemäßen Feudalsitz kühn auf die Spitze des schlanken Felsens hoch über dem Dörfchen und der Sarca-Ebene gepflanzt.

Im Angesicht der talbegrenzenden Steinfassaden rollt man gemütlich stets am Fluß entlang zur uralten Bogenbrücke bei Ceniga. Nach der Ortsdurchquerung führt die ehemalige ruhige Fahrstraße des Sarca-Tals nach Dro und weiter nach Drena. Am Ende strampelt man durch die skurrile Felstrümmer-Landschaft der Marocche, wo die Gletscher auf ihrer Schneckentempo-Flucht zahllose Fels- und Gesteinsbrocken jeglichen Ausmaßes über das ganze Tal verteilt zurückgelassen haben. Eine Mondlandschaft, in die im Sommer gnadenlos die Sonne brennt. Glücklicherweise ist die Straße nicht allzu steil und schon bald geht es am Castel vorbei durch das Dörfchen Drena. Am gegenüberliegenden Waldhang leitet ein schmales Asphaltband mit nur kurzen giftigen Anstiegen zum Einsiedler-Nest Braila, wo erstmals eine richtige Mountain-Bike-Piste wartet.

Das holperige Schotterband zieht wieder hinab zum Fiume Sarca. Der Genießer kommt kräftig durchgeschüttelt bei San Martino an und rollt die letzten Meter über die Fahrstraße zurück nach Arco. Alles in allem keine spektakuläre Tour, dafür genußvoll und leicht zu fahren und am Ende immerhin mit den in der Region fast schon obligatorischen Traumblicken zum Lago.

Fahrstrecke

km	Ort	Hm	Zeit
0,0	Arco P bei Sarca-Brücke	**90**	
3,7	Ceniga	108	0:13
5,6	Dro	123	
11,0	Drena	386	0:56
13,5	Braila	468	1:20
14,6		**514**	
19,7	S. Martino	105	1:41
20,7	Arco	90	1:45

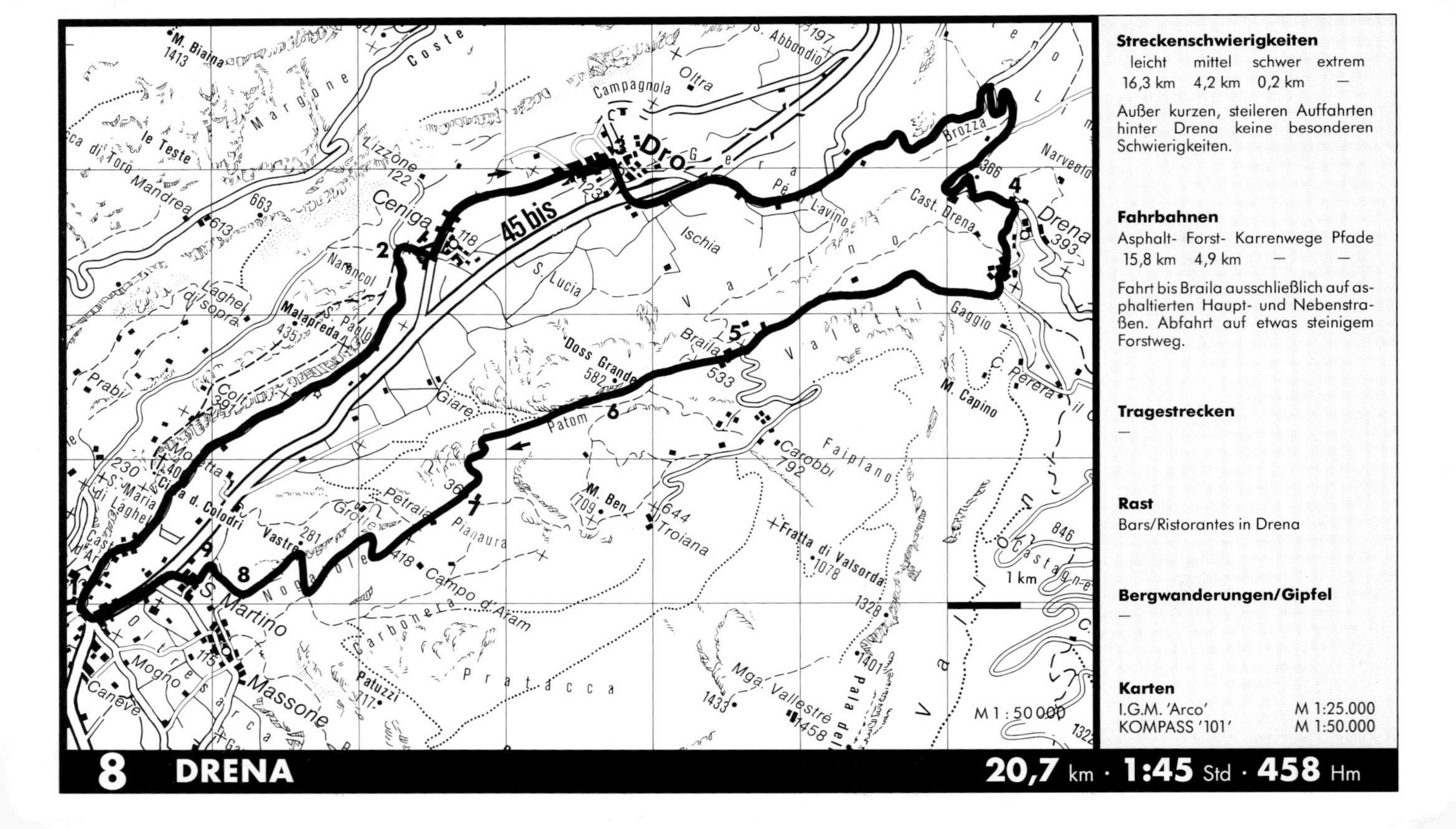

Streckenschwierigkeiten

leicht	mittel	schwer	extrem
16,3 km	4,2 km	0,2 km	–

Außer kurzen, steileren Auffahrten hinter Drena keine besonderen Schwierigkeiten.

Fahrbahnen

Asphalt-	Forst-	Karrenwege	Pfade
15,8 km	4,9 km	–	–

Fahrt bis Braila ausschließlich auf asphaltierten Haupt- und Nebenstraßen. Abfahrt auf etwas steinigem Forstweg.

Tragestrecken

–

Rast

Bars/Ristorantes in Drena

Bergwanderungen/Gipfel

–

Karten

I.G.M. 'Arco'	M 1:25.000
KOMPASS '101'	M 1:50.000

8 DRENA

20,7 km · **1:45** Std · **458** Hm

8 DRENA

20,7 km · **1:45** Std · **458** Hm

Wegweiser

1 km 0 Die *'Via Paolina Caproni Maini'* unterhalb des Burgfelsens von Arco entlang stets befahren.

2 km 3,7 Ortsdurchfahrt Ceniga: Bei der Infotafel rechts über die alte Steinbrücke nach Ceniga fahren. Nach 300 m bei Mündung an der Hauptstraße dieser nach links durch den Ort und weiter bis Dro folgen.

3 km 5,6 Ortsdurchfahrt Dro: Bei der Kirche der Straße durch die Rechtskehre folgen. Nach 200 m am Kreisverkehr geradeaus Ri. *'Drena, Val di Cavedine'* über die Brücke fahren. Nach 300 m am Halteschild der Straße nach links nun stets bis Drena folgen (bei km 8,9 den linken Abzweig Ri. *'Lago di Cavedine'* liegen lassen).

4 km 11,0 Ortsdurchfahrt Drena: 340 m nach dem Ortsschild *'Drena'* rechts Ri. *'Braila'* abzweigen. Nach 80 m den linken Wegast Ri. *'chiesa, banca'* liegen lassen (führt allerdings auch zum Ziel). Nach 220 m am Wegedreieck links Ri. *'La Casina'*, nach 70 m geradeaus auf dem ebenen Weg, nach 90 m links bergauf (rechts Sackgasse) bleiben. Nach 80 m und kurzer Auffahrt bei der Wegekreuzung rechts Ri. *'Cavedine, La Casina, ...'*, nach 70 m bei der Wegverzweigung rechts Ri. *'Braila'* halten und diesem schmalen Asphaltweg ortsauswärts und dann stets folgen. Nach ca. 300 m passiert man einen Heiligenschrein.

5 km 13,5 An einer Wegverzweigung geradeaus Ri. *'Braila-Bassa'* (Holzschild) bleiben.

6 km 14,8 Wenn der Asphaltweg als Privatweg beschildert bergauf führt, rechts auf den bald abschüssigen Schotterweg abzweigen.

7 km 16,7 Nach der Abfahrt mündet man an die nach Troiana führende Forststraße und folgt dieser rechts durch die Kehre bergab, bald an einigen Gebäuden vorbei.

8 km 19,3 Im Tal an der Verzweigung den rechten Schotterweg befahren (nicht den linken Asphaltweg!) und nach 220 m am Wegedreieck auf dem rechten Ast bergab bleiben.

9 km 19,7 Ortsdurchfahrt S. Martino: Man mündet bei den ersten Häusern an eine Asphaltstraße, fährt links in den Ort und hält sich bei der Kreuzung der fünf Straßen halbrechts zur Hauptstraße hinab. Diese nach links bis zum Ausgangspunkt hinter der Sarca-Brücke von Arco befahren.

Anfahrt

An der Verkehrsinsel in Torbole Ri. *'Riva'* fahren. Nach 800 m rechts Ri. *'Arco'* abzweigen und nach 4 km am Kreisverkehr Ri. *'Arco'* bleiben.

Fahrt zum Startplatz

In Arco bei Mündung an der Hauptstraße dieser nach rechts folgen und unmittelbar vor der Sarca-Brücke geradeaus auf den etwas tiefer am Flußufer liegenden Parkplatz abzweigen. Die Tour beginnt an der Ecke Fußgängerzone und *'Via Paolina Caproni Maini'* (6,5 km, 10 Min.).

Alternative Startorte

Ceniga, Dro, Drena

Variationen

Für Cracks:

1. Über Malga Campo und Malga Vallestrè: Die Tour läßt sich gut mit Tour 14, Pala della Stivo, zu einer größeren Runde kombinieren.

Auch probieren:

2. Abfahrt über Trial-Pfad: Bei km 16,2 an einem weiß markierten Fels vom Forstweg rechts auf einen sehr anspruchsvollen Trial-Pfad hinab ins Sarca-Tal abzweigen.

3. Über Carobbi und Troiana: Bei km 13,5 links bergauf abzweigen und über Braila, Carobbi und Troiana nach S. Martino fahren.

9 MAROCCHE

29,0 km · 2:55 Std · 580 Hm

Leichte Tour! Weite Schleife durch das Sarca-Tal mit einigen Trials und Fahrt durch das eiszeitliche Felstrümmerfeld Marocche. Bade-Abstecher möglich.

Beschreibung

Zum Ende der letzten Eiszeit haben die Gletscher auf ihrem Rückzug markante Spuren in den Landschaften der Alpenränder hinterlassen. Wie die oberbayrischen Seen ist auch die norditalienische Seenplatte mit dem Gardasee-Becken durch Ausschliff der langsam abwandernden Eisriesen entstanden. Dabei haben die kalten Gesellen auf ihrem Rückzug so manches vergessen, was heute in der Marocche bestaunt werden kann. Ein ganzes Tal ist zur eigentümlichen Felstrümmer-Landschaft geworden, übersät mit mehr oder weniger großen Überbleibseln vom Kiesel- bis zum Hinkelstein.

Von Arco rollt man unterhalb des Castello durchs flache Sarca-Tal flußaufwärts. Stets an den zunehmend höher und schroffer werdenden Felsabbrüchen des im Monte Casale endenden Höhenzuges entlang, werden abeits der Fahrstraßen die alten Dörfer Ceniga und Dro passiert. Hinter Dro verengt sich die Fahrbahn zu einer Trial-Piste und leitet in toller Fahrt durch spärliche Bewaldung dahin, unterbrochen von nur einer unbefahrbaren Steilpassage. Die bei der leichten Berg- und Talfahrt in der Landschaft zwischen den wenigen Bäumen sich häufenden Felsquader künden bereits von der nahen Marocche.

Schließlich zieht beim kleinen Lago Bagàttoli wieder ein Forstweg etliche Höhenmeter bergauf und am Fuße mehrere hundert Meter hoher Felswände biked man auf abwechslungsreichem Terrain bis dicht unter das imponierende, zerklüftete Bergmassiv des Monte Casale. Dort oben zu stehen und das ganze herrliche Tälchen mit der Marocche aus der Vogelperspektive zu beäugen, könnte zu einer der schwereren, aber sehr lohnenswerten Aufgaben der kommenden Tage werden.

Für heute reicht es auch einige Nummern kleiner. In kurzer Abfahrt ist Pietramurata erreicht und nach der Ortsdurchquerung auf den Fahrstraßen steht man an einem Wegedreieck vor der Entscheidung, entweder rechts schnurstracks in die Marocche zu steuern oder links noch einen Abstecher hinter den Hügel zur Badepause am Lago di Cavedine zu machen. Letzteres empfiehlt sich vor allem für jene, die den etwas flauen Abschluß der Fahrt über die Hauptstraßen nach Dro und Ceniga interessanter gestalten und die Drena-Tour anhängen wollen. Der Weg durch die Marocche schlängelt sich an den wie nach einem Bombenangriff verstreuten Felstrümmern vorbei, bevor man schließlich mit dem Fiume Sarca, am Ende weitgehend über asphaltierte Fahrstraßen rollend, wieder am Ausgangspunkt bei der Sarca-Brücke in Arco landet.

Fahrstrecke

km	Ort	Hm	Zeit
0,0	Arco P bei Sarca-Brücke	**90**	
3,7	bei Ceniga	108	0:13
5,8	Dro	121	0:19
8,3	beim Lago Bagàttoli	201	
9,9		**335**	
11,0	bei Fischzucht	237	
12,7	Motocross-Gelände	280	1:22
13,9	Pietramurata	254	1:34
15,7	Canale Rimone	251	
19,1	Wasserwerk	192	2:10
21,3	Pè di Lavino	147	2:24
23,2	Dro	123	
25,0	Ceniga	117	
29,0	Arco	90	2:55

Streckenschwierigkeiten

leicht	mittel	schwer	extrem
24,9 km	3,5 km	0,4 km	0,2 km

Zwischen Dro und Pietramurata einige leichte Trial-Passagen mit zwei kurzen, unbefahrbaren Schiebestrecken.

Fahrbahnen

Asphalt-	Forst-	Karrenwege	Pfade
15,3 km	7,6 km	5,0 km	1,1 km

Bis Ceniga ruhiger Asphaltweg, dann Forst- und Karrenwege sowie teils etwas steinige Waldpfade bis Pietramurata. Nach Ortsdurchfahrt auf Asphalt Schotterweg durch die Marocche, am Ende Rückfahrt auf wenig frequentierten Asphaltstraßen.

Tragestrecken

Zwei kurze Schiebestrecken.

Rast

Ristorantes in Dro und Pietramurata

Bergwanderungen/Gipfel

—

Karten

I.G.M. 'Arco, Stenico'	M 1:25.000
KOMPASS '73' u. '101'	M 1:50.000

9 MAROCCHE

29,0 km · **2:55** Std · **580** Hm

9 MAROCCHE

29,0 km · **2:55** Std · **580** Hm

Wegweiser

1 km 0 Die *'Via Paolina Caproni Maini'* unterhalb des Castello von Arco stets flußaufwärts befahren.

2 km 3,7 Auf Höhe des Ortes Ceniga die alte Sarca-Brücke rechts liegen lassen und dem ebenen Asphaltweg an der Übersichtstafel vorbei Ri. *'Sentiero Campagnola, ...'* folgen. Nach 530 m am Torbogen leicht rechts auf dem Schotterweg und nach 210 m an der Wegverzweigung links jeweils in o.g. Ri. halten.

3 km 5,8 In Dro beim *'Hotel Ristorante al Ponte'* der Hauptstraße geradeaus folgen und nach 130 m links auf den Schotterweg Ri. *'Sentiero Molinei, Pineta'* abzweigen. Nach 70 m beim Gebäude links in o.g. Ri. abzweigen und nach 50 m auf dem Weg durch die Rechtskehre bleiben. Diesem nun stets folgen, später wird er zum Karrenweg und Pfad.

4 km 8,3 Man mündet an einem Schotterweg, fährt links leicht bergauf Ri. *'Sorgente Le Bene, Gaggiolo'* und bleibt stets auf diesem Weg, der mehrfach in o.g. Ri. beschildert ist.

5 km 9,9 An einem Wegedreieck geradeaus Ri. *'Gaggiolo'* halten (links führt der Weg Ri. *'Sorgente Le Bene'*).

6 km 11,0 Nach einer Abfahrt oberhalb der Fischzuchtbecken links bergauf auf den Karrenweg Ri. *'Sentiero Ciclamino'* abzweigen und nun stets in dieser mehrmals beschilderten Ri. bleiben.

7 km 12,7 Beim Motocross-Gelände links auf den Weg Ri. *'Sentiero Ciclamino, Pietramurata'* abzweigen. Den Haupteingang (*'Moto Club Arco'*) passieren und dem Weg bald durch die Rechtskehre folgen. Am Ende der MC-Piste geradeaus Ri. *'Sentiero Ciclamino'* bleiben und dann stets in o.g. Ri. halten.

8 km 13,7 Ortsdurchfahrt Pietramurata: Man mündet an einem Schotterweg und fährt rechts Ri. *'Pietramurata'*. Nach 180 m der Hauptstraße nach rechts folgen und nach 100 m beim Ortsschild links auf die leicht abschüssige Straße Ri. *'Bar, Sport'* abzweigen. Bald die Sarca-Brücke überqueren und der Straße stets durch den Ort folgen, bis man rechts auf einen leicht abschüssigen Asphaltweg Ri. *'Sentiero Gaggio'* abzweigt. Nach 100 m geradeaus in o.g. Ri. bleiben.

9 km 14,8 Am Wegedreieck dem rechten Schotterweg Ri. *'Sentiero Gaggio'* nun stets

Anfahrt

An der Verkehrsinsel in Torbole Ri. *'Riva'* fahren. Nach 800 m rechts Ri. *'Arco'* abzweigen und nach 4 km am Kreisverkehr Ri. *'Arco'* bleiben.

Fahrt zum Startplatz

In Arco bei Mündung an der Hauptstraße dieser nach rechts folgen und unmittelbar vor der Sarca-Brücke geradeaus auf den etwas tiefer am Flußufer liegenden Parkplatz abzweigen. Die Tour beginnt an der Ecke Fußgängerzone und *'Via Paolina Caproni Maini'* (6,5 km, 10 Min.).

Alternative Startorte

Ceniga, Dro, Pietramurata

durch die Marocche folgen (auf dem Weg nach links ist der Lago di Cavedine erreichbar).

10 km 19,0 Man mündet bei den Schleusen an einem größeren Gebäude, bleibt geradeaus auf dem Weg und fährt nach 90 m am alten Wasserwerksgebäude geradeaus auf den Asphaltweg Ri. *'Pè di Lavino'*. Nach 350 m dem Asphaltweg in o.g. Ri. über die Brücke folgen, nach 180 m den linken Abzweig Ri. *'Laghisoli'* liegen lassen.

11 km 21,2 Am Straßendreieck links Ri. *'Strada Provinciale'* fahren. Nach 350 m bei Mündung an der Hauptstraße dieser nach rechts bis Dro folgen.

12 km 23,2 Ortsdurchfahrt Dro: Nach Überquerung der Brücke am Kreisverkehr geradeaus bleiben und nach 220 m im Ort bei der Kirche der *'Via Roma'* durch die Linkskehre ortsauswärts folgen.

13 km 25,0 Ortsdurchfahrt Ceniga: Im Ort von der Hauptstraße rechts auf den Weg Ri. *'Sentiero delle Marocche 428'* abzweigen und diesem bald über die alte Sarca-Brücke folgen. Dort mündet man am Anfahrtsweg und fährt links zurück zum Ausgangspunkt in Arco.

Tips + Info

Die Wege und Pfade dieser Tour im hinteren Sarca-Tal sind weitgehend nicht oder nur bruchstückhaft auf den Landkarten verzeichnet. Am besten hier ausschließlich mit dem Wegweiser arbeiten und immer die Kilometerstände des Zählers am Bike auf dem korrekten Stand halten.

Die Tour verläuft am Ende ab Pè di Lavino ausschließlich auf asphaltierten Fahrstraßen (keine Hauptverkehrsstraßen) des Sarca-Tals. Wer das nicht mag, sollte die Fahrt mit der Drena-Tour kombinieren. Auf diese Weise hat man bei beiden Touren die Asphaltstraßen weitgehend ausgeklammert.

Eine weitere, echte Offroad-Möglichkeit zur Rückfahrt nach Arco führt über einen teilweise allerdings sehr schottrigen Pfad an der linken Seite des Sarca-Tal entlang. Dazu bei WW 11 nach Mündung an der Hauptstraße wie beschrieben dieser nach rechts folgen. Nach 330 m links auf den Feldweg Ri. *'Passegiata Coste di Varino'* abzweigen, dem Weg stets bis zu den beginnenden Berghängen folgen und dort nach rechts auf dem Pfad halten. Alternativ kann man auch einfach auf einem der Wege durch die Plantagen des Tals bis Arco bleiben.

Variationen

Für Cracks:

1. Kombination mit Tour 8, Drena: Die Marocche-Route läßt sich sehr gut mit der Drena-Tour zu einer längeren, aber trotzdem nicht allzu schweren Fahrt kombinieren. Dazu an WW 11 (km 21,6) bei Mündung an der Hauptstraße dieser links bis hinauf nach Drena folgen und dort weiter nach Tour 8 fahren.

2. Kombination mit Tour 13, Pala della Stivo: Eine schwerere Route ergibt sich bei dieser Kombination. Dazu genauso wie unter Variation 1 fahren und in Drena dann die Route von Tour 13 aufnehmen. Am Ende dieser Tour in Braila nicht zurück nach Drena fahren, sondern links halten und dem Wegweiser von Tour 8 zurück nach Arco folgen.

Auch probieren:

3. Badepause im Lago di Cavedine: Wer eine Badepause im Lago di Cavedine einlegen möchte, fährt an WW 9 links bis zum See. Nach dem Baden dann am besten der Fahrstraße hinter dem See Richtung Dro folgen. Man mündet bei WW 11 wieder an der beschriebenen Tour.

10 LAGO DI TENNO 13,2 km · 2:00 Std · 597 Hm

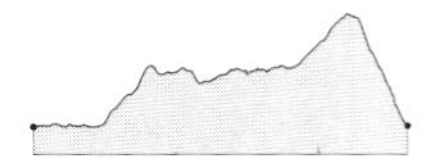

Mäßig schwere Tour! Kleine Runde in meist einsamen Gegenden mit schönen, leichten Trials und tollen Tiefblicken auf den idyllischen Badesee.

Beschreibung

Versteckt in den Bergen nördlich des Gardasees liegt der winzige Lago di Tenno. Kein Vergleich mit seinem gigantischen Bruder. Er würde gerade mal das Hafenbecken von Riva ausfüllen, bietet aber auch völlig andere Qualitäten. Ein idyllischer Badesee abseits des Lago-Rummels mit sauberem, klarem Wasser, zu einem gemütlichen Tag mit Bathing and Biking einladend. Baden, Faulenzen, in der Sonne liegen und zwischendurch mal diesen reizvollen, nicht allzu schweren Trip mit einer weiten Schleife um den See und prachtvollen Blicken von hoher Warte auf die smaragdgrüne Wasserfläche.

Nach Umrundung des Miniatur-Gewässers zieht ein neuer, auf den meisten Karten noch nicht enthaltener Forstweg in kräftigem Anstieg hinauf nach Laghisoli und weiter nach Ballino. Am hinteren Wendepunkt der Schleife überquert man die Fahrstraße und nimmt nach der Ortsdurchquerung die Fährte ins Valle delle Inferno auf. Der Name des schroffen Einschnittes in die Zweitausender, die den Lago di Tenno vom großen Val di Concei trennen, verheißt nichts Gutes. Doch der Schrecken hält sich in Grenzen, außer einigen kleinen Trial- und Offroad-Aufgaben wird dem Biker nichts abverlangt. Man folgt einem Karrenweg in einsamer Fahrt bis zu einem rauschenden Wildbach und muß nach dessen Überquerung das Bike für kurze Zeit auf unbefahrbarem Pfad schultern. Bald ist der Trial-Pfad am Waldhang entlang wieder fahrbar und durch einen weiteren Bachgraben geht es bis zur Mündung an einem breiten Forstweg. Diesem folgt man nun in unproblematischer Fahrt durch die Wälder bergauf, bis in einer Kehre ein Traum von einem Bike-Pfad abzweigt.

Die schmale Piste leitet nach flachem Beginn in mäßigem Anstieg und etlichen Serpentinen über die Felsabbrüche von Carcion. Die Fahrt begeistert auch ungeübtere Biker, ist zwar nicht ganz ohne Anforderungen, aber auch für minder Begabte voll fahrbar. Auf dem Scheitelpunkt der Tour geht der Pfad in einen Weg über und bald stürzt man sich hoch über dem Tenno-See auf einen sehr steinigen Karrenweg durch den Wald abwärts zu seinem Badeplatz. Und wer schon vorher geahnt hat, daß ihn die Sache in dieser Form nicht ganz ausfüllt, sollte bei Ballino die tolle Fahrt zur Malga Nardis anhängen. Auf diesem Abstecher ins Extreme warten neben höchsten Anforderungen die schönsten Weitblicke über den Tenno- zum Gardasee nebst einem herrlichen, direkt am Wegesrand tosenden Wasserfall.

Fahrstrecke

km	Ort	Hm	Zeit
0,0	Lago di Tenno P vor Clubhotel	**601**	
4,1		816	
4,8	Laghisoli	796	
5,9	Ballino	755	0:44
6,9	Abzweig bei Saiant	793	
7,5	Valle del Inferno	802	0:57
10,2	Pfadabzweig	906	1:26
11,0		**1000**	1:37
11,4	Carcion	988	
13,2	Lago di Tenno	601	2:00

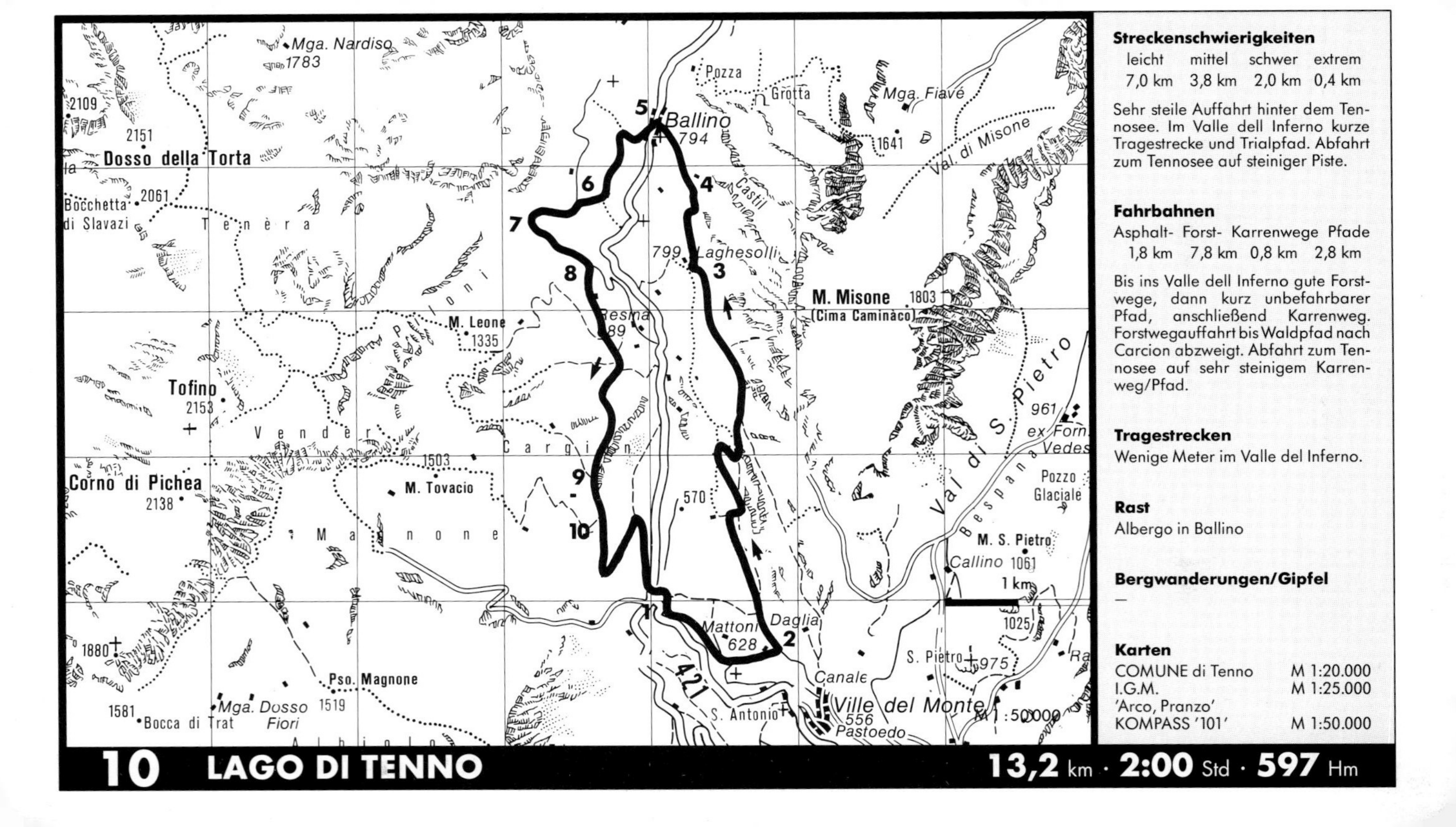

10 LAGO DI TENNO

13,2 km · **2:00** Std · **597** Hm

Streckenschwierigkeiten

leicht	mittel	schwer	extrem
7,0 km	3,8 km	2,0 km	0,4 km

Sehr steile Auffahrt hinter dem Tennosee. Im Valle dell Inferno kurze Tragestrecke und Trialpfad. Abfahrt zum Tennosee auf steiniger Piste.

Fahrbahnen

Asphalt-	Forst-	Karrenwege	Pfade
1,8 km	7,8 km	0,8 km	2,8 km

Bis ins Valle dell Inferno gute Forstwege, dann kurz unbefahrbarer Pfad, anschließend Karrenweg. Forstwegauffahrt bis Waldpfad nach Carcion abzweigt. Abfahrt zum Tennosee auf sehr steinigem Karrenweg/Pfad.

Tragestrecken

Wenige Meter im Valle del Inferno.

Rast

Albergo in Ballino

Bergwanderungen/Gipfel

–

Karten

COMUNE di Tenno	M 1:20.000
I.G.M. 'Arco, Pranzo'	M 1:25.000
KOMPASS '101'	M 1:50.000

10 LAGO DI TENNO 13,2 km · 2:00 Std · 597 Hm

Wegweiser

1 km 0 Vom Heiligenschrein aus an der Übersichtstafel *'Pro Locco di Tenno'* vorbei den rechts leicht bergauf Ri. *'Casa al Sole, ...'* führenden Asphaltweg befahren. Nach 720 m am alten Holzkreuz links bergauf Ri. *'Al Lago, ...'* steuern, nach 220 m den links Ri. *'Al Lago'* abzweigenden Schotterweg liegen lassen.

2 km 1,2 An der Wegekreuzung dem groben Steinpflasterweg links bergauf Ri. *'Al Lago'* über die Kuppe, bald am Tennosee vorbei und dann steil bergauf stets folgen.

3 km 4,8 Bei dem links oberhalb stehenden Gebäude von Laghisoli auf dem Weg durch die Links-/Rechtskehre leicht bergab bleiben.

4 km 5,3 Bei einem größeren Gebäude dem Asphaltweg links bergab stets bis Ballino folgen.

5 km 5,9 Ortsdurchfahrt Ballino: Beim Kirchlein die Hauptstraße überqueren und gegenüber den Asphaltweg am Dorfbrunnen vorbei befahren. Nach 170 m den Friedhof passieren, dem Schotterweg über die Bachbrücke und dann bergauf stets folgen.

6 km 6,8 An der Verzweigung im Wiesengelände bergauf Ri. *'Saiant'* bleiben und nach 90 m am Gatter links auf den schmalen, verwachsenen Grasweg abzweigen.

7 km 7,5 Dem Weg durch das breite Bachbett folgen, nach 5 m links auf dem kaum erkennbaren Pfad abwärts gehen, bald wieder unmittelbar am Bachlauf entlang und dann dem Pfad kurz sehr steil bergauf folgen, bis er wieder fahrbar ist. Bei km 7,9 mündet man an einen Karrenweg, fährt links bergab, überquert den Bachgraben und folgt der Piste wieder bergauf.

8 km 8,2 Man mündet nach erneuter kurzer Abfahrt an eine Forstwegkehre, fährt geradeaus bergauf und folgt nun stets dem Hauptweg, später an einzelnen Gebäuden vorbei.

9 km 10,2 Während längerer Auffahrt in einer Rechtskehre des Weges geradeaus auf einen anfangs noch ebenen Pfad abzweigen und diesem stets durch den Wald bergauf folgen.

10 km 11,0 Am höchsten Punkt dem Weg geradeaus und nach 470 m dem rot/weiß markierten Pfad links Ri. *'Lago di Tenno'* durch den Wald hinab zum Ausgangspunkt folgen.

Anfahrt

An der Verkehrsinsel in Torbole Ri. *'Riva'* fahen, dort stets Ri. *'Brescia'* halten und bei der Kirche (km 4,0) rechts Ri. *'Val di Ledro, Tenno, Ponte Arche, Fiave, ...'* abzweigen. In Varone auf dieser Straße Ri. *'Ponte Arche, Fiave, ...'* bleiben. Später die Orte Tenno und Ville del Monte durchqueren und der Straße bis zum Tenno-See folgen.

Fahrt zum Startplatz

Unmittelbar vor dem *'Clubhotel Lago di Tenno'* befindet sich am rechten Straßenrand ein großer Parkplatz mit einem Heiligenschrein. Hier parken, am Heiligenschrein beginnt die Tour (15 km, 28 Min.).

Alternative Startorte

Ballino

Variationen

Für Cracks:

1. Zur Malga Nardis: Eine schwere Auffahrt zur Erweiterung dieser Tour führt zur hochalpinen Malga Nardis. Der zweite Teil der Auffahrt über einen Serpentinen-Pfad ist bergauf allerdings nicht mehr befahrbar, erst oben zur Malga hin kann wieder aufgesattelt werden. Man genießt herrliche Blicke über den Tenno- zum Gardasee. Für diese Fahrt entweder kurz vor dem Passo Ballino links auf den beschilderten Weg abzweigen oder ab WW 6 über Saiant fahren.

11 CORNO 14,9 km · 2:24 Std · 859 Hm

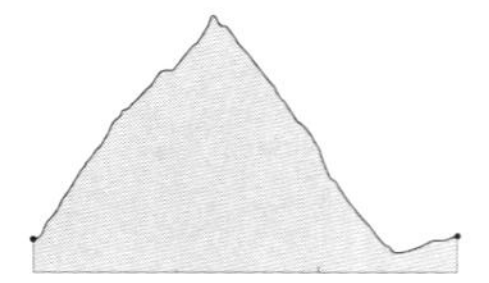

Mäßig schwere Tour! Knackiger Kurztrip hinter Nago mit steilster Auffahrt, wahlweise Downhill-Trial im Wald oder leichter Forstweg-Abfahrt und prächtigen Ausblicken zum Lago. Supertour!

Beschreibung

Direkt hinter Nago beginnt ein schmaler Bergrücken, der sich in leicht geschwungener Linie bis hinauf zu den Felsabbrüchen von Monte Brugnolo und Monte Creino zieht. Hier vom nordöstlichsten Gardasee-Zipfel aus gibt es einen der schönsten Blicke in Längsrichtung über den gesamten Lago. Daneben eignet sich die Fahrt glänzend für einen angebrochenen Tag, zum Beispiel wenn die genau in diese Ecke weisende Ora den Surf-Biker ohnehin schon fast zum Corno geblasen hat. Die Route führt nicht allzuweit vom Standort weg, stellt andererseits aber doch keine geringen Ansprüche an nachmittägliche Kondition und Fahrkönnen des Brettseglers. Latent Unentschlossene können die Fahrt äußerst variabel gestalten und die Aufgaben noch beliebig steigern. Vom Start in Torbole bis zum Erklimmen des Monte Stivo ist fast alles möglich, im letztgenannten Fall sollte man allerdings schon einen vollen Tag reservieren und sich auf totales Offroading einstellen.

Schon die Auffahrt wird bei falscher Technik so manchen an den Rand seiner Möglichkeiten bringen. Der schmale Asphaltweg neigt sich gleich am Ortsrand von Nago zur mächtig steilen Rampe und läßt bis Campedello kaum einmal richtig aus. Das ist wirklich nur mit Mini-Kettenblättern und Riesen-Ritzeln gut zu bewältigen, bevor das freie Acker- und Weidegelände von Corno auf flacherer Passage neben traumhaften Lago-Blicken auch etwas Erholung bietet. Eine wieder steile Schotterpiste leitet durch den Wald zu den Felsabbrüchen und über den Grat. Nach knapp eineinhalb Stunden ist der Scheitelpunkt der Tour erreicht und der Weg windet sich nun in zahlreichen Kehren hinab ins Sarca-Tal.

Vorsichtige Naturen können auf Wunsch bis zur Fahrstraße auf bequemer Forst-Autobahn bleiben, Bruchpiloten zweigen auf halber Höhe in die Wildnis ab und nehmen den Kampf gegen eine üble Steinpiste auf. Vor langer Zeit war dies wohl mal ein Karrenweg, heute ist das Ding zur steinübersäten Mondlandschaft mit teilweise integriertem Bachlauf degeneriert. Trial-Fans haben ihren Spaß und finden sich prächtig durchgeschüttelt auf der mit nochmals schönen Seeblicken zurück nach Nago führenden Hauptstraße wieder.

Fahrstrecke

km	Ort	Hm	Zeit
0,0	Nago Hotel Nago	229	
1,3	S. Tommaso	399	
3,2	Campedello	681	0:43
4,5	Corno	822	1:00
5,1	Abzweig Ciresole	837	
6,4		**1020**	1:25
7,3	Malga Fiavei	922	
12,7	Fahrstraße	**172**	2:15
14,9	Nago	229	2:24

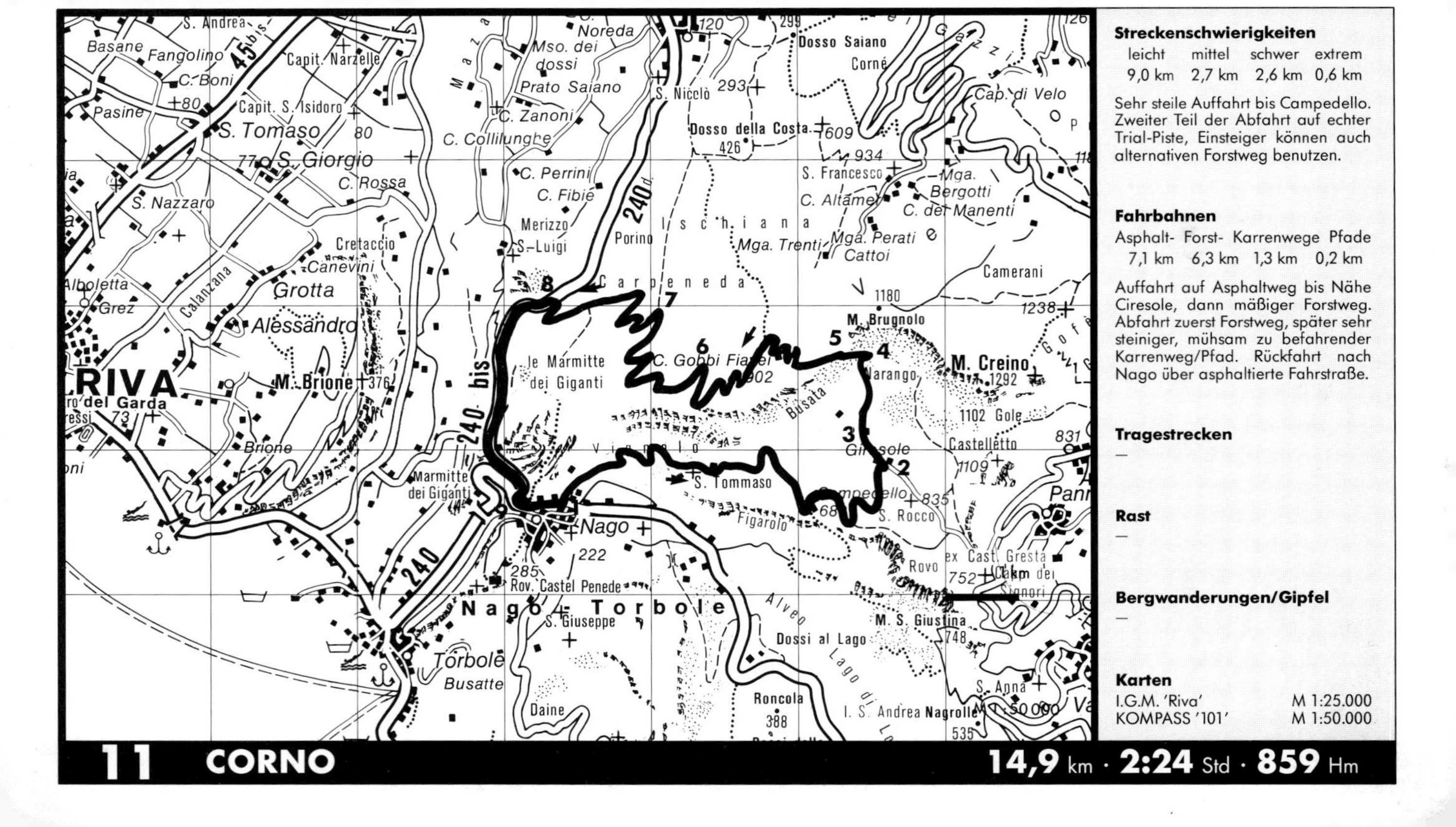

Streckenschwierigkeiten

leicht	mittel	schwer	extrem
9,0 km	2,7 km	2,6 km	0,6 km

Sehr steile Auffahrt bis Campedello. Zweiter Teil der Abfahrt auf echter Trial-Piste, Einsteiger können auch alternativen Forstweg benutzen.

Fahrbahnen

Asphalt-	Forst-	Karrenwege	Pfade
7,1 km	6,3 km	1,3 km	0,2 km

Auffahrt auf Asphaltweg bis Nähe Ciresole, dann mäßiger Forstweg. Abfahrt zuerst Forstweg, später sehr steiniger, mühsam zu befahrender Karrenweg/Pfad. Rückfahrt nach Nago über asphaltierte Fahrstraße.

Tragestrecken

—

Rast

—

Bergwanderungen/Gipfel

—

Karten

I.G.M. 'Riva'	M 1:25.000
KOMPASS '101'	M 1:50.000

11 CORNO

14,9 km · **2:24** Std · **859** Hm

11 CORNO 14,9 km · 2:24 Std · 859 Hm

Wegweiser

1 **km 0** Die Straße am *'Hotel Nago'* vorbei weiter befahren. Nach 330 m beim letzten Gebäude auf dem Asphaltweg links bergauf bleiben, an der Verzweigung wieder links sehr steil bergauf halten und dieser Asphaltpiste nun stets folgen.

2 **km 4,5** Am Asphaltwegedreieck im Ackergelände unterhalb des des kleinen Steingebäudes links Ri. *'Monte Brugnolo'* fahren.

3 **km 4,9** An der Verzweigung auf dem rechten Schotterweg bergauf Ri. *'Monte Creino - S.Barbara'* und nach 120 m auf dem rechten Ast bergauf halten. Nach 710 m auf dem Weg durch die Linkskehre Ri. *'Ronzo - Chienis'* bleiben.

4 **km 6,4** Auf der Höhe beim Fahrverbotsschild links auf den grasigen Weg bergab abzweigen.

5 **km 7,3** Die Malga Fiavei passieren, nach 90 m am Wegedreieck links, nach 160 m rechts und nun weiter stets auf dem Hauptweg bergab halten, in den Kehren nirgends abzweigen.

6 **km 10,0** Links auf einen schmalen, unscheinbaren Karrenweg in den Wald abzweigen, nach 40 m rechts bergab halten (bald Hohlweg) und der mäßigen Hauptpiste nun stets folgen.

7 **km 10,7** Auf dem Karrenweg durch die Linkskehre bleiben (nicht geradeaus auf den Pfad abzweigen!) und nun stets bergab, bald auf besserem Forstweg, bis zur Hauptstraße fahren.

8 **km 12,7** Man mündet an der asphaltierten Fahrstraße und folgt ihr nach links.

9 **km 14,4** Ortsdurchfahrt Nago: Am Stopschild geradeaus Ri. *'Trento, Rovereto'* bleiben und nach 280 m links in die *'Via Stazione'* zum Ausgangspunkt beim Hotel Nago abzweigen.

Tips + Info

Diese sehr schöne Kurzrunde läßt sich erst mit kleinsten Untersetzungen von etwa 0,5 (z. B. 16:32 oder 16:34) wirklich genußvoll fahren. Mit den üblich bestückten Bikes ist die steile Auffahrt von Nago bis Corno eine ziemliche Quälerei. Die Tour kann man genausogut in Torbole starten (Auffahrt über Strada di S. Lucia) oder mit der Tour Sentiero della pace kombinieren.

Anfahrt

An der Verkehrsinsel in Torbole der Hauptstraße bergauf Ri. *'Rovereto'* bis Nago folgen.

Fahrt zum Startplatz

Das Ortsschild *'Nago'* passieren und nach 550 m von der Hauptstraße links Ri. *'Hotel Nago'* in die *'Via Stazione'* abzweigen. Nach 140 m rechts auf dem Parkplatz am Straßenrand gegenüber des Hotels parken. Hier beginnt die Tour.

Alternative Startorte

Torbole (mit Bike-Auffahrt nach Nago)

Variationen

Für Einsteiger:

1. Abfahrt ohne Trial-Piste: Dazu bei WW 6 auf dem breiten Forstweg bergab bleiben und nach 2,47 km in einer Rechtskehre, kurz vor der grün/weißen Schranke, links auf den Weg abzweigen. Dieser mündet später wieder am letzten Teil der beschriebenen Abfahrt, die als Forstweg hinab zur Asphaltstraße führt.

Auch probieren:

2. Über Monte Velo und Bolognano: Asphalt-Downhill-Freaks bleiben bei WW 5, am Wegedreieck nach Passieren der Malga Fiavei, geradeaus, queren den Monte Velo (Tour 13) und folgen bei WW 3 jener Tour den vielen Asphalt-Serpentinen bergab.

12 PASSO D'ERE

22,9 km · **3:00** Std · **865** Hm

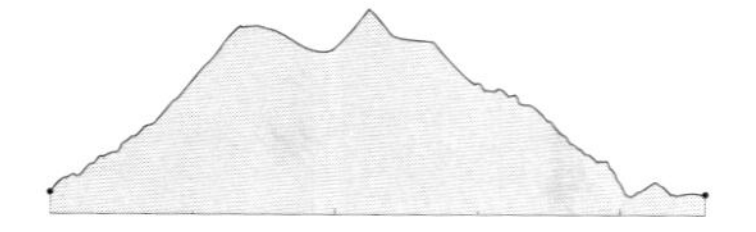

Mäßig schwere Tour! Steile Auffahrt zu einem der schönsten Panorama-Rifugios mit leichtem Abschluß in schönen, einsamen Berglandschaften.

Beschreibung

Neben Tremosine ist das Gebiet um Tignale die zweite Sonnenterrasse am mittleren Gardasee. Bei der Anfahrt auf der Gardesana Occidentale öffnen sich hinter dem nur durch einen Tunnel erreichbaren Campione die schroff aufsteigenden Felswände zu einer grünen Hochebene. Ähnlich der Tremosine-Auffahrt ist bereits die Fahrt zum Startplatz hoch über den See nach Olzano ein Erlebnis. Der hier aufragende, eher unscheinbare Hügel des Dosso Piemp verbirgt einen der wohl schönsten Panorama-Rastplätze am Lago. Auf freier Bergkuppe sitzt man vor dem Rifugio Cima Piemp wahrlich wie im siebten Himmel!

Zwei verschiedene Forstwege führen in die göttlichen Gefilde, erst am Ende warten sie mit recht steilen Passagen auf. Wer sich bei der Rast von den Traumblicken über den mittleren und südlichen Gardasee, auf Monte Baldo und die gesamte Bergwelt zwischen Caplone und Tremalzo nicht mehr losreißen kann, durch reichlichen Biergenuß schlapp und schlapper wird, kann kurz vor Einbruch der Dunkelheit die Tour zu einem schnellen Ende bringen. Dazu am besten den bei der Weiterfahrt nach wenigen Metern rechts durch die Hangöffnung abzweigenden neuen Forstweg ansteuern und diesem auf reinem Downhill-Kurs zurück zum Ausgangspunkt Olzano folgen. Wer noch etwas Tageslicht hat, genießt herrliche Sicht zum Lago.

Aber auch bei Absolvierung der kompletten Runde halten sich die Anforderungen in Grenzen. Hinter dem Rifugio rollt das Bike erstmal auf bequemem Forstweg am spärlich bewaldeten Höhenzug entlang und bevor man auf dieser Route zum Sinkflug ansetzt, gibt es nur noch eine Auffahrt mit 200 Höhenmetern zu überwinden. Die folgende Abfahrt führt durch schöne Bergwelten über den Passo d'Ere bis kurz vor den Bocca Paolone. Cracks können zwischen beiden eine weite Schleife über Passo di Scarpape, Malga Alvezza und Cadria einschieben, die aus der Tour dann eine volle Tagesfahrt macht und am Ende eine anstrengende Schiebestrecke enthält.

Nach Querung zum Passo di Fobia stürzt man sich auf schmalem Weg steil hinab in das idyllische Waldtälchen von Vione mit seinem schönen Bachlauf. Ein Karrenweg zweigt über einen kleinen Sattel ins Nachbartal ab und wartet mit der einzig rauhen Fahrbahn der gesamten Tour auf. Hinter der kleinen Bachbrücke des einsamen Val Esega geht es dann nochmals etwas bergauf, bevor man wieder mitten in der Zivilisation von Aer landet.

Fahrstrecke

km	Ort	Höhe	Zeit
0,0	Tignale	575	
	P bei Olzano		
6,6	Rif. Cima Piemp	1163	1:12
9,6		1071	
11,2		**1228**	
12,0	Passo d'Ere	1131	1:45
14,7	beim Bocca Paolone	975	2:00
16,7	Passo di Fobia	890	2:11
19,0	bei Vione	705	
20,4	Val Esega	**568**	2:44
21,2		618	
21,5	Aer	605	
22,9	Tignale	575	3:00

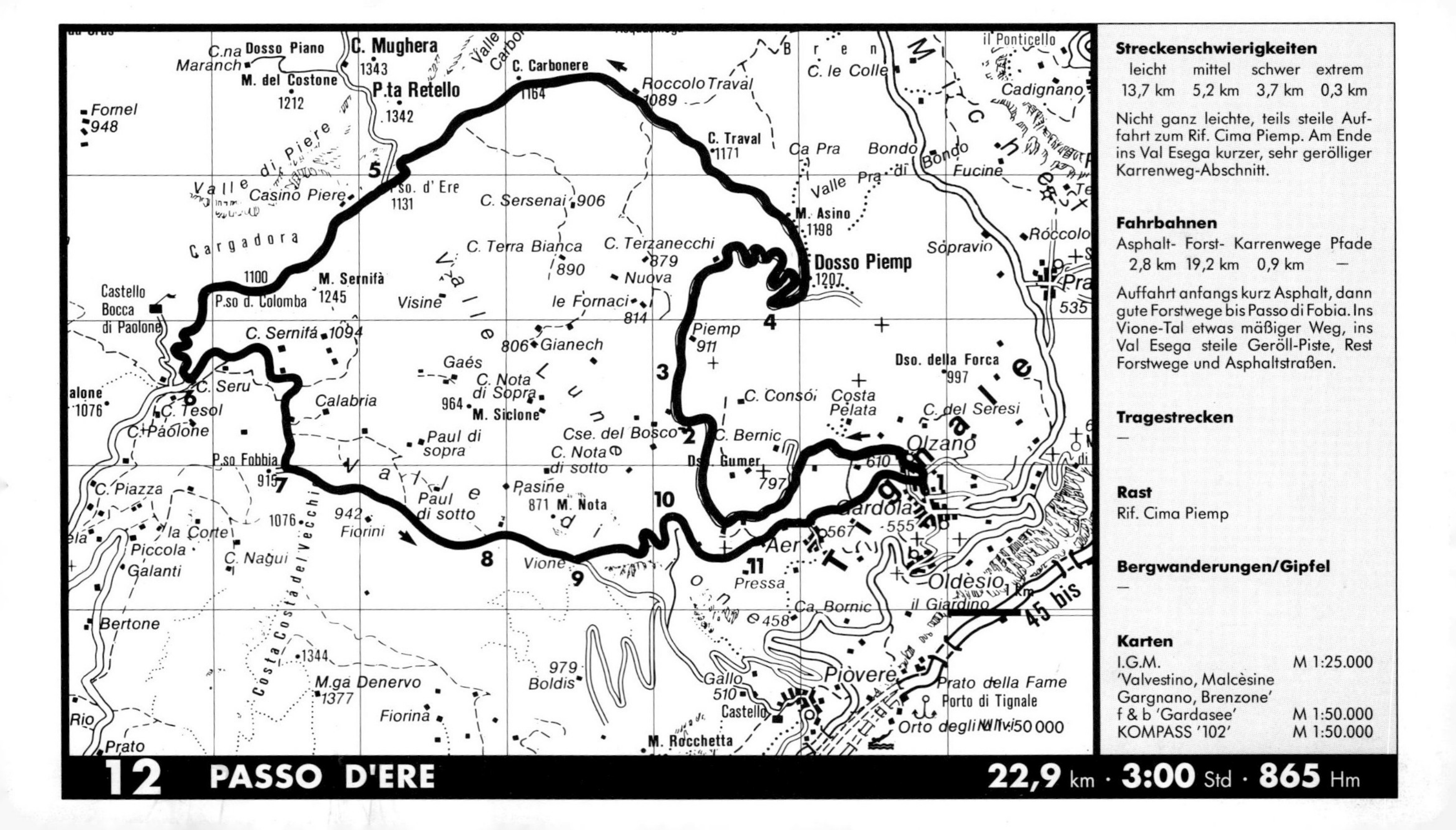

Streckenschwierigkeiten

leicht	mittel	schwer	extrem
13,7 km	5,2 km	3,7 km	0,3 km

Nicht ganz leichte, teils steile Auffahrt zum Rif. Cima Piemp. Am Ende ins Val Esega kurzer, sehr geröllliger Karrenweg-Abschnitt.

Fahrbahnen

Asphalt-	Forst-	Karrenwege	Pfade
2,8 km	19,2 km	0,9 km	–

Auffahrt anfangs kurz Asphalt, dann gute Forstwege bis Passo di Fobia. Ins Vione-Tal etwas mäßiger Weg, ins Val Esega steile Geröll-Piste, Rest Forstwege und Asphaltstraßen.

Tragestrecken

–

Rast

Rif. Cima Piemp

Bergwanderungen/Gipfel

–

Karten

I.G.M. 'Valvestino, Malcèsine Gargnano, Brenzone'	M 1:25.000
f & b 'Gardasee'	M 1:50.000
KOMPASS '102'	M 1:50.000

12 PASSO D'ERE

22,9 km · **3:00** Std · **865** Hm

12 PASSO D'ERE

22,9 km · **3:00** Std · **865** Hm

Wegweiser

1 km 0 Ortsdurchfahrt Olzano: Der Anfahrtsstraße bergauf durch den Ort folgen. Nach einer gepflasterten Passage mündet man wieder an einer Asphaltstraße und folgt dieser links und ortsauswärts. Am Asphaltende bei km 1,4 dem beginnenden Schotterweg stets bergauf folgen.

2 km 2,9 Den rechten Abzweig Ri. *'Ristoro La Baita'* und nach 200 m den linken, ebenen Wegabzweig liegen lassen.

3 km 3,6 An der Verzweigung auf den rechten Wegast bergauf Ri. *'Cadria, Costa, Piemp'* steuern und diesem nun stets folgen.

4 km 6,6 In einer Linkskehre geradeaus die wenigen Meter zum *'Rifugio Cima Piemp'* hin abzweigen. Nach Rast dem Anfahrtsweg noch kurz bergauf, dann fast eben, wieder leicht abschüssig und schließlich steil bergauf über den Scheitelpunkt der Tour stets folgen.

5 km 12,0 Nach steiler Abfahrt über einige Kehren mündet man beim Wegedreieck am Passo d'Ere und fährt geradeaus Ri. *'Valvestino, Gargnano, Costa'*.

6 km 14,7 Auf der Abfahrt kurz nach einer engen Rechtskehre links zurück auf den Weg abzweigen und diesem Hauptweg stets folgen.

7 km 16,7 Beim Almgelände des Passo di Fobia auf dem Weg durch die Linkskehre Ri. *'Tignale'*, bald steil im Wald bergab, bleiben.

8 km 18,3 Im Tal den Bach überqueren und nach 280 m den kurz vor einem Bachzufluß links hoch abzweigenden Weg liegen lassen.

9 km 19,0 Links auf den bald leicht abschüssigen Weg Ri. *'Aer 3'* abzweigen (rot/weiße Markierungen). Nach 200 m geradeaus bergauf bleiben, dem Weg über den Sattel und bald auf schlechter Piste wieder steil bergab folgen.

10 km 20,4 Nach der Abfahrt dem Weg rechts über die Bachbrücke folgen.

11 km 21,5 Ortsdurchfahrt Aer/Gardola: Am Heiligenschrein die Asphaltstraße rechts bergab rollen und nach 300 m bei dem Gebäude der ebenen Asphaltstraße nach links folgen. Bei km 22,8 von der in einer Rechtskehre Ri. *'Centro'* führenden Straße links in die *'Via Alessandro Manzoni'* abzweigen. Nach 90 m mündet man am Anfahrtsweg und fährt rechts bergab zum Parkplatz.

Anfahrt

An der Verkehrsinsel in Torbole Ri. *'Riva'* fahren, dort stets Ri. *'Brescia, Limone'* halten und der Gardesana Occidentale am Seeufer entlang nun stets folgen. Kurz nach dem Ortsschild *'Gargnano'* rechts Ri. *'Tignale'* abzweigen und der Straße nun 6,9 km bis Tignale-Gardola folgen.

Fahrt zum Startplatz

In Tignale-Gardola (keine Beschilderung) von der in einer Rechtskehre Ri. *'Riva, Tremosine, ...'* weiterführenden Straße geradeaus in den Ort abzweigen. An der *'Bar Roma'* rechts hoch Ri. *'Olzano-Aer'* halten und 50 m vor dem Abzweig *'Aer'* links auf dem großen Parkplatz parken. Hier beginnt die Tour (36 km, 42 Min.).

Alternative Startorte

--

Variationen

Für Cracks:

1. Über Passo di Scarpape, Malga Alvezza, Cadria, Bocca Paolone: Für diese Variante an WW 5 rechts Ri. *'Scarpape'* abzweigen und o.g. Route aufnehmen, die in der Nähe von WW 6 wieder mündet.

Auch probieren:

2. Neuer Panoramaweg: Für Auf- und Abfahrt nutzbar, zweigt kurz hinter dem Rifugio rechts ab.

13 MONTE VELO

28,5 km · **3:22** Std · **1175** Hm

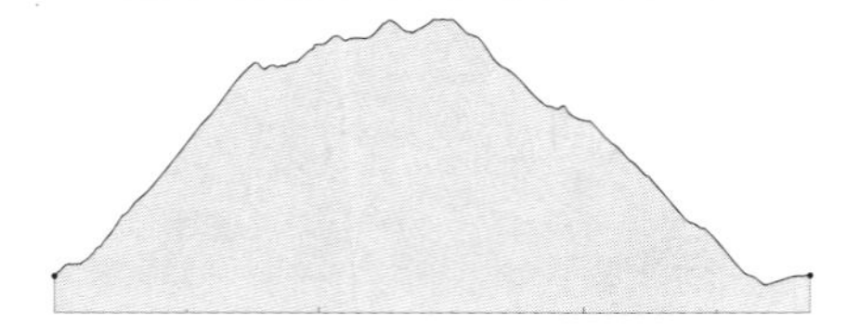

Mittelschwere Tour! Schwere Auffahrt in die Waldhänge über dem Sarca-Tal mit anschließend nur noch genußvoller Roll- und Abfahrts-Route.

Beschreibung

Monte Velo - gibt es einen passenderen Namen zum Sportgerät des modernen Velozipedisten? Wohl kaum, wenngleich sich die Vor-Vorgänger der Stollen-Biker mit ihren Hochrädern vergangener Jahrhunderte an diesem Berg wohl die Zähne ausgebissen hätten. Steigfähigkeit war nicht gerade die bemerkenswerteste Eigenschaft der alten Mühlen, ganz zu schweigen von der etwas unpassenden Direktübersetzung.

Dabei gehört der Monte mit dem artverwandten Namen nicht einmal zu den garstigsten Bike-Hügeln am Lago. Von Bolognano in der Sarca-Ebene aus zieht es sich dennoch etwas zäh an den waldigen Hängen empor. Am Ende steigt mit der Zahl der Kehren auch die Menge der über die Piste verstreuten Steine und der Neigungswinkel nimmt beträchtlich zu. Kurz vor der Malga Fiavei sind die schwersten Aufgaben dieser Tour aber schon gelöst und man kann sich nun auf eine genußvolle, den Monte Velo und das gesamte Hauptmassiv des Monte Stivo queren-den Fahrt fast ohne nennenswerte Steigungen freuen.

Die schönste Passage wartet nach Durchquerung des markanten Einschnittes des Val Mola. Aus dem Tal heraus überquert man den felsigen, zum Stivo-Gipfel hinaufziehenden Grat, die Wegpiste ist wie ein Nadelöhr durch den Fels gesprengt. Der Durchschlupf bietet zugleich den beeindruckendsten von vielen Seepanoramen, daneben lassen sich von hier außer dem Sarca-Tal auch die Höhenzüge nördlich von Arco mit Monte Casale und Monte Misone bestens überblicken. Der Rest der Tour ist fast schon Biker-Routine ohne jegliche Anforderungen. Ein kilometerlanger Abfahrtsrausch durch die Waldhänge über die zwei kleinen Bergler-Siedlungen Carobbi und Troiana nach Massone und Bolognano. Erst kurz vor Toresschluß bei den meist sehr belebten Übungsfelsen der Free-Climber oberhalb von San Martino empfehlen sich Pneus mit geringem Luftdruck. Die Piste wird hier etwas steinig und hält zahlreiche kleine Querrillen bereit. Bei unangepaßtem Mitteltempo eine tückische, weil Preßlufthammer-Feeling erzeugende Angelegenheit. Am besten ist es wohl, entweder im Schneckentempo bergab zu schleichen oder in brutalem Downhill drüberwegzuschweben!

Fahrstrecke

km	Ort	Höhe	Zeit
0,0	Bolognano	146	
	Via Cacciatore		
7,0	bei Malga Fiavei	910	1:25
8,2	Malga Perati	958	
8,5	S. Francesco	951	
9,8	Rifugio Velo	1020	1:50
10,6	Colonia M. Velo	1063	
14,3	Felsdurchschlupf	**1130**	2:23
19,7	Carobbi	754	2:48
21,0	bei Troiana	660	
26,8	Massone	**110**	3:13
28,5	Bolognano	146	3:22

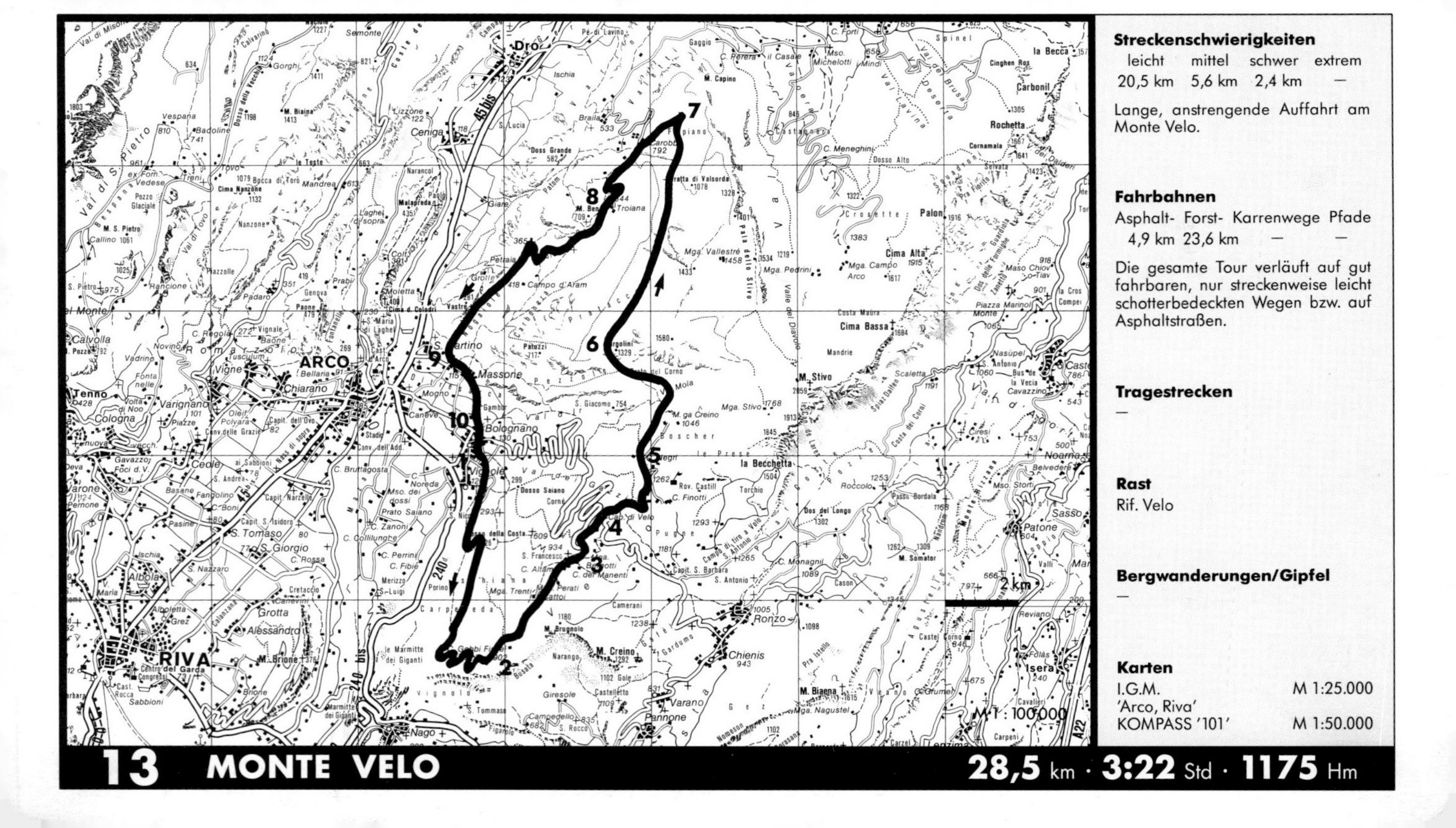

Streckenschwierigkeiten

leicht	mittel	schwer	extrem
20,5 km	5,6 km	2,4 km	–

Lange, anstrengende Auffahrt am Monte Velo.

Fahrbahnen

Asphalt-	Forst-	Karrenwege	Pfade
4,9 km	23,6 km	–	–

Die gesamte Tour verläuft auf gut fahrbaren, nur streckenweise leicht schotterbedeckten Wegen bzw. auf Asphaltstraßen.

Tragestrecken

–

Rast

Rif. Velo

Bergwanderungen/Gipfel

–

Karten

I.G.M. 'Arco, Riva' M 1:25.000
KOMPASS '101' M 1:50.000

13 MONTE VELO

28,5 km · **3:22** Std · **1175** Hm

13 MONTE VELO

28,5 km · **3:22** Std · **1175** Hm

Wegweiser

1 km 0 Die asphaltierte *'Via Cacciatore'* bergauf befahren. Nach knapp 1 km geradeaus auf dem Schotterweg bleiben und diesem nun stets bergauf folgen. In den Kehren nicht abzweigen, stets auf dem Hauptweg bleiben.

2 km 7,0 An einem Wegedreieck kurz vor der Malga Fiavei geradeaus auf den anfangs etwas bergauf und dann am waldfreien Hang entlangführenden Forstweg abzweigen.

3 km 8,9 Nach Passieren einiger Hütten und Gebäude mündet man an eine Kehre der asphaltierten Monte-Velo-Straße und fährt rechts bergauf Ri. *'Ronzo'*.

4 km 9,8 In einer engen Rechtskehre nach dem *'Rifugio Velo'* bei der Gedenkstätte geradeaus auf die Asphaltstraße Ri. *'Baita Bambi, Bar Ristorante'* abzweigen.

5 km 10,8 30 m nach dem Ende der Asphaltdecke an der Verzweigung auf dem rechten Ast etwas bergauf bleiben und diesem Weg nun stets folgen.

6 km 14,3 Man folgt dem Weg durch die Felsöffnung und nach 770 m geradeaus bergab.

7 km 18,6 Am Wegedreieck mit kleinem Wendeplatz beim Beginn einer Flachpassage links abzweigen und dem zunächst ebenen Weg bald wieder bergab und an den Gebäuden von Carobbi vorbei stets folgen.

8 km 21,0 Nach steilerer Abfahrt über einige Kehren den links nach Troiana abzweigenden Weg liegen lassen und auf dem eingeschlagenen Weg bis hinab ins Tal bleiben.

9 km 26,4 Ortsdurchfahrt Massone: An der Wegverzweigung im Tal auf den linken, asphaltierten Zweig steuern. Nach 240 m beim ersten Gebäude links fahren, nach 140 m auf dem rechten Weg und dann gleich wieder links halten. Nach 50 m mündet man an der *'Piazza Ribbia'* und fährt geradeaus in die *'Via Leopardi'*. Nach 150 m die Kirche passieren. Nach 200 m am Torbogen rechts in die *'Via Scipio Sighele'* steuern und dem beidseitig von Mauern begrenzten Weg durch die Weinfelder nun stets bis Bolognano folgen.

10 km 27,9 Ortsdurchfahrt Bolognano: Den Ort stets in der eingeschlagenen Richtung durchqueren. Man mündet automatisch an der Fahrstraße zum Monte Velo beim Ausgangspunkt.

Anfahrt

An der Verkehrsinsel in Torbole die Hauptstraße bergauf Ri. *'Rovereto, Nago'* befahren. In Nago links Ri. *'Arco'* abzweigen. 400 m nach dem Ortsschild *'Arco'* rechts Ri. *'Bolognano, Monte Velo'* abzweigen und bis Bolognano fahren.

Fahrt zum Startplatz

In Bolognano der Hauptstraße rechts an der Kirche vorbei Ri. *'Monte Velo'* durch den Ort folgen, bis nach 300 m in einer leichten Linkskehre geradeaus die ansteigende *'Via Cacciatore'* abzweigt. Hier beginnt die Tour, eine Parkmöglichkeit gibt es knapp 200 m weiter bergauf am linken Rand der Hauptstraße. Ansonsten auf dem Parkplatz bei der zuvor passierten Kirche in der Ortsmitte parken (7 km, 8 Min.).

Alternative Startorte

Arco, P an der Sarca-Brücke (mit Bike-Anfahrt nach Bolognano)

Variationen

Für Einsteiger:

1. Auffahrt über Monte-Velo-Straße: Etwas leichter, weil besser fahrbar, ist die Auffahrt zum Rifugio Velo über die vielen Serpentinen der von Autos kaum frequentierten Asphaltstraße nach S. Barbara.

Es gibt zahlreiche Erweiterungsmöglichkeiten durch Kombination mit den Touren 8 und 14.

14 PALA DELLA STIVO

25,0 km · **3:05** Std · **1183** Hm

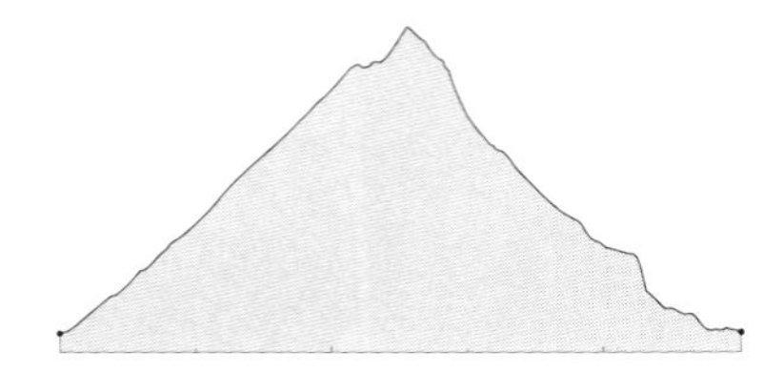

Mittelschwere Tour! Schwere Auffahrt auf Asphaltstraße zu einer schönen Almen-Hochebene mit prachtvollen Ausblicken auf die nördlichen Gletschergipfel. Abfahrt wahlweise mit Trials oder auf guten Forstwegen.

Beschreibung

Nach dem Start beim Castel Drena strampelt man sich auf der leicht ansteigenden Fahrstraße nach Luch etwas ein, zweigt dort nach Maso Michelotti ab und erwartet dann einen zwar steilen, aber gut fahrbaren Asphaltweg durch die ruhigen Wälder hinauf zur Malga Campo. So ist es in der Regel auch, nur wer den Fehler macht und diese Route an einem schönen Herbst-Wochenende in Angriff nimmt, hat mit der Ruhe weit gefehlt. Dann herrscht hier nämlich eine Betriebsamkeit wie beim König-Ludwig-Birthday auf dem Schachen im bayrischen Wettersteingebirge. Reger Verkehr, überall am Straßenrand parkende Autos und ganze Rudel in leicht gebückter Haltung durch den Wald streunender Trentiner - auf der Suche nach dem Inhalt einer stachligen Hülle. Castagnera heißt denn auch die Gegend, durch die sich der Weg in teils kräftigem Neigungswinkel und zahlreichen Serpentinen schlängelt. Früher für die arme Bevölkerung der Region eine willkommene, gar unverzichtbare Abwechslung des kargen Speisezettels, wird heute das Kastanien-Sammeln eher zum lärmenden Wochenendausflug mit jeder Menge Gaudi für die Bambinos genutzt.

Der Biker wird sich kaum einen zusätzlichen Ballast aufladen, die lange Auffahrt ist ohnehin schon schwer genug. Durchs Almgelände von Malga Campo und Malga Pedrini gibt es neben einer Rastmöglichkeit auf kurzer Flachetappe eine Verschnaufpause, bevor der Schotterweg im Wald wieder kräftig bergan zieht und ein faszinierender Wegabschnitt wartet. Extrem steil führt die Piste, mit dicken Holzgeländern gesichert, durch die eigentlich undurchdringlichen Felsabbrüche des Pala della Stivo. Auf dem Scheitelpunkt dieses bis zum Stivo-Gipfel hinaufreichenden Grates gibt es, wie schon zuvor bei der Malga Campo, das traumhafte Panorama des nördlichen Alpenkamms mit den weißen Zuckerhauben der Adamello und Presanella-Gletscher zu bewundern. Hinter der Malga Vallestrè folgt eine maßvolle Trial-Abfahrt auf steilem Waldpfad bis zur Mündung an einem Forstweg, der in ellenlanger Abfahrt zurück zum Ausgangspunkt beim Castel Drena leitet.

Fahrstrecke

km	Ort	Höhe	Zeit
0,0	Drena Castel Drena	**376**	
2,0	Luch	522	
3,0	Maso Michelotti	612	0:22
10,7	Malga Campo	1368	1:32
11,4	Malga Pedrini	1371	
12,8	Pala della Stivo	**1516**	1:54
13,5	Malga Vallestrè	1462	2:00
21,6	Braila	522	2:47
24,1	Drena	388	
25,0	Castel Drena	376	3:05

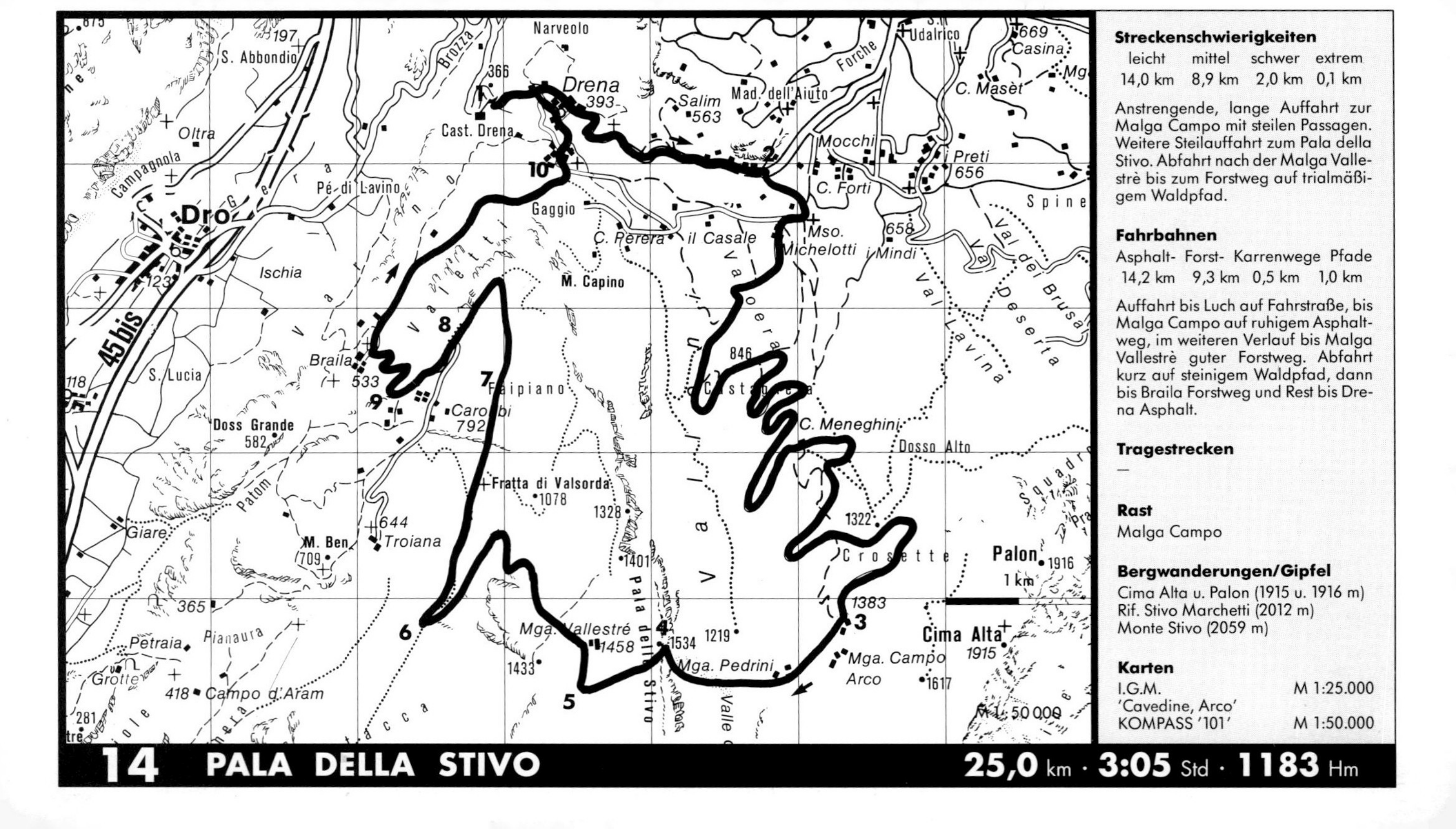

Streckenschwierigkeiten

leicht	mittel	schwer	extrem
14,0 km	8,9 km	2,0 km	0,1 km

Anstrengende, lange Auffahrt zur Malga Campo mit steilen Passagen. Weitere Steilauffahrt zum Pala della Stivo. Abfahrt nach der Malga Vallestrè bis zum Forstweg auf trialmäßigem Waldpfad.

Fahrbahnen

Asphalt-	Forst-	Karrenwege	Pfade
14,2 km	9,3 km	0,5 km	1,0 km

Auffahrt bis Luch auf Fahrstraße, bis Malga Campo auf ruhigem Asphaltweg, im weiteren Verlauf bis Malga Vallestrè guter Forstweg. Abfahrt kurz auf steinigem Waldpfad, dann bis Braila Forstweg und Rest bis Drena Asphalt.

Tragestrecken

—

Rast

Malga Campo

Bergwanderungen/Gipfel

Cima Alta u. Palon (1915 u. 1916 m)
Rif. Stivo Marchetti (2012 m)
Monte Stivo (2059 m)

Karten

I.G.M. 'Cavedine, Arco'	M 1:25.000
KOMPASS '101'	M 1:50.000

14 PALA DELLA STIVO

25,0 km · 3:05 Std · 1183 Hm

14 PALA DELLA STIVO

25,0 km · 3:05 Std · 1183 Hm

Wegweiser

1 km 0 Vom Parkplatz am Castel Drena aus der Fahrstraße stets bergauf durch den Ort folgen.

2 km 2,2 In Luch rechts Ri. *'Malga Campo, Maso Michelotti, ...'* abzweigen. Nach 80 m leicht links bergauf bleiben, nach 380 m geradeaus auf der Asphaltstraße in o.g. Ri. halten. Der Straße nach Durchquerung von Maso Michelotti durch die zahlreichen Kehren stets bergauf bis zur Malga Campo folgen.

3 km 10,7 Am Ende der Asphaltdecke vor der *'Malga Campo'* die Schranke passieren, nach 20 m dem rechten Schotterwegzweig und nach 120 m wieder dem rechten Zweig unterhalb der Almgebäude entlang, später an der Malga Pedrini vorbei, stets folgen.

4 km 12,8 Nach steiler Auffahrt beim Holzkreuz auf dem Pala della Stivo weiter dem Weg folgen, nun wieder leicht bergab.

5 km 13,3 Bei der Malga Vallestrè auf dem Weg durch die Rechtskehre bleiben. Nach 180 m auf Höhe des Teichs links abzeigen, auf kaum erkennbarer Piste quer übers Wiesengelände in die äußerste Ecke der Alm steuern und dort dem Karrenweg folgen. Bei km 14,0 vom geradeaus weiterführenden Grasweg links auf den abschüssigen Pfad abzweigen (blaue/rote Markierungen an den Bäumen). Nach ca. 200 m fährt man auf wieder wegähnlicher Piste am Waldrand entlang, biegt nach 70 m am blau markierten Stein links auf den in den Wald führenden Pfad ab und folgt ihm hinab zu einem Forstweg. Bei Mündung am Weg diesen links bergab befahren (bald durch eine Rechtskehre).

6 km 16,8 Am Wegedreieck neuer Forstwege rechts bergab halten (Gegen-Ri.: *'Val Serda'*).

7 km 18,9 Nach Abfahrt am Wegedreieck mit kleinem Wendeplatz geradeaus auf dem zunächst ebenen Weg bleiben. .

8 km 20,1 Man mündet an einer Wegkehre und bleibt auf der ebenen, bald wieder bergab führenden Piste.

9 km 21,6 In Braila dem Asphaltweg nach rechts an der Kirche vorbei folgen. Nach 600 m Abfahrt beim Wegedreieck am Holzschild rechts fahren.

10 km 24,1 Ortsdurchfahrt Drena: Bei den ersten Häusern mündet man an eine Straße, fährt links und folgt ihr nun stets durch den Ort, später an der Kirche vorbei, zur Anfahrtsstraße.

Anfahrt

An der Verkehrsinsel in Torbole Ri. *'Riva'* fahren. Nach 800 m rechts Ri. *'Arco'* abzweigen und nach 4 km am Kreisverkehr Ri. *'Arco'* bleiben. In Arco bei Mündung an der Hauptstraße dieser nach rechts folgen. Die Sarca-Brücke Ri. *'Trento'* überqueren. Bei km 11,2 rechts Ri. *'Cavedine, Dro, Drena, ...'* abzweigen und nach 250 m geradeaus Ri. *'Cavedine, ...'* bleiben. Bei km 14,3 den linken Abzweig Ri. *'Lago di Cavedine'* liegen lassen und auf der Hauptstraße bergauf bis Drena fahren.

Fahrt zum Startplatz

40 m nach dem Ortsschild *'Drena'* am rechten Straßenrand auf dem beschilderten Parkplatz des Castel Drena parken. Hier beginnt die Tour (16 km, 20 Min.).

Alternative Startorte

Arco (mit Bike-Anfahrt nach Drena)

Variationen

Für Einsteiger:

1. Über Tovi: Eine sehr schöne, einfachere Forstweg-Abfahrt führt anstelle des Trial-Pfades ebenfalls nach Braila. Bei WW 5 in der Rechtskehre geradeaus dem Weg durchs Almgelände und bald durch den Wald hinab in die Gegend von Tovi folgen. Bei Mündung an einem weiteren Forstweg rechts bergab halten. Man mündet wieder bei WW 6.

15 SAN GIOVANNI 28,6 km · 3:21 Std · 1169 Hm

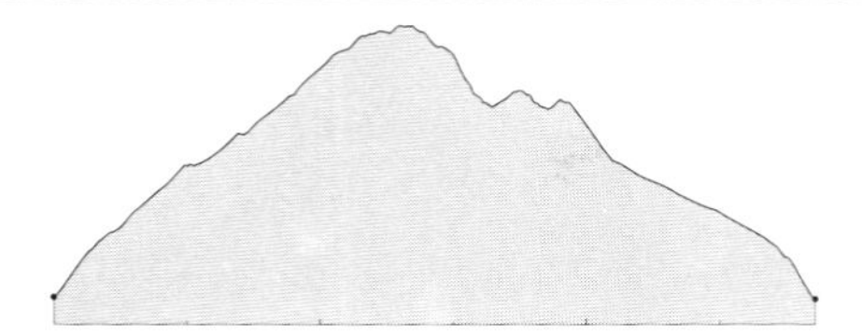

Mittelschwere Tour! Lange Asphalt-Auffahrt zu einer Hochebene mit Traumblicken in die Gipfelkette des Alpenhauptkamms. Am Ende toller Asphalt-Downhill durch typische alte Bergdörfer. Supertour!

Beschreibung

Auf dem Höhenzug zum Monte Casale hin beherbergt ein Sattel zwischen Monte Biaina und Monte Brento die weit verstreute Siedlung San Giovanni mit heute überwiegend als Ferien- und Wochenendhäusern genutzten Bauten. Eine herrliche, weigehend unproblematisch zu befahrende Tour lockt auch Einsteiger zu diesem Sattel, einem Tor zu wahren Prachtblicken auf den nördlichen Alpenhauptkamm mit den weißen Schneegipfeln der Gletscherregionen. Und wer sich nach nicht ganz leichter Auffahrt noch sehr unausgelastet fühlt, hängt einfach kurzentschlossen die beinharte Expedition zum Gipfelplateau des Monte Casale an.

Im alten Dörfchen Varignano, am Rande der Wein- und Olivenhänge des beginnenden Gebirges, startet man vor dem Portal der kleinen Kirche. Die asphaltierte Straße ist gleich zu Beginn am steilsten, über zahlreiche kräftige Anstiege, unterbrochen immer wieder von flacheren Passagen, schraubt man sich am besten mittels kleinster Untersetzungen immer höher über das Sarca-Tal. Vor allem im zweiten Abschnitt der Fahrt können fast ständige Ausblicke auf die Mini-Zivilisation um die Flußufer genossen werden. Im Ristoro San Giovanni ist nach schweißtreibenden Kilometern eine Rastpause obligatorisch, bevor man endgültig zum letzten Schritt über den tollen Scheitelpunkt der Tour ansetzt. Hinter der Bauernsiedlung Marcarie gibt es an einem Wiesengelände entlang ein traumhaftes Alpenpanorama, bei gutem Wetter liegen die Gletschergipfel von Adamello und Presanella zum Greifen nah. Man fühlt sich auf eine überdimensionale Aussichtsplattform der Natur versetzt.

Am Ende der relativ flachen Hochebene zweigt man bei Gorghi auf einen mäßigen Karrenweg ab, der im Steinslalom am Waldhang über dem Lomasone-Tal nach Tovo und Treni abfällt. Von dieser einsamen Idylle führt eine Forst-Autobahn in die Nähe des Rifugio San Pietro, das auf einem Abstecher in wenigen Minuten Auffahrt erreicht werden kann. Auf der Freiterrasse mit Blick auf den Lago hält man es lange aus, bevor ein Downhill-Traum auf Asphaltstraßen durch die alten italienischen Bergdörfer Calvola, Ville del Monte, Pranzo und Tenno immer näher zum in der Abendsonne glitzernden See führt.

Fahrstrecke

km	Ort	Hm	Zeit
0,0	Varignano Kirche	**100**	
2,2	Padaro	351	0:25
5,4	Mandrea	615	0:58
6,9	Bocca del Creef	731	
10,9	San Giovanni	1050	1:51
11,6	Marcarie	1105	
13,4		**1148**	
13,7	Gorghi	1125	2:13
15,6	Villa Lucia Tovo	925	
15,8	Holzkreuz	883	
16,4	Treni	835	2:36
17,4		899	
19,3	beim Rif. S. Pietro	852	2:51
21,0	Calvola	628	
22,4	Ville del Monte	557	3:00
25,4	Castello Tenno	409	
27,1	Volta di No	307	3:11
28,6	Varignano	100	3:21

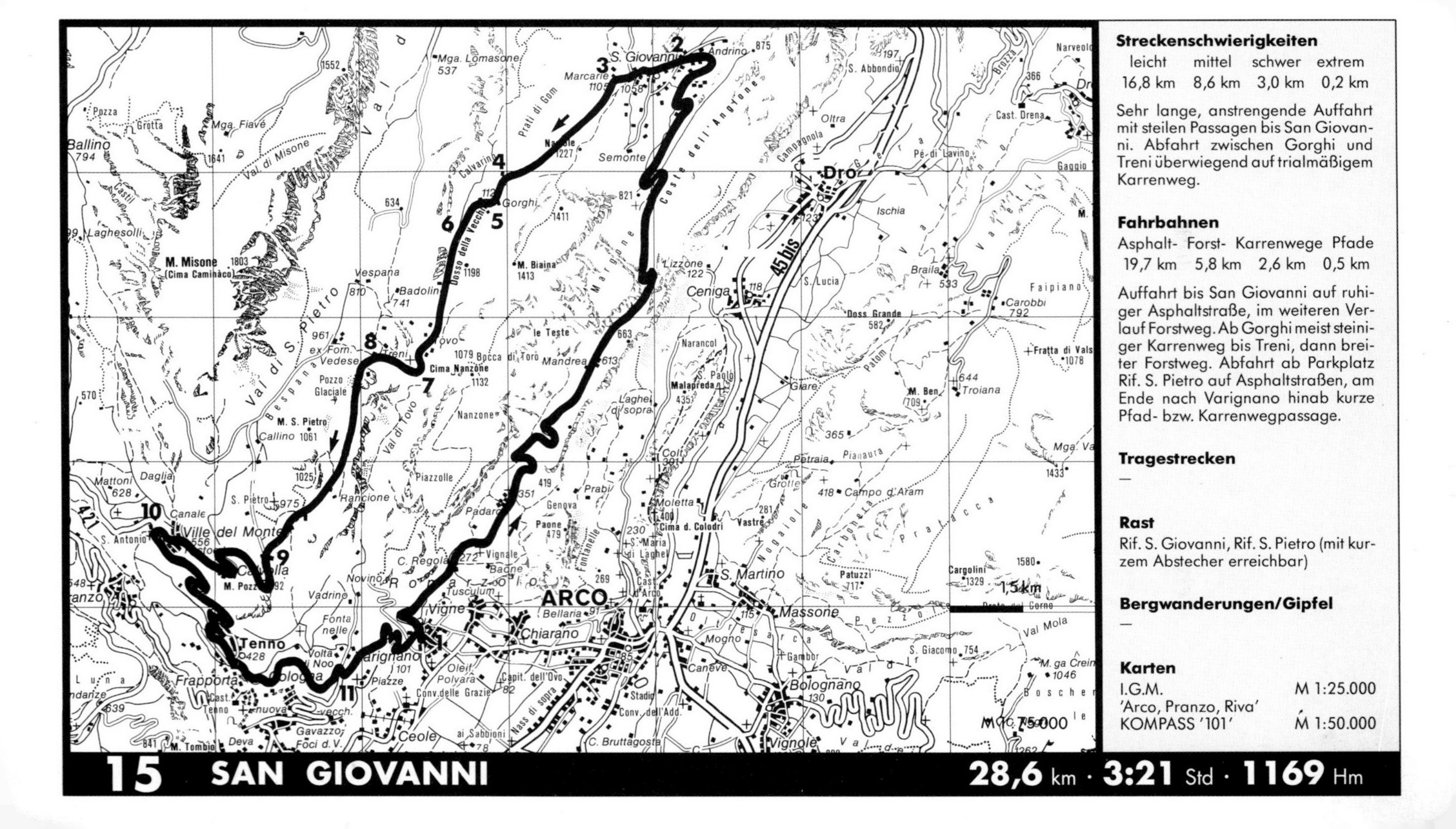

Streckenschwierigkeiten

leicht	mittel	schwer	extrem
16,8 km	8,6 km	3,0 km	0,2 km

Sehr lange, anstrengende Auffahrt mit steilen Passagen bis San Giovanni. Abfahrt zwischen Gorghi und Treni überwiegend auf trialmäßigem Karrenweg.

Fahrbahnen

Asphalt-	Forst-	Karrenwege	Pfade
19,7 km	5,8 km	2,6 km	0,5 km

Auffahrt bis San Giovanni auf ruhiger Asphaltstraße, im weiteren Verlauf Forstweg. Ab Gorghi meist steiniger Karrenweg bis Treni, dann breiter Forstweg. Abfahrt ab Parkplatz Rif. S. Pietro auf Asphaltstraßen, am Ende nach Varignano hinab kurze Pfad- bzw. Karrenwegpassage.

Tragestrecken

—

Rast

Rif. S. Giovanni, Rif. S. Pietro (mit kurzem Abstecher erreichbar)

Bergwanderungen/Gipfel

—

Karten

I.G.M. 'Arco, Pranzo, Riva'	M 1:25.000
KOMPASS '101'	M 1:50.000

15 SAN GIOVANNI

28,6 km · 3:21 Std · 1169 Hm

15 SAN GIOVANNI 28,6 km · 3:21 Std · 1169 Hm

Wegweiser

1 km 0 Der Asphaltstraße an der Kirche vorbei ortsauswärts und dann steil bergauf stets bis San Giovanni folgen. Auf dem nicht zu verfehlenden Weg werden später die Orte Padaro und Mandrea passiert.

2 km 10,9 Ortsdurchfahrt San Giovanni: Das Ortsschild passieren und nach 560 m beim Ende der Asphaltdecke geradeaus auf dem Schotterweg weiterfahren (bei km 11,0 gibt es im links etwas unterhalb der Straße liegenden *'Ristoro San Giovanni'* eine Rastmöglichkeit).

3 km 11,6 Bei der Wegverzweigung zwischen den drei Gebäuden von Marcarie links Ri. *'S. Pietro, Prati di Gom'* halten. Nach 70 m, kurz vor dem oberhalb stehenden Gebäude, an der Verzweigung auf den linken Ast bergauf steuern, nach 40 m ist Ri. *'Prati di Gom, Gorghi, S. Pietro 407'* beschildert.

4 km 13,3 Bei zwei kleinen Hütten mündet man an einem weiteren Weg und fährt links.

5 km 13,7 Kurz nach dem letzten Gebäude der Siedlung Gorghi rechts auf den schmalen Grasweg Ri. *'Rif. S. Pietro'* abzweigen, der bald als mäßiger Karrenweg im Wald bergab führt.

6 km 14,2 Man mündet an einem breiteren Forstweg und befährt diesen nach links. Nach 480 m an der Verzweigung geradeaus bergab auf dem Weg bleiben.

7 km 15,8 An einem freien Platz mit großem Holzkreuz dem Weg durch die Rechtskehre Ri. *'Rif. S. Pietro'* folgen. Nach 50 m am Laternenpfahl geradeaus bergab bleiben und nach 40 m am Wegedreieck links leicht abschüssig fahren (rechts führt der Weg Ri. *'Bondiga'*).

8 km 16,4 Etwas unterhalb des ersten Gebäudes von Treni an der Wegekreuzung links leicht bergauf Ri. *'Coel dei Zenteneri'* fahren (nicht geradeaus steil bergauf Ri. *'Rif. S. Pietro'*, bald unbefahrbarer Pfad!). Nach 170 m den links in o.g. Ri. abzweigenden Pfad liegen lassen und nun stets auf diesem Forstweg bleiben.

9 km 19,3 Man mündet an einem Wegedreieck (mit kleinem Parkplatz für das Rif. S. Pietro, das von hier nach 1,9 km auf beschildertem Weg erreichbar ist). Links bergab fahren, nach 40 m ist die Straße asphaltiert und führt später durch den Ort Calvola hinab nach Ville del Monte.

10 km 22,4 Ortsdurchfahrt Ville del Monte: Man mündet im Ort an der Fahrstraße zum Ten-

Anfahrt

An der Verkehrsinsel in Torbole Ri. *'Riva'* fahren. Nach 800 m rechts Ri. *'Arco'* abzweigen und nach 4 km am Kreisverkehr Ri. *'Arco'* bleiben. In Arco bei Mündung an der Hauptstraße dieser nach links folgen und nach 400 m rechts Ri. *'Varignano, ...'* abzweigen. Der Straße 1,9 km folgen und dann rechts Ri. *'Varignano, Padaro, San Giovanni'* abzweigen.

Fahrt zum Startplatz

Stets geradeaus in den Ort hinein fahren und vor der Kirche parken. Hier beginnt die Tour (8,6 km, 15 Min.).

Alternative Startorte

Arco, P bei der Sarca-Brücke (mit Bike-Anfahrt nach Varignano)

nosee und folgt dieser links bergab, später durch Tenno nach Volta di No.

11 **km 27,1** Ortsdurchfahrt Volta di No: Der Hauptstraße durch die enge Rechtskehre folgen, nach 20 m links auf den schmalen Asphaltweg abzweigen und diesem bergab folgen. Nach 290 m geradeaus auf den Schotterweg Ri. *'Varignano, Arco'* steuern. Nach 210 m dem Pfad leicht rechts bergab und der bald betonierten Karrenwegpiste hinab zum Ausgangspunkt bei der Kirche von Varignano folgen.

Tips + Info

Für absolute Konditionsbären gibt es die Möglichkeit, in einer wirklichen Marathon-Tour fast die gesamte Region hinter Arco in einem Aufwasch kennenzulernen. Dazu kombiniert man die Touren San Giovanni, Monte Casale und Monte Misone zu einer riesigen Schleife, die allerdings nur mit Mühe an einem Tag zu bewältigen ist.
Nach der Fahrt bis San Giovanni schließt man dort die Route zum Monte Casale (Tour 28) an, fährt anschließend wie beschrieben nach Comano ab und rollt dann weiter bergab ins Lomasone-Tal nach Vigo und Dasindo. Ein Asphaltsträßchen führt hinauf in das alte, direkt an der Hangkante liegende Dörfchen Favrio, von wo man hinüber zum Beginn des Weges zum Rifugio Misone bei Torbiera quert (weiter nach Tour 24).
Am Ende der Abfahrt vom Misone mündet man beim Rifugio S. Pietro wieder an der San-Giovanni-Tour und rollt wie dort beschrieben über Calvola, Ville del Monte, Tenno und Volta di No zurück nach Varignano.
Wer den Abschluß zur Trial-Fahrt umgestalten möchte, fährt nach Treni und auf dem Geröllpfad der Bocca-di-Tovo-Tour durchs Val di Tovo nach Varignano ab.

Variationen

Für Einsteiger:

1. Start in S. Giovanni: Wer die Möglichkeit hat, kann sich mit dem Pkw bis S. Giovanni fahren und dort absetzen lassen. Damit erspart man sich fast die gesamten Auffahrts-Höhenmeter der Tour.

2. Über Bocca di Tovo: Eine kürzere Variante der Tour mit etwas trialmäßigerem Charakter (siehe Tour 21).

Für Cracks:

3. Val di Lomasone: Länger und schwerer wird die Tour, wenn man bei km 11,6 am Wegedreieck in Marcarie rechts fährt und über die Malga di Vigo hinab nach Vigo rollt. Von dort durchs Val di Lomasone mit am Ende wüster Trialstrecke hinauf nach Treni fahren.

4. Val del Tovo: Wer das Ende der Tour lieber trialmäßig fahren möchte, zweigt bei WW 7 geradeaus am Holzkreuz vorbei auf den Pfad ins Val del Tovo ab (siehe Tour 21).

5. Kombination mit Monte-Casale-Tour: Wer beide Touren verbinden möchte, fährt nicht mit dem Pkw nach S. Giovanni auf, sondern startet in Varignano zu einer dann sehr großen Schleife (siehe Tour 28).

6. Monte Casale - Val di Lomasone: Wer Variation 5 fährt, kann statt der Wieder-Auffahrt nach S. Giovanni auch durchs Val di Lomasone direkt nach Treni fahren.

16 DOSSO DEI ROVERI

30,8 km · **3:40** Std · **1125** Hm

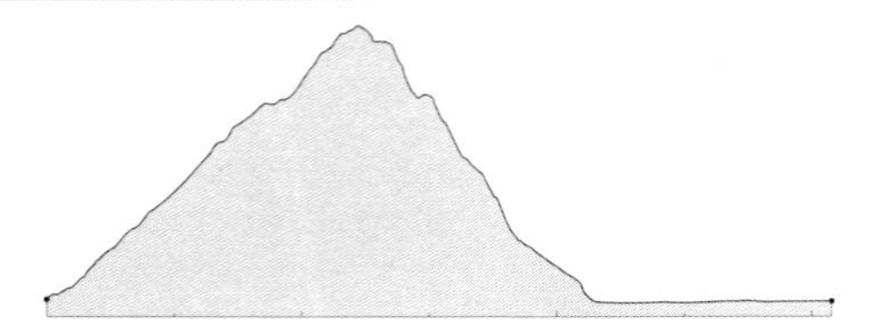

Mittelschwere Tour! Nach Asphalt-Auffahrt Querung der Altissimo-Flanke auf überwiegend guten Trial-Pfaden mit fast ständigem Lago-Panorama. Supertour!

Beschreibung

Nicht jeden Tag ist Otto Normalbiker in der Stimmung, die fast vierstündige Horror-Auffahrt von Torbole auf den mächtigsten Klotz am nördlichen Gardasee, den Monte Altissimo, unter die Stollen zu nehmen. Die Strada del Monte Baldo zieht als nicht endenwollendes Asphaltband hinan. Doch notorische Selbstüberschätzer, die diesen langen Marsch begonnen haben, ihn aber nicht bis zur letzten Instanz durchziehen können, haben glücklicherweise im Viertelstunden-Takt mehrere Möglichkeiten zum vorzeitigen Abbruch. Nach etwa einer Stunde Auffahrt zweigt der Sentiero della pace, nach eineinviertel Stunden der Sentiero 601 zurück nach Torbole ab. Wer nur ein weiteres Viertelstündchen aushält, findet schließlich, nach Fahrt durch das heiße Felstrümmerfeld eines früheren Erdbebenabbruchs, hinter der Malga Zures den Forstwegabzweig nach Navene. Eine Traumroute quert die Altissimo-Flanke auf etwa halber Höhe zwischen Seespiegel und Gipfelplateau.

Der Forstweg zieht zuerst nochmals satte 300 Höhenmeter durch die Wälder hinauf und wird kurz nach dem Scheitelpunkt der Tour hinter der Baita della Selva mehr und mehr zum Pfad. Dies ist das Zeichen für den Beginn des tollen Kernstücks der Route. Nach der Pflicht folgt nun die Kür, häufige Seeblicke sind garantiert, der Höhepunkt liegt bei Dosso dei Roveri. Von diesem 'Brombeerhügel' aus gibt es ein wundervolles Bilderbuch-Panorama über den gesamten Lago auf die gegenüberliegenden Steilwände zwischen Limone und Pregasina mit der charakteristischen Felsenecke des Corno di Reamòl.

Kurz darauf zeigt der Pfad aber auch erstmals richtig seine Zähne. Nach Passieren der Ruinen wird es unvermittelt extrem steil, geröllübersäte enge Serpentinen verlangen den ganzen Fahrkünstler. Überwiegend herrscht jedoch Entwarnung, der Sinkflug hoch über dem Wasser kann in vollen Zügen genossen werden. Am Ende rollt man auf wieder breitem Forstweg nach Navene ab und mangels anderer Alternativen muß sich der Biker auf der Rückfahrt nach Torbole die Gardesana Orientale meist mit zahlreichen Blechkarossen teilen. Die schwappenden Wellen des Benaco entschädigen aber reichlich für diesen Wermutstropfen.

Fahrstrecke

km	Ort	Hm	Zeit
0,0	Torbole beim Bootshafen	**68**	
1,2	Villa Gloria	130	
1,4	Freizeitpark	156	
2,5	Strada del M. Baldo	266	0:22
6,7	Malga Zures	691	1:04
8,5	Sendemasten	848	1:23
11,2	Baita della Selva	1085	
12,2		**1155**	2:08
13,4	Dosso dei Roveri	1077	2:15
15,0	Dosso Spirano	873	2:34
21,4	Navene	68	3:13
30,8	Torbole	68	3:40

16 DOSSO DEI ROVERI

30,8 km · **3:40** Std · **1125** Hm

Streckenschwierigkeiten

leicht	mittel	schwer	extrem
18,0 km	10,1 km	2,0 km	0,7 km

Lange, anstrengende Auffahrt über allerdings gute Fahrbahnen. Abfahrt mit etlichen steilen Trialpassagen.

Fahrbahnen

Asphalt-	Forst-	Karrenwege	Pfade
17,5 km	7,4 km	2,7 km	3,2 km

Auffahrt bis Sendemasten auf Asphalt, anschließend Forstweg. Abfahrt auf Karrenwegen und Pfaden, teils steinig und steil, am Ende nach Navene wieder Forstweg. Rückfahrt nach Torbole auf der Fahrstraße am Seeufer.

Tragestrecken

—

Rast

Bars/Ristorantes in Navene sowie am Seeufer entlang

Bergwanderungen/Gipfel

—

Karten

COMUNE Nago-Torb.	M 1:25.000
I.G.M.	M 1:25.000
'Riva, M. Altissimo' f & b 'Gardasee'	M 1:50.000
KOMPASS '101' o. '102'	M 1:50.000

16 DOSSO DEI ROVERI

30,8 km · 3:40 Std · 1125 Hm

Wegweiser

1 km 0 Ortsdurchfahrt Torbole: Am *'Hotel Geier'* beim kleinen Bootshafen links Ri. *'s.andrea, parco olivi, ...'* abzweigen und den kleinen Platz überqueren. Nach 40 m die Straße links bergauf Ri. *'Sentiero 601, Monte Altissimo, ...'* befahren und nun mehrmals dieser Beschilderung folgen.

2 km 1,4 Am Abzweig in den Freizeitpark geradeaus bleiben und nach 50 m dem Schotterweg Ri. *'Sentiero 601, ...'* bergauf folgen. Die folgenden Pfadabzweige Ri. *'601'* liegen lassen und stets auf dem Weg bleiben.

3 km 2,5 Bei einem Heiligenschrein rechts Ri. *'Monte Baldo'* fahren und dieser Asphaltstraße nun stets bergauf folgen.

4 km 8,5 Kurz vor den drei deutlich sichtbaren Sendemasten von der Asphaltstraße rechts auf den nur kurz leicht abschüssigen Forstweg abzweigen.

5 km 10,2 An der Verzweigung auf dem bergauf führenden Weg bleiben.

6 km 12,2 Auf dem höchsten Punkt von dem weiter steil bergauf führenden Weg rechts auf den zunächst ebenen Weg Ri. *'Dosso Spirano, Redicola'* abzweigen. Nach 600 m wird er zum Pfad, dem man nun stets folgt. Gelegentlich ist Ri. *'Navene'* beschildert.

7 km 18,8 Nach längerer Abfahrt oberhalb von Navene am Wegedreieck geradeaus Ri. *'Navene'* bleiben. Der Schotterpiste bis hinab in den Ort und dort den Asphaltstraßen stets bergab bis zur Mündung am Seeufer folgen.

8 km 21,4 Man mündet an der Gardesana Orientale am Seeufer, fährt rechts und folgt dieser Uferstraße stets am Wasser entlang und durch einige Tunnels zurück nach Torbole.

Tips + Info

Abenteurer haben die Chance, einen Teil der Fahrt nach Torbole abseits der Fahrstraße auf einer Offroad-Piste zurückzulegen. Bei km 20,4 oberhalb von Navene rechts auf den Pfad bergauf abzweigen und diesem bald links am Hang entlang, später durchs den Graben des Valle della Bova, stets folgen. Oberhalb von Tempesta mündet man an einem Forstweg, der in einigen Kehren hinab zum Seeufer führt (die Route, fast zur Hälfte unbefahrbar, führt teilweise lebensgefährlich durch steilste Felsplatten und Schuttreisen und ist eigentlich nicht zu empfehlen!).

Anfahrt

Die Tour beginnt in Torbole.

Fahrt zum Startplatz

An der Verkehrsinsel in Torbole Ri. *'Malcèsine'* fahren. Nach 200 m zweigt am *'Hotel Geier'* beim kleinen Bootshafen links ein Sträßchen Ri. *'s. andrea, parco olivi, ...'* ab. Hier beginnt die Tour, eine Parkmöglichkeit gibt es auf dem Gelände des Parco Pavese direkt am See. Die dorthin führenden *'Via Beneca'* zweigt kurz zuvor beim Tabak-Shop ab (der Parkplatz ist in der Saison gebührenpflichtig).

Vorsicht: In Torbole gibt es für Falschparker hohe Strafmandate!

Alternative Startorte

Nago

Variationen

Auch probieren:

1. Über Prati di Nago: Wer bei der Auffahrt lieber noch ein Stück auf der Asphaltstraße bleibt, kann statt bei den Sendemasten auch 4,7 km später auf etwa 1300 Meter Höhe bei Prati di Nago rechts auf den Forstweg Ri. *'Dosso Spirano, Navene'* abzweigen. Die Piste mündet bei WW 6 an der beschriebenen Tour.

17 CAPANNA GRASSI 24,5 km · 3:06 Std · 1042 Hm

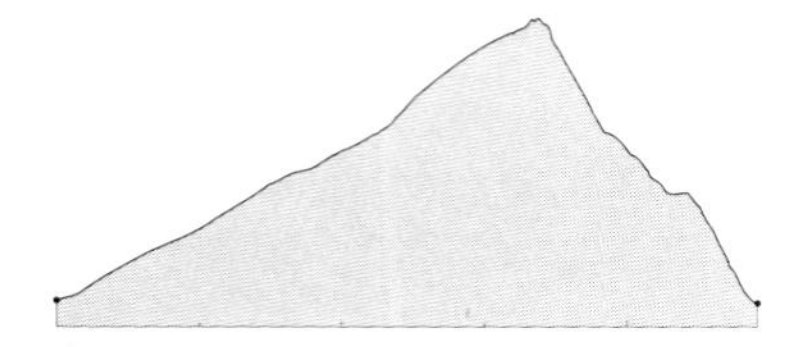

Mittelschwere Tour! Fahrt über asphaltierte Straßen zu einer idyllisch gelegenen Alm. Abfahrt überwiegend auf trialmäßigen Waldpfaden, am Ende mit tollen Ausblicken hoch über Riva und Lago.

Beschreibung

Zwischen Tenno-, Ledro- und Gardasee liegt inmitten hoher Bergriesen ein kleines Seitentälchen, dessen hinteren Abschluß zwei schöne Almen bilden. Überragt von den schroffen Felswänden des mächtigen Corno di Pichea dümpeln hier einsam und ruhig die Schwesternalmen Malga Pranzo und Malga Grassi, dazwischen liegt die kleine bewirtschaftete Hütte der Capanna Grassi. Die Tour zu diesem idyllischen Rastplatz kann ganz nach persönlichem Gusto sehr unterschiedlich gestaltet werden. Während die beschriebene Route eine recht bequeme Auffahrt über Asphaltstraßen und einen langen, überwiegend trialartigen Abfahrtsspaß beinhaltet, kann das Ganze auch zum Gegenteil verkehrt werden. Dann wird die Anfahrt zur harten Prüfung für Mensch und Material mit steilster Piste am Monte Englo hinauf sowie anschließender mühsamer Trial-Route bis zur Capanna. Als Lohn winkt dafür dem Liebhaber ein fast grenzenloser Downhill-Flug über spiegelglatte Asphaltpisten zurück nach Riva. Unterm Strich ist die zweite Möglichkeit wohl eher eine Variante für die Extremisten.

Je nach Geschmack also wird der Einsteiger aber die nur mäßig ansteigenden Fahrstraßen nach Campi vorziehen. Unterwegs gibt es durch eine mediterrane Landschaft schöne Blicke auf die uralten, an den Berghängen klebenden Dörfer Ville del Monte, Calvola und Tenno, bevor hinter Pranzo die Straße am steilen Felshang in das Tälchen von Campi leitet. Nach einigen Schleifen durch den Ort geht es etwas steiler am Berg San Martino hinauf und schließlich in den hinteren Talschluß zur verdienten Rast bei der Capanna Grassi.

Nach Passieren der nicht weit entfernten Malga Grassi und Durchquerung des Val di Gelos-Grabens beginnt der Trial-Parcours. Pfade und Karrenwege unterschiedlichster Güte, meist sehr steinig aber voll fahrbar, leiten durch die Wälder wieder hinab nach Campi. Nach kurzer Verschnaufpause auf der asphaltierten Dorfstraße durch die Ortsteile steht weiter Offroading auf dem Programm. Hoch über Riva taucht man schließlich am Monte Englo in traumhafter Fahrt mit herrlichen Lago-Blicken wie im Fahrstuhl hinab zum Ausgangspunkt, nicht ohne vorher nochmals eine Überprüfung der Bremsen vorgenommen zu haben ...

Fahrstrecke

km	Ort	Höhe	Zeit
0,0	Riva	**85**	
	Via Ardaro		
0,6	S. Giacomo	103	
3,1	Deva	251	
6,6	Pranzo	442	0:40
9,9	Campi	622	
11,3	Campi	692	1:14
15,6	Malga Pranzo	1039	1:50
15,8	Capanna Grassi	1048	1:51
16,1	Malga Grassi	1058	
16,6	Val di Gelos	1089	
16,7		**1103**	2:02
19,1	Campi-Righi	691	2:28
20,1	bei Zucchetti	613	
22,4	Ruine S. Giovanni	438	2:52
23,4	Abzweig	250	
	Bar S. Maddalena		
24,5	Riva	85	3:06

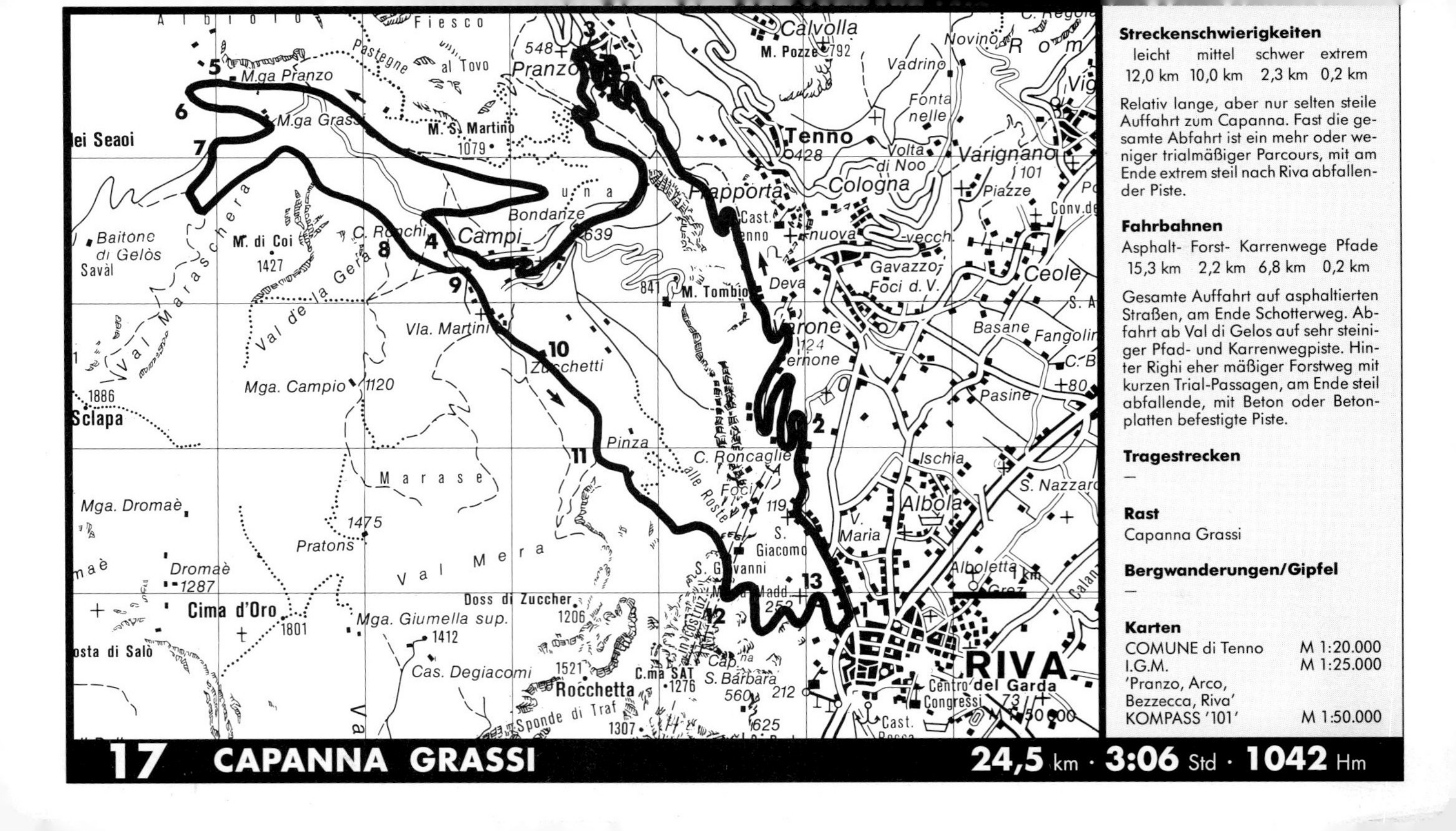

Streckenschwierigkeiten

leicht	mittel	schwer	extrem
12,0 km	10,0 km	2,3 km	0,2 km

Relativ lange, aber nur selten steile Auffahrt zum Capanna. Fast die gesamte Abfahrt ist ein mehr oder weniger trialmäßiger Parcours, mit am Ende extrem steil nach Riva abfallender Piste.

Fahrbahnen

Asphalt-	Forst-	Karrenwege	Pfade
15,3 km	2,2 km	6,8 km	0,2 km

Gesamte Auffahrt auf asphaltierten Straßen, am Ende Schotterweg. Abfahrt ab Val di Gelos auf sehr steiniger Pfad- und Karrenwegpiste. Hinter Righi eher mäßiger Forstweg mit kurzen Trial-Passagen, am Ende steil abfallende, mit Beton oder Betonplatten befestigte Piste.

Tragestrecken

—

Rast

Capanna Grassi

Bergwanderungen/Gipfel

—

Karten

COMUNE di Tenno	M 1:20.000
I.G.M. 'Pranzo, Arco, Bezzecca, Riva'	M 1:25.000
KOMPASS '101'	M 1:50.000

17 CAPANNA GRASSI

24,5 km · **3:06** Std · **1042** Hm

17 CAPANNA GRASSI 24,5 km · 3:06 Std · 1042 Hm

Wegweiser

1 km 0 Die *'Via Ardaro'* ortsauswärts befahren. Nach 430 m geradeaus Ri. *'Campi, ...'* bleiben. Nach 500 m bei der Verkehrsinsel links bergauf Ri. *'Val di Ledro, ...'* halten.

2 km 1,6 Kurz vor der Tunneleinfahrt links Ri. *'Pranzo, Lago di Tenno, ...'* abzweigen und der Straße nun stets folgen.

3 km 8,3 Nach Durchquerung von Pranzo am Straßendreieck links Ri. *'Campi, Malga Grassi'* abzweigen.

4 km 11,3 Nach Durchquerung von Campi bei der Verzweigung am Ortsende rechts bergauf Ri. *'Rif. N. Pernici'* halten. Nach 340 m an einer weiteren Verzweigung wieder rechts bergauf halten. Nach 60 m der Straße durch die Rechtskehre Ri. *'Capanna Grassi in Auto'* und dann stets bergauf folgen (der in der Kehre geradeaus Ri. *'Capanni Grassi'* abzweigende Weg ist für Fußgänger gedacht und später weitgehend unbefahrbar!).

5 km 15,6 Am Gebäude der Malga Pranzo bei der Wegverzweigung (inzwischen Schotterweg) links Ri. *'Capanna Grassi, ...'* fahren.

6 km 15,8 Unmittelbar am *'Rifugio Capanna Grassi'* auf dem Weg etwas unterhalb des Gebäudes vorbei bleiben. Nach 300 m das Gebäude der Malga Grassi passieren und dem Weg bald ein kurzes Stück sehr steil bergauf und dann über das Wiesengelände bis zu einem Fahrverbotsschild am Waldrand hin folgen.

7 km 16,6 Am Waldrand dem Karrenweg bergab, über den Bachgraben und wieder sehr steil bergauf folgen. Nach 30 m Flachpassage an der Verzweigung auf dem linken, leicht abschüssigen Wegast halten und diesem (für kurze Zeit auch Pfad) nun stets bergab folgen, sämtliche Abzweige ignorieren.

8 km 18,4 Man mündet bei einer Bruchsteinmauer an einem Wegedreieck und fährt links bergab. Nach 350 m an einem weiteren Dreieck nunmehr breiterer Forstege geradeaus auf den schmalen, steinigen Karrenweg steuern.

9 km 19,1 Man mündet bei Campi-Righi auf eine Asphaltstraße, fährt rechts, läßt nach 40 m den rechten Abzweig bergauf liegen und bleibt geradeaus leicht abschüssig. Nach 500 m endet bei den letzten Häusern die Asphaltdecke.

10 km 20,1 Der Schotterweg führt in einer Linkskehre zu einem einzelnen, etwas weiter

Anfahrt

An der Verkehrsinsel in Torbole Ri. *'Riva'* fahren und dort ab dem ersten Kreisverkehr stets Ri. *'Brescia, Limone'* halten.

Fahrt zum Startplatz

Im Ort bei km 4,4 an einem *'Despar Market'* rechts Ri. *'Storo, Campi, Pranzo, ...'* in die *'Via Ardaro'* abzweigen. Nach etwa 100 m ist am rechten Straßenrand der Eingang zum *'Casa Soggiorno Anziani'* (Altersheim, kleines Schild). Hier beginnt die Tour, in der nahen Umgebung gibt es am Straßenrand ausreichend Parkmöglichkeiten (4,5 km, 10 Min.).

Alternative Startorte

Pranzo, Campi

unterhalb stehenden Gebäude hin. In dieser Kehre am Madonnenschrein vorbei rechts auf den schmalen Grasweg abzweigen (Stein mit rot/weißer Markierung).

11 km 21,5 Einen links bergab abzweigenden Weg liegen lassen und geradeaus auf dem ebenen Weg bleiben. Nach 900 m oberhalb von Riva die Ruine des Türmchens S. Giovanni passieren.

12 km 23,0 Bei dem rechts abzweigenden Forstweg links bergab auf dem Betonplattenweg Ri. *'Bastione, Riva'* halten. Nach 640 m den rechts abzweigenden, ebenen Weg liegen lassen und geradeaus bergab bleiben.

13 km 24,2 Bei den ersten Häusern von Riva rechts auf die Asphaltstraße fahren, nach 130 m am Halteschild links abzweigen und nach 100 m, bei Mündung an der *'Via Ardaro'*, die letzten Meter links zum Ausgangspunkt rollen.

Tips + Info

Wer die Tour wie unter Variation 3 beschrieben mit einem Abstecher zum Rifugio N. Pernici verlängern möchte, hat als einzige Auffahrtsmöglichkeit von Campi zu Cima d'Oro und Cima Pari den in Righi abzweigenden Weg zum Bocca di Giumella. Alle anderen Pisten in diesem Talkessel, z. B. zum Bocca di Saval oder Bocca di Trat, sind ausschließlich bergab fahrbar.

Wenn man mit dem Auto nach Campi auffährt, kann aus o.g. Variation auch eine eigene Tour über Bocca di Giumella, Bocca Dromaè, Bocca di Saval, Rifugio N. Pernici und Bocca Trat zur Malga Pranzo/Grassi gemacht werden. Bei Start in Riva besteht die Möglichkeit, statt in Richtung Campi in Richtung Lago di Ledro abzufahren. Eine üble Trial-Piste führt vom Bocca di Giumella nach Biacesa, etwas bessere Trial-Abfahrten vom Bocca Dromaè nach Mezzolago oder vom Bocca di Saval nach Pieve. Am bequemsten ist die Abfahrt vom Bocca di Trat auf Schotter- und Asphaltwegen nach Lenzumo im Val di Concei. Vom Ledrosee rollt man dann auf der Fahrstraße bis zum neuen Tunnel ab, zweigt dort geradeaus auf die alte Verbindungsstraße ins Ledro-Tal ab und folgt ihr durch die Tunnels bis zum Seeufer in Riva.

Variationen

Für Einsteiger:

1. Rückfahrt nach Campi über Malga Pranzo: Leichter wird die Tour, wenn man vom Capanna Grassi auf dem Anfahrtsweg nach Campi zurückrollt und dort erst nach Righi abzweigt. So spart man den üblen Trial-Weg ein.

Für Cracks:

2. Tour umgekehrt fahren: Einen völlig anderen, weitaus schwereren Charakter erhält die Tour bei Umkehr der Fahrtrichtung. Dazu von Riva extrem steil am Monte Englo hochfahren (siehe Tour 2) und stets der Beschilderung Ri. *'Campi'* folgen. In Campi auf jeden Fall die Asphaltstraße zum Capanna benutzen, die Trial-Piste der Abfahrt ist bergauf über weite Strecken unbefahrbar. Für die Rückfahrt nach Riva benutzt man dann die asphaltierten Fahrstraßen.

3. Über Bocca di Giumella und Rifugio N. Pernici: Zur herrlichen Extremrunde kann die Tour mit einer Fahrt von Campi-Righi aus auf dem Forstweg hinauf in die Nähe des Bocca di Giumella und dort weiter auf dem Pfad am Steilhang entlang bis zum Rifugio N. Pernici ausgebaut werden. Am Ende vom Bocca di Trat auf steiler Piste zur Malga Pranzo abfahren und hinüber zum Capanna Grassi rollen. Eine weitere Abfahrtsmöglichkeit führt vom Bocca di Saval zum Capanna Grassi.

18 GARGNANO

30,6 km · 3:45 Std · 1063 Hm

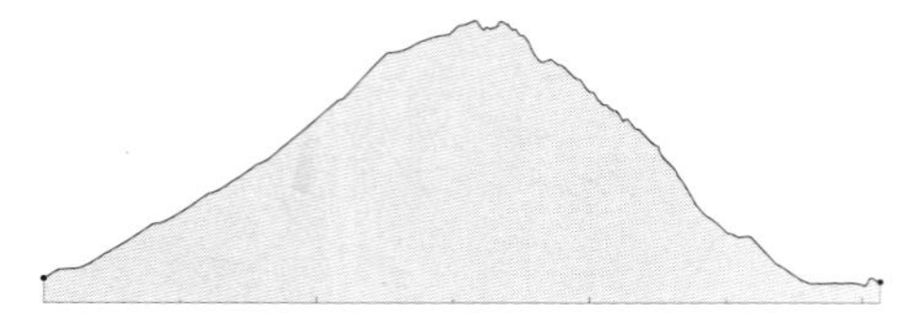

Mittelschwere Tour! Asphalt-Auffahrt an den mediterranen Hängen des südlichen Lagos. Schöner Wald- und Felsen-Trial und am Ende prächtiger Abfahrt in den Olivenhängen hoch über dem See.

Beschreibung

Auf der Fahrt nach Süden verändert der Gardasee seinen Charakter, das Flair wird zunehmend mediterraner. Gargnano ist die endgültige Schwelle zum Mezzogiorno des Lago. Die Häuser sind noch alle mit den typischen, uralten Mönch-und-Nonne-Ziegeln gedeckt, die Vegetation mutet fast schon so süditalienisch an wie in der Namensvetter-Region Gargano, weit drunten am Sporn des Stiefels gelegen.

Die Fahrstraße zum Valvestino-Stausee leitet in bequemer Steigung am sonnenbeschienenen Monte Gargnano durch Olivenhaine mit Zypressen, Lorbeerbüschen und Magnolien aus dem Ort hinauf zum Bocchetta del Santo di Liano. Tolle Ausblicke zum südlichen, fast meerähnlichen Seebecken sind während der gesamten Fahrt garantiert. Am Sattel zweigt man auf ein ruhiges Asphaltsträßchen ab, das durch den Hochwald zum Dörfchen Briano zieht. Etwas weiter endet beim Bocchetta di Lovere die Zivilisation. Man steuert auf den beginnenden Karrenweg, der sich schon bald zum Pfad verengt. Hoch über dem Taleinschnitt von Costa tanzt man nun auf herrlicher Trial-Piste durch den felsigen Waldhang. Nur kurze Passagen sind unbefahrbar und müssen zu Fuß durchstiegen werden.

Am Ende geht es in einsamer Rollfahrt durch die Wälder bis Nangui, wo hinter dem Almgelände wieder ein Forstweg zum Passo di Fobia leitet. Der Weg fällt steil in den engen Bachgraben des Valle di Vione und den Bachlauf begleitend rollt man talauswärts zum Beginn einer asphaltierten Straße. Nach rauschender, steiler Abfahrt wird das Örtchen Piòvere erreicht.

Hinter den engen Gäßchen des an der Hangkante zum Lago liegenden Bergdorfes folgt der faszinierendste Teil der Tour. Eine Traumfahrt verläuft hoch über den blauen Wellen mit permanentem See-Panorama durch die Olivenhaine hinab zur Gardesana Occidentale. Man mündet zwischen zwei Tunnels und zweigt, noch immer eine ganze Ecke über dem See, auf die alte Fahrstraße ab. Die Piste ist wagemutig an die aus dem Wasser aufragenden Felsklippen geklebt und führt endgültig noch einige Etagen abwärts zum Ufer. Auf der gemächlichen Rückfahrt in den Ortskern von Gargnano laden gelegentliche Badeplätze zur jetzt gerade rechten Erfrischung ein.

Fahrstrecke

km	Ort	Hm	Zeit
0,0	Gargnano	80	
	Abzweig Capovalle		
10,7	Bocchetta del Santo di Liano	753	1:10
11,9	Bocchetta di Navone	866	
14,8	Briano	996	1:41
15,7	Bocchetta di Lovere	**1052**	1:48
16,0		1015	
16,6		1046	
17,9	Nangui	926	2:28
18,5	Passo di Fobia	907	2:33
21,0	bei Vione	705	
23,5	Piòvere	422	3:00
26,6	Gardesana Occid.	175	3:23
30,0	Gargnano	**65**	
30,6	Gargnano	80	3:45

Streckenschwierigkeiten

leicht	mittel	schwer	extrem
18,3 km	8,5 km	3,6 km	0,2 km

Sehr lange, erst am Ende auch recht steile Auffahrt, ab etwa Ranzone flacher. Pfad bis Nangui mit etlichen Trial-Passagen durch die Felsen, teilweise kurz unbefahrbar.

Fahrbahnen

Asphalt-	Forst-	Karrenwege	Pfade
22,8 km	5,5 km	1,0 km	1,3 km

Auffahrt bis Bocchetta di Lovere auf asphaltierten Haupt- und Nebenstraßen. Nach kurzem Karrenweg Trial-Pfad bis Nangui, im weiteren Verlauf gute bis mittelmäßige Forstwege. Abfahrt nach Piòvere auf Asphalt, dann Feldweg bis Piazza. Restliche Fahrt zum Seeufer und nach Gargnano auf Asphaltstraßen.

Tragestrecken

Einige kurze Schiebepassagen auf dem Pfad nach Nangui.

Rast

Bars in Briano und Piòvere

Bergwanderungen/Gipfel

–

Karten

I.G.M. 'Gargnano, Brenzone' M 1:25.000
f & b 'Gardasee' M 1:50.000
KOMPASS '102' M 1:50.000

18 GARGNANO

30,6 km · **3:45** Std · **1063** Hm

18 GARGNANO

30,6 km · **3:45** Std · **1063** Hm

Wegweiser

1 km 0 Der Fahrstraße bergauf Ri. *'Capovalle, Lago d'Idro, ...'* stets folgen.

2 km 7,4 An einem Straßendreieck von der Ri. *'Lago d'Idro, ...'* weiterführenden Straße rechts Ri. *'Sasso, Liano, Briano, ...'* abzweigen. Später die Abzweige Ri. *'Sasso'* und *'Liano'* rechts liegen lassen und stets Ri. *'Briano, Costa'* bleiben.

3 km 10,7 Auf einem Sattel, kurz bevor die Straße wieder leicht bergab führt, rechts auf den Asphaltweg Ri. *'Briano'* abzweigen und diesem nun stets folgen.

4 km 14,8 Ortsdurchfahrt Briano: Die *'Bar Trattoria Le Fontane'* passieren und weiter stets auf der Asphaltstraße bleiben.

5 km 15,7 Am Bocchetta di Lovere geradeaus bergab auf den Grasweg mit den gepflasterten Fahrspuren Ri. *'Nangui, Fobia 33'* steuern. Dem Weg stets bergab und nach einer Flachpassage dem weiterführenden, teils sehr trialmäßigen Pfad stets folgen.

6 km 17,4 Am Almgelände von Nangui mündet man auf einen Grasweg, folgt ihm nach rechts und bald durchs Wiesengelände abwärts. Nach 350 m und einer Engstelle durch die Büsche über die Wiesen abwärts auf das kleinere Almgebäude zusteuern (Weg kaum erkennbar). Oberhalb des Gebäudes dem wieder markierten, erkennbaren Pfad geradeaus hinab zu einem Forstweg folgen und diesen nach rechts befahren (km 18,0).

7 km 18,5 Am Wiesengelände des Passo di Fobia den Hohlweg zwischen beiden Gebäuden bergab und nach 170 m, bei Mündung an einem Weg, diesen geradeaus Ri. *'Tignale'* bald im Wald sehr steil bergab befahren.

8 km 20,3 Im Tal den Bachlauf überqueren und stets dem abschüssigen Weg am Bachbett entlang talauswärts folgen. Nach 860 m den Bach durch eine betonierte Rinne überqueren und dem Weg bergauf bald hoch über das Bachtal folgen.

9 km 21,8 Man mündet an einer Asphaltstraße und befährt diese geradeaus bergab.

10 km 22,9 Die Gebäude von Gallo passieren und nach weiteren 270 m steiler Abfahrt die links abzweigende Straße liegen lassen.

11 km 23,4 Ortsdurchfahrt Piòvere: Im Ort beginnt ein Pflastersträßchen, nach 70 m am

Anfahrt

An der Verkehrsinsel in Torbole Ri. *'Riva'* fahren, dort stets Ri. *'Brescia, Limone'* halten und der Gardesana Occidentale am Seeufer entlang bis Gargnano folgen.

Fahrt zum Startplatz

Gargnano stets auf der Hauptstaße bleibend durchqueren. 400 m nach der großen Kirche (*'Dom'*) zweigt rechts die Straße Ri. *'Capovalle, Magasa, ...'* ab. Hier beginnt die Tour, eine Parkmöglichkeit gibt es auf dem (meist belegten) kleinen Parkplatz am Beginn der Straße. Ansonsten im Ort eine geeignete Parkmöglichkeit suchen (33 km, 36 Min.).

Alternative Startorte

Piòvere

Wegedreieck bei der Telefonzelle rechts halten und nach 70 m rechts auf den schmalen Weg abzweigen. Dieser führt bald beidseitig von Mauern eingefaßt unterhalb der Felswand ortsauswärts und bergab.

12 **km 23,8** An der Wegverzweigung rechts auf den schmäleren, am Hang entlangführenden Ast steuern (nicht links steil bergab nach dem auf die Fahrbahn gesprühten gelben Pfeil!).

13 **km 25,3** Nach Passieren einer Gebäuderuine mündet man an einer Asphaltstraße und fährt rechts. Nach 460 m der Straße geradeaus bergab folgen.

14 **km 26,6** Nach der Abfahrt mündet man zwischen zwei Tunnels an der Gardesana Occidentale über dem Seeufer. Der alten Fahrstraße rechts an der Schranke vorbei hinab zum See und dann stets durch Gargnano bis zum Ortskern folgen.

15 **km 30,0** Ortsdurchfahrt Gargnano: Im Ort stößt man an eine Einbahnstraße und fährt rechts bergauf in die *'Via Primo Adami'*. Nach 250 m Auffahrt mündet man beim Dom an die Gardesana Occidentale und folgt dieser Hauptstraße nach links bis zum Ausgangspunkt.

Tips + Info

Wer mit zwei Autos nach Gargnano anfährt, kann sich die Tour etwas erleichtern, mit einem Fahrzeug bis zum Boccetta del Santo di Liano (WW 3) auffahren, dort mit dem Bike starten und so die ersten 1000 Höhenmeter einsparen. Später muß dann der Wagen mit dem zweiten Fahrzeug wieder oben abgeholt werden. Der Rest der Tour ist auf diese Weise kaum noch anstrengend und bis auf einige Trialpfad-Passagen eine reine Genußfahrt.

Im alten Dörfchen Piòvere lohnt ein kurzer Fußmarsch zu der auf einem Hügel thronenden Kirche. Vom Kirchhof aus gibt es über die Begrenzungsmauern hinweg prachtvolle Weitblicke über den tief unten liegenden Lago di Garda.

Für eine weit größere und schwerere Tourenschleife bleibt man bei WW 2 auf der Hauptstraße, fährt am Valvestino-Stausee entlang bis Magasa und von dort über Cadria und Bocca Paolone oder über Malga Alvezza, Val di Campei, Passo di Scarpape, Passo d'Ere und Bocca Paolone zum Passo di Fobia. Im zweiten Fall kann man auch alternativ vom Passo d'Ere über das herrlich gelegene Panorama-Rifugio Cima Piemp nach Olzano und über Aer und Val Esega ins Val di Vione fahren.

Variationen

Für Einsteiger:

1. Über Costa und Bocca Paolone: Wer den Pfad mit seinen Trial-Einlagen ausklammern möchte, fährt bei WW 3 geradeaus und folgt der Asphaltstraße über Bocca Magno und Costa zum Bocca Paolone. Dort ein Stück von Tour 12 bis zum Bocca di Fobia und weiter nach der Tourenbeschreibung fahren.

Für Cracks:

2. Kombination mit Tour 12, Passo d'Ere: Die Fahrt eignet sich gut zur Kombination mit Tour 12 zu einer großen Runde. Dazu beim Passo di Fobia an WW 7 nach kurzer Abfahrt dem Weg nach links folgen und die Passo-d'Ere-Tour in umgekehrter Richtung fahren. In Olzano dann über Aer durchs Val Esega nach Vione steuern und dort weiter nach der Tourenbeschreibung bis Piòvere fahren.

3. Über Cadria, Malga Alvezza, Passo di Scarpape: Variante 2 läßt sich ab Bocca Paolone mit o.g. Schleife zu einer sehr schweren Tour mit abwechslungsreicher Fahrt durch tolle Landschaften ausbauen. Man mündet wieder am Passo d'Ere und fährt dort weiter nach Variation 2.

4. Durchs Valle Tignalga: Variation 3 läßt sich ab Passo di Scarpape auch mit einer tollen Trial-Abfahrt durchs Valle Tignalga ergänzen. Von dort auf asphaltierter Fahrstraße nach Olzano, Piòvere, etc.

19 MONTE BALDO

33,0 km · **4:35** Std · **860** Hm

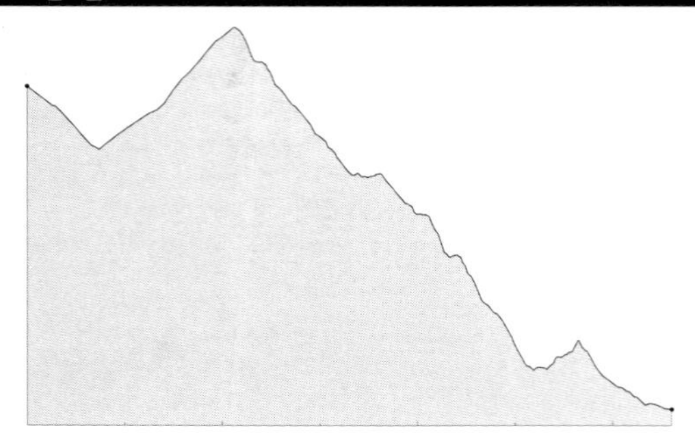

Mittelschwere Tour! Die relativ müheloseste Art den Altissimo zu überqueren. Lange Abfahrt, viele Trials und immer wieder tolle Seeblicke. Supertour!

Beschreibung

Das mächtige Gebirgsmassiv des Monte Baldo beherrscht das gesamte Ostufer des Gardasees und schließt das unter dem Wasserspiegel nochmals 350 Meter abfallende Seebecken mit einer schroffen Gipfelkette zum Etschtal hin ab. Telegrafo mit 2200 Metern und Cima Valdritta mit 2218 Metern bilden das Dach dieses Bergrückens, für Biker ein völlig undurchdringlicher, hochalpiner Urwald. Es macht deshalb wenig Sinn, vom wunderschönen Örtchen Malcèsine mit seinen engen, zur idyllischen kleinen Hafenmole führenden Gäßchen aus etwa Touren zum Baldo angehen zu wollen. Steilste Bergflanken und schroffe, bis zum Seeufer hinabziehende Talgräben und Felswände machen eine Auffahrt genauso unmöglich wie ein etwaiges Queren der Hänge auf einer Route in größerer Höhe parallel zum Lago.

Ein Lichtblick ist da die mitten aus dem Ort zur Baldo-Bergstation schwebende Großkabinenbahn. Zu bestimmten Tageszeiten hievt die einzige Seilbahn am Lago auch Biker samt Gefährt in einem 15minütigen Blitztrip auf 1752 Meter Höhe. Ein Katzensprung im Vergleich zum fast vierstündigen Bike-Uphill von Torbole auf den Monte Altissimo und natürlich die Alternative für Leisetreter, um den Giganten aus dem Hinterhalt von oben her anzugreifen.

Eventuelle Pläne, das Stollen-Muli von der luftigen Bergstation aus etwa nach Süden lenken zu wollen, sollten sogleich begraben werden. Die Route über die Gipfel Telegrafo und Cima Valdritta ist schon für Bergwanderer eine nicht ganz leichte Übung und man müßte hinter dem Bergrücken schon eine wahrlich weite Schleife auf weit-

	Fahrstrecke		
0,0	Malcèsine P Seilbahn-Talstation	**82**	
0,0	Bergstation	**1752**	
3,8	Bocca di Navene	1425	
4,6	Cresta di Navene	1495	
6,4	Bocca del Creer	1617	0:45
6,5	Rifugio Graziani	1620	
10,7	Rifugio Altissimo	2060	1:55
13,2	beim M. Varagna	1712	
16,6	Prati di Nago	1301	2:30
20,6	Dosso dei Roveri	1077	2:58
22,1	Dosso Spirano	873	3:17
26,0	bei Navene	287	3:44
28,2	beim Monte Fubia	442	4:19
29,0	Malcèsine	280	
33,0	Malcèsine Talstation	82	4:35

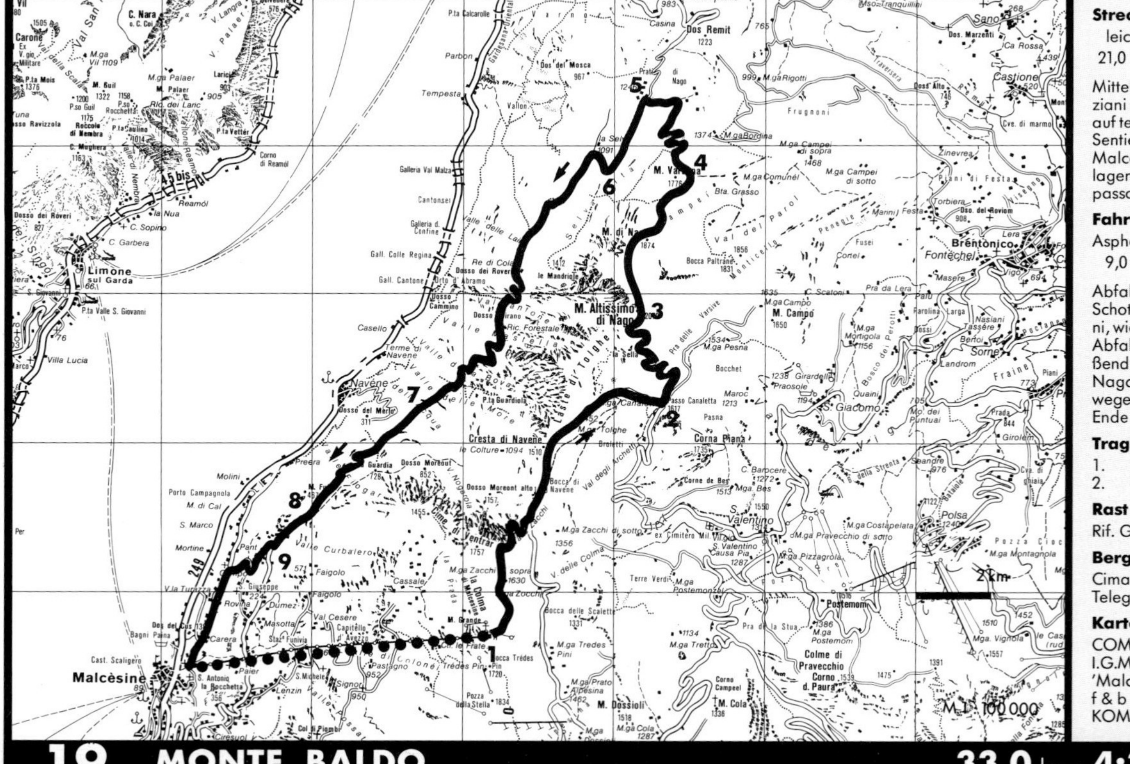

Streckenschwierigkeiten

leicht	mittel	schwer	extrem
21,0 km	7,5 km	3,5 km	1,0 km

Mittelschwere Auffahrt vom Rif. Graziani zum Altissimo. Abfahrt anfangs auf teils unbefahrbarem Geröllpfad. Sentieros 6 und 4 nach Navene bzw. Malcèsine mit vielen kurzen Trialeinlagen und einer unbefahrbaren Steilpassage zum Monte Fubia.

Fahrbahnen

Asphalt-	Forst-	Karrenwege	Pfade
9,0 km	13,2 km	3,8 km	7,0 km

Abfahrt bis Bocca di Navene auf Schotterweg, Asphalt bis Rif. Graziani, wieder Schotter auf den Altissimo. Abfahrt steilste Geröllpiste, anschließend Pfade sowie Asphalt bis Prati di Nago. Im weiteren Verlauf Forstwege und Pfade mit vielen Trials. Am Ende Asphaltabfahrt im Ort.

Tragestrecken

1. 0,40 km / 98 Hm / 5 Min.
2. 0,26 km / 59 Hm / 4 Min.

Rast

Rif. Graziani, Rif. Damiano Chiesa

Bergwanderungen/Gipfel

Cima Valdritta (2218 m)
Telegrafo (2200 m)

Karten

COMUNE Nago-Torb. M 1:20.000
I.G.M. M 1:25.000
'Malcèsine, M. Altissimo'
f & b 'Gardasee' M 1:50.000
KOMPASS '101'o. '102' M 1:50.000

19 MONTE BALDO

33,0 km · **4:35** Std · **860** Hm

gehend asphaltierten Straßen drehen, um wieder einen fahrbaren Übergang zum Lago zu finden. Dort würde dann nur die vielbefahrene Uferstraße Gardesana Orientale zurück nach Malcèsine warten, keine besonders reizvolle MTB-Route. Die Orientierung von der Funivia aus geht also eindeutig in Richtung Altissimo.

Bereits nach der ersten Abfahrt auf dem Schotterweg zur asphaltierten Straße bei Bocca di Navene beginnt eine lange Reihe quälender Entscheidungsmöglichkeiten zur Gestaltung dieser Tour. Trial-Cracks können sich am Sattel gleich hinter der Hütte auf den Sentiero 634 wieder hinab nach Navene stürzen. Nur am Anfang ist diese Geröllwüste unbefahrbar, später taucht man auf anspruchsvollem Trial-Kurs hinab zur Mündung am Sentiero 4, der zurück nach Malcèsine leitet.

Die nächste Verteilerstation liegt nur wenige Kilometer weiter am Passo Canaletta beim Rifugio Graziani. Für eine sehr leichte Route fahren Einsteiger dort auf der asphaltierten Fahrstraße über San Valentino und San Giacomo nach Festa ab, wo die Strada Brentegana, ein völlig unproblematisch zu befahrender Forstweg, um den Altissimo zur von Torbole hochziehenden Strada del Monte Baldo führt. Neben der Fahrstraße gibt es noch einige Varianten, die etwas mehr offroad-mäßig verlaufen, am Ende aber ebenfalls in der gleichen Route münden.

Gipfelstürmer lenken das Bike vom Rifugio Graziani aus natürlich auf gut fahrbarem, serpentinenreichem Schotterweg in mäßigem Neigungswinkel auf das Hochplateau des Monte Altissimo. Das Rifugio Altissimo liegt nur 18 Höhenmeter unter dem 2079 Meter hohen Gipfelpunkt, wo es einen der faszinierendsten Tiefblicke auf den miniaturhaften Lago di Garda und die besten Blicke in allen Himmelsrichtungen über die gesamte Region gibt. Nach Genuß des Panoramas und möglicher Rast auf der Freiterrasse des auch Damiano Chiesa heißenden Rifugios, rutscht man im steilen nördlichen Geröllhang in Richtung Monte Varagna ab. Die Pfadpiste ist sogar bergab auf den ersten Metern kaum fahrbar, Bruchpiloten können später mit größter Vorsicht im Steinslalom abdriften und müssen ständig gegen die Neigung des Bikes zur Rolle vorwärts ankämpfen..

Am Fuße des Gipfelhangs folgt eine genüßliche Rollfahrt auf überwiegend guten Pfaden durch zwei Hochalmenflächen, bevor ein Schotterweg in Richtung Torbole leitet. Später wird die Piste zur asphaltierten Downhill-Autobahn und man segelt in wahrem Abfahrtsrausch talwärts. Wer mag, kann's jetzt bis zum Seeufer am kleinen Bootshafen von Torbole rollen lassen, muß dann allerdings nach einer Traumfahrt über fast 20 km die Gardesana Orientale zurück nach Malcèsine mit zahlreichen Benzin-Mobilen teilen. Im Offroad-Stil kommt zum gleichen Ziel, wer auf Höhe von Prati di Nago wie beschrieben links auf einen Weg abzweigt. Dieser führt später als toller, nicht allzu schwerer Trial-Pfad, nochmals mit einigen Forstweg-Abschnitten durchsetzt, über Dosso dei Roveri, Dosso Spirano und Monte Fubia zur Talstation der Seilbahn in Malcèsine. Während der gesamten Fahrt quert man die Westhänge des Baldo und genießt zahllose, immer wieder unterschiedliche Seepanoramen!

Anfahrt

An der Verkehrsinsel in Torbole Ri. *'Malcèsine'* fahren und der Gardesana Orientale stets am Seeufer entlang über Tempesta und Navene bis Malcèsine folgen.

Fahrt zum Startplatz

Bei km 13,8 mitten in Malcèsine von der Hauptstraße links Ri. *'Funivia'* (Seilbahn) abzweigen. Nach 150 m links auf dem gebührenpflichtigen Parkplatz unterhalb der Talstation parken und mit der Bahn zur Bergstation hochfahren (14 km, 15 Min.).

Alternative Startorte

Rifugio Graziani, Navene, Torbole (mit Bike-Anfahrt nach Malcèsine)

Wegweiser

1 km 0 Aus der Seilbahn-Bergstation heraus links halten und den breiten Schotterweg bergab befahren. Bei Mündung an der Asphaltstraße dieser links über Bocca und Cresta di Navene bis zum Rifugio Graziani folgen.

2 km 6,4 In der Kehre am Bocca del Creer links auf den Schotterweg Ri. *'Monte Altissimo 633'* am Rifugio Graziani vorbei abzweigen. Nach 340 m dem linken Wegzweig in o.g. Ri. stets bergauf zum Altissimo folgen.

3 km 10,7 Auf dem höchsten Punkt das Rifugio Altissimo (Damiano Chiesa) passieren und nach 80 m auf den links abzweigenden Pfad steuern. Nach 50 m ist Ri. *'Nago, Torbole 601'* beschildert. Dem Pfad nun stets folgen, bald teils unbefahr steil und geröllbedeckt bergab.

4 km 13,1 Im zweiten Wiesengelände, unterhalb des Monte Varagna, den links beginnenden Schotterweg bergab Ri. *'Nago, Torbole 601'* befahren (nach 1,35 km asphaltiert).

5 km 16,6 Am Beginn einer Flachpassage bei Prati di Nago (ca. 100 m vor einer kleinen Kirche und einer rostigen Skulptur am Straßenrand) links auf den Forstweg Ri. *'Dosso Spirano, Navene 6'* abzweigen. Nach 500 m dem Weg durch die Linkskehre Ri. *'M. Altissimo'* folgen.

6 km 19,0 Auf der Abfahrt dem Weg durch eine Rechtskehre folgen (geradeaus zweigt ein Weg ab) und nach 280 m links auf den Weg Ri. *'Redicola, Dosso Spirano 6'* abzweigen. Nach 600 m wird dieser zum Pfad, dem man nun stets folgt. Gelegentlich ist Ri. *'Navene'* beschildert.

7 km 26,0 Oberhalb von Navene am Forstwegedreieck links Ri. *'Fubia, Malcèsine 4'* abzweigen. Nach 540 m rechts auf den kurz abschüssigen Weg Ri. *'Fubia, S. Michele'* abzweigen, der bald zum Pfad wird.

8 km 28,2 Nach einigen steilen Serpentinen am Sattel beim Monte Fubia geradeaus Ri. *'Malcèsine 4'* auf dem Karrenweg bleiben.

9 km 29,3 Ortsdurchfahrt Malcèsine: Man mündet bei den ersten Häusern an die asphaltierte Fahrstraße und fährt rechts bergab. Nach 2,3 km der querenden Straße links Ri. *'Malcèsine'* bis zum Parkplatz folgen

Tips + Info

Achtung: Km-Angaben bis WW 2 wurden wegen frühen Schneefalls aus Karte gemessen!

Variationen

Für Einsteiger:

1. Über Malga Campo (Sent. 650/624): Etwas leichter wird die Tour, wenn man statt über den Altissimo bei WW 2 über S. Giacomo oder über Malga Campo nach Festa und über die Strada di Brentegana zur asphaltierten Strada del Monte Baldo fährt (siehe Tour 36 bzw. Tour 36, Variation 2).

2. Rückfahrt über Navene: Wer am Ende den etwas trialmäßigen Sentiero 4 ausklammern möchte, fährt bei WW 7 nach Navene ab und rollt auf der Fahrstraße am Ufer entlang zurück nach Malcèsine.

Für Cracks:

3. Über Bocca di Navene (Sent. 634): Reine Trial-Abfahrt mit anfangs unbefahrbarer Passage.

Auch probieren:

4. Abfahrt nach Torbole: Wer von Torbole startet, kann vom Altissimo den 20 km langen Downhill bis zum Bootshafen Torbole absolvieren.

5. Sentiero 4 bei Malcèsine: Schöne Kurzrunde mit vielen Seepanoramen und Trial-Einlagen. Von der Talstation Ri. *'Monte Baldo'* auffahren und entweder direkt dem Sentiero 4 zum M. Fubia folgen oder über die Mittelstation auf etwas größerer Schleife zum Sentiero 4 fahren. Oberhalb von Navene auf dem Forstweg zum See abfahren und auf der Uferstraße zurück nach Malcèsine rollen.

20 PASSO ROCCHETTA

27,1 km · 3:16 Std · 1221 Hm

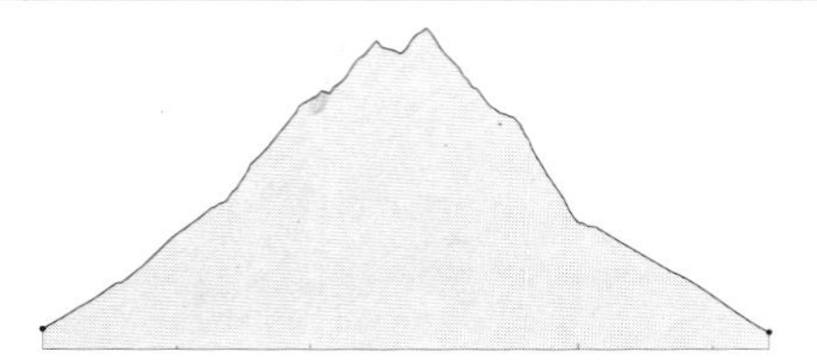

Mittelschwere Tour! Tolle Auffahrt über den Lago zu einem der schönsten Panorama-Punkte der Region. Steiler Downhill auf Almwegen und am Ende herrliche Abfahrt auf Asphalt. Traumtour!

Beschreibung

Eine der markantesten Stellen am Lago ist das Corno di Reamòl. Hier zwischen Riva und Limone ragen die steilsten Felsfassaden des gesamten Seeufers bis auf fast 1100 Meter über den Wasserspiegel. Hoch oben bildet der Passo Rocchetta das Ende dieser phantastischen Steinwüste. Er leitet über in die Waldregion eines zum Tremalzo hinüberziehenden Bergrückens und ist Sternwarte für traumhafte Tiefblicke.

Hochgenuß bereits auf den ersten Metern: Die alte Fahrstraße ins Ledrotal leitet vom Seeufer mit zahlreichen Tunnels in mäßiger Steigung durch die steile, vom Wasser heraufziehende Wand. In abenteuerlichen Serpentinen wurde die Asphaltpiste nach Pregasina aus dem Fels gesprengt und bietet aus allen Höhen Dauer-Seeblicke von schier unfaßbarer Schönheit. Immer wieder gibt es Perspektiven mit senkrechtem Winkel zum Wasserspiegel und sorgenvoll betrachtet man die uralten, bröselnden Abmauerungen der am Abgrund liegenden Straßenränder.

Hinter dem Einsiedler-Nest Pregasina zieht ein Schotterweg durch die Wälder hinauf zur Malga Palaer. Unterwegs läßt ein mutiger Schritt an die Hangkante den Blick auf die smaragdgrünen Uferbänke des 600 Meter tiefer liegenden Hotel Pier fallen, dem Surfer-Mekka am Lago mit den besten Windverhältnissen. Ein weiteres Erlebnis etwas höher bei der Porta dei Larici. Ein kleiner Abstecher führt an den alten Gebäuden vorbei auf einem Bergpfad hinaus über das Corno die Reamòl mit Ausblicken bis zu südlichsten Lago-Gefilden.

Beim verfallenen Gebäude der Malga Palaer nimmt man statt des direkten Weges zum Passo besser die Schleife eines schönen Geheimpfades auf, der im Gegensatz zu ersterem voll befahrbar ist. Am Rocchetta angekommen, stockt jedem Biker schier der Atem. Bei gutem Wetter können sich die Augen kaum sattsehen am traumhaften Panorama. Hinter zahlreichen schroffen Felsgraten und Steinkegeln liegt immer wieder der blaue See mit seinen weißen Bootsspuren und den zahllosen winzigen Farbpunkten der Surfsegel. Die Weiterfahrt fällt schwer und nach Trial-Pfad und steiler Abfahrt über Malga Vil und Pre träumt man immer noch von diesem Lago-Highlight.

Fahrstrecke

km	Ort	Höhe	Zeit
0,0	Riva	**66**	
	Abzweig Pregasina		
2,8	Abzweig Pregasina	243	
6,1	Pregasina	520	0:40
9,4	Porta dei Larici	881	
10,0	Malga Palaer	946	1:10
10,6	Sentiero 115	955	
12,3	Passo Rocchetta	1159	2:00
13,3		1110	
14,2	Passo Guil	**1209**	2:22
15,0	Malga Vil	1109	
17,2	Leano	888	2:42
20,0	Pre	470	3:02
21,2	Biacesa	424	
27,1	Riva	66	3:16

20 PASSO ROCCHETTA

27,1 km · 3:16 Std · 1221 Hm

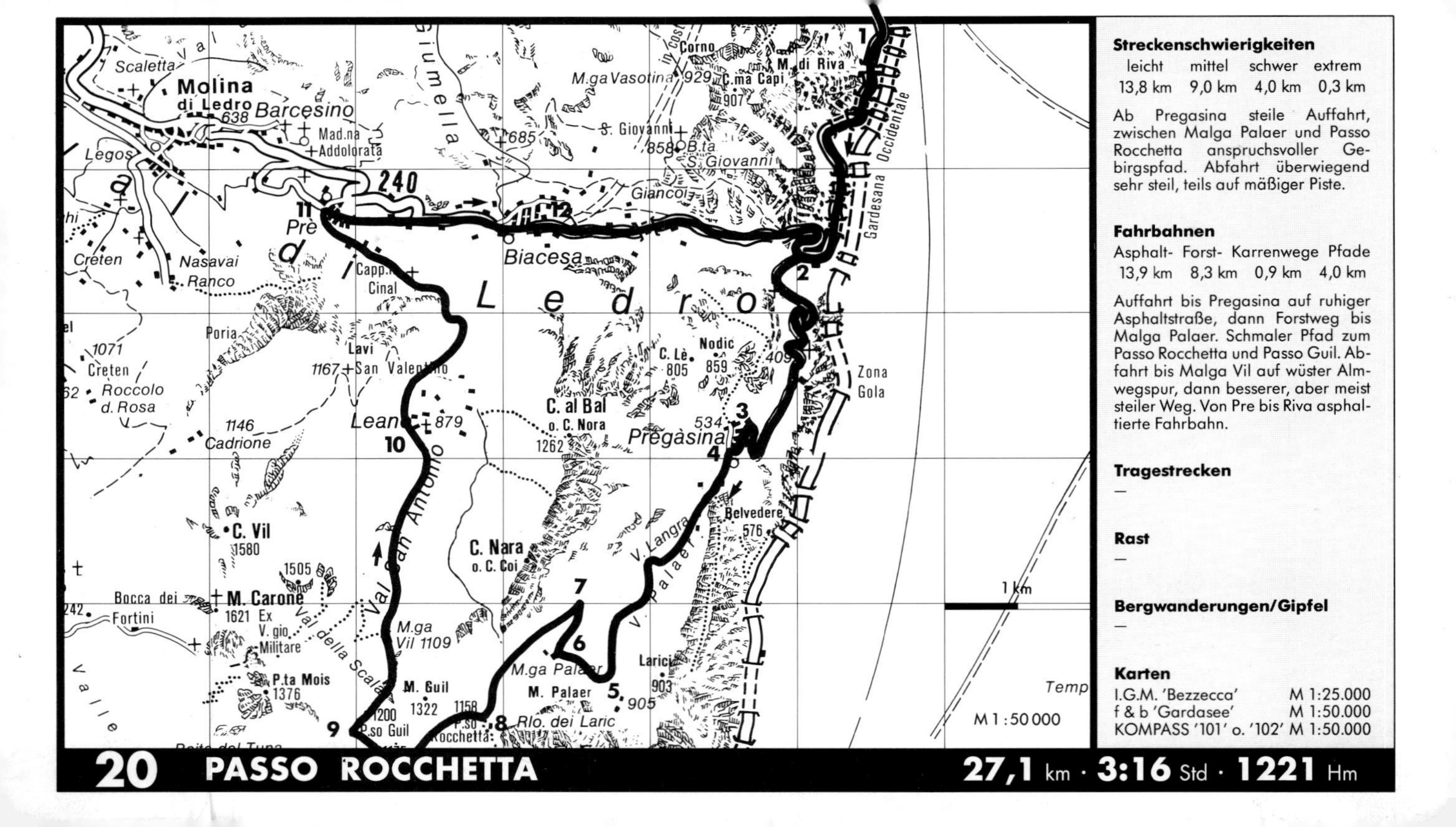

Streckenschwierigkeiten

leicht	mittel	schwer	extrem
13,8 km	9,0 km	4,0 km	0,3 km

Ab Pregasina steile Auffahrt, zwischen Malga Palaer und Passo Rocchetta anspruchsvoller Gebirgspfad. Abfahrt überwiegend sehr steil, teils auf mäßiger Piste.

Fahrbahnen

Asphalt-	Forst-	Karrenwege	Pfade
13,9 km	8,3 km	0,9 km	4,0 km

Auffahrt bis Pregasina auf ruhiger Asphaltstraße, dann Forstweg bis Malga Palaer. Schmaler Pfad zum Passo Rocchetta und Passo Guil. Abfahrt bis Malga Vil auf wüster Almwegspur, dann besserer, aber meist steiler Weg. Von Pre bis Riva asphaltierte Fahrbahn.

Tragestrecken

–

Rast

–

Bergwanderungen/Gipfel

–

Karten

I.G.M. 'Bezzecca' M 1:25.000
f & b 'Gardasee' M 1:50.000
KOMPASS '101' o. '102' M 1:50.000

20 PASSO ROCCHETTA 27,1 km · 3:16 Std · 1221 Hm

Wegweiser

1 km 0 Die Asphaltstraße bergauf Ri. *'Pregasina'* durch die Tunnels befahren.

2 km 2,8 In einer Rechtskehre links Ri. *'Pregasina'* abzweigen und der Asphaltstraße stets bergauf bis in die Ortsmitte folgen.

3 km 6,1 Ortsdurchfahrt Pregasina: Am *'Hotel Panorama'* in der Ortsmitte rechts und gleich wieder links bergauf in Richtung des *'P'*-Schildes halten. Nach 180 m die Kirche passieren und den bald beginnenden Schotterweg befahren.

4 km 6,6 Beim letzten Gebäude auf dem zunächst ebenen Weg Ri. *'Malga Palaer, Passo Rocchetta, Passo Nota 422'* bleiben und diesem Hauptweg nun stets folgen (ggf. Ri. *'Malga Palaer'* halten).

5 km 9,4 In einer Rechtskehre mit kleinem Wendeplatz den links zu den alten Gebäuden von Rollo dei Larici führenden Weg liegen lassen und weiter bergauf halten.

6 km 10,0 Am verfallenen Gebäude der Malga Palaer rechts vorbei auf den Weg durchs Wiesengelände (blau markierte Bäume) steuern. Nach 120 m, kurz vor einer Hütte, den blauen Markierungen folgend rechts vom Weg abzweigen und auf kaum erkennbarer Pfadspur 50 m über die Wiesen zum Waldrand hin halten. Dort den wieder deutlich erkennbaren Pfad befahren.

7 km 10,6 Man mündet bei einem markierten Felsen auf einen weiteren Pfad und folgt diesem nach links stets bergauf (nirgends abzweigen).

8 km 12,3 Am Passo Rocchetta dem Pfad an der Schranke vorbei, nach 50 m durch die Rechtskehre Ri. *'Guil'*, über zwei Serpentinen bergab und dann stets folgen. Nach 1,24 km den linken Pfadabzweig liegen lassen und bergauf Ri. *'M. Nota, Bocca dei Fortini, Guil, ...'* bleiben.

9 km 14,2 Am Passo Guil mündet man auf einen Weg, fährt rechts einige Meter durch das Gatter über die Kuppe und hält sich dann stets geradeaus auf zerfurchter Almwegspur durch das Wiesengelände abwärts zur Malga Vil. Nach 800 m das Almgebäude passieren und dem nun besseren Weg stets bergab folgen.

10 km 17,2 Die Siedlung Leano auf dem Weg bleibend durchfahren und anschließend auf der wieder sehr steilen Fahrbahn stets bergab bis Pre bleiben.

Anfahrt

An der Verkehrsinsel in Torbole Ri. *'Riva'* fahren und dort ab dem ersten Kreisverkehr stets Ri. *'Brescia, Limone'* halten.

Fahrt zum Startplatz

Nach Ortsausfahrt in Richtung Limone zweigt am Seeufer rechts die Asphaltstraße Ri. *'Pregasina'* ab. Hier beginnt die Tour, Parkmöglichkeiten gibt es zuvor beim alten E-Werk am Straßenrand in ausreichender Zahl (5,4 km, 11 Min.).

Alternative Startorte

Pregasina

11 km 20,0 Ortsdurchfahrt Pre: Unmittelbar vor den ersten Gebäuden die Bachbrücke überqueren, nach 30 m an der Wegverzweigung rechts, nach 150 m bei Mündung an der Hauptstraße im Ort rechts bergab halten. Nach 420 m mündet man an eine Kehre der Fahrstraße zum Ledrosee und befährt diese bergab, später durch Biacesa, bis zur Einfahrt in den neuen Tunnel.

12 km 22,5 Unmittelbar vor Einfahrt in den Tunnel von der Hauptstraße geradeaus Ri. *'Pregasina'* abzweigen und dieser Straße nun stets bis hinab zum Ausgangspunkt am Seeufer in Riva folgen.

Tips + Info

In der Ortsmitte von Pregasina (WW 3) ist nach links ein lohnenswerter Panoramapunkt beschildert. Für eine relativ einfache, gleichwohl sehr schöne Tour kann man z. B. nur bis zu diesem Punkt auffahren und auf gleichem Weg wieder nach Riva zurückrollen.

Bei WW 5 an der Porta dei Larici gibt es die Möglichkeit, auf dem links bald an alten Gebäuden vorbeiführenden Weg einen Abstecher zu einem tollen Aussichtspunkt auf den südlichen Lago zu machen. Dort verläuft ein Bergpfad am freien Hang ein Stück um den Bergrücken direkt über die Felsabstürze des Corno di Reamol!

Von der Malga Palaer zum Passo Rocchetta ist als kleiner Umweg der Sentiero 115 beschrieben. Dieser Pfad ist im Gegensatz zu dem sehr steil und direkt zum Paß führenden Karrenweg (nur bergab einigermaßen fahrbar) vollständig mit dem Bike zu befahren und bietet zudem prächtige Ausblicke zum Lago. Für eine Pregasina-Kurzrunde kann man diesen Sentiero ebenfalls nutzen. Bei WW 7 bleibt man dafür geradeaus und folgt dem Pfad mit einigen steileren Trial-Abschnitten wieder hinab nach Pregasina.

Die alte Straße vom Seeufer bei Riva durch die Felsentunnels hinauf nach Pregasina und ins Ledrotal war eine zeitlang bis zum Abzweig nach Pregasina als Einbahnstraße beschildert. Im Berichtszeitraum wurde diese Regelung wieder aufgehoben und die Route in beiden Richtungen geöffnet. Gesperrt wurde dafür der Abschnitt zwischen dem Abzweig Pregasina und der Mündung an der neuen Tunnelausfahrt ins Ledrotal. Für die gesamte Route bestehen diverse Pläne der Gemeinde Riva (z. B. Wander-/Radfahrweg). Für die Tourenplanung ggf. vor Ort über den aktuellen Stand informieren oder, wie die Einheimischen, einfach nicht an den Beschilderungen stören.

Variationen

Auch probieren:

1. Über Bocca dei Fortini zum Lago di Ledro: Etwas längere Variante der Tour mit schöner Abfahrt auf gutem Forstweg. Dazu am Passo Guil geradeaus auf den Weg zum Bocca dei Fortini steuern und dort am Wegedreieck rechts hoch Ri. *'Lago di Ledro'* bis Molina abfahren. Zurück nach Riva auf der Fahrstraße.

2. Über Cadrione: Wie unter Variation 1 fahren und 0,67 oder 1,07 km nach dem Bocca dei Fortini rechts auf Wege abzweigen, die beide an Cadrione vorbei entweder direkt nach Pre (besserer Weg) oder über Leano nach Pre (schlechter) führen.

3. Durchs Val Casarino zum Lago di Ledro: Wie bei Variation 1 fahren, am Bocca dei Fortini geradeaus Ri. *'Tremalzo'* bleiben und nach 1,5 km vor dem Passo di Bestana in der Linkskehre beim kleinen Tümpel rechts auf den schmalen Weg abzweigen. Nach 350 m vor der Brücke links auf den Trial-Pfad hinab ins Val Casarino und hinaus zum Ledro-See steuern.

4. Durchs Val Fontanine zum Lago di Ledro: Wie bei Variation 3 fahren, den Passo di Bestana noch überqueren (beschildert), 500 m nach der Paßhöhe rechts auf einen durchs Wiesengelände leicht bergauf über den Passo Nota führenden Grasweg abzweigen und extrem trialmäßig durchs Val Fontanine abfahren.

21 BOCCA DI TOVO

17,4 km · 2:47 Std · 992 Hm

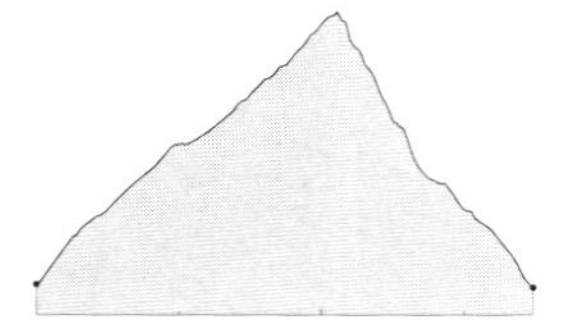

Mittelschwere Tour! Tolle Auffahrt auf Asphalt- und Forstwegen mit fast permanentem See-Panorama. Trial-Abfahrt in einsamer, idyllischer Region. Traumtour!

Beschreibung

Ein weitgehend unbekanntes Biker-Juwel liegt gleich hinter Arco auf dem Präsentierteller und wartet auf seine Entdecker. Der am Bocca del Creef abzweigende neue Forstweg zu dieser Route ist noch auf keiner Karte verzeichnet. So bleibt die Rosine Bocca di Tovo von den meist Richtung San Giovanni oder Monte Casale durchstartenden Bikern völlig unbeachtet am Rande des Asphaltbandes liegen. Ein fast unverzeihlicher Fehler, wie sich schon bei der herrlichen Fahrt zu dem kleinen Sattel zwischen Cima Nanzone und Monte Biaina zeigt.

Interessant ist bereits die Route auf der ruhigen Asphaltstraße von Varignano über Padaro und Mandrea zum Forstwegabzweig beim Bocca del Creef mit mediterranem Flair und tollen Rückblicken zum Lago. Aber die anschließende Schotterpiste schlägt alles. Ein während der gesamten Fahrt völlig unbehindertes Seepanorama, teilweise ist der Weg durch Felsöffnungen gesprengt - die am Horizont liegende Wasserfläche und die Augen des Bikers glänzen um die Wette. Im Hochwald beim Bocca di Tovo endet die Forst-Autobahn schließlich. Ein schmaler Pfad leitet unterhalb eines Riesenfelsens auf prächtiger Trial-Piste hinab zum kleinen Almgelände von Tovo, einem herrlich idyllischen und ruhigen Fleckchen Erde mit drei Hütten inmitten saftig grüner Wiesen.

Nach weiterer Abfahrt auf einem mäßigen Karrenweg steht bei einem großen Holzkreuz eine wichtige Entscheidung an. Man hat die Wahl zwischen genußvollem Abschluß der Tour auf Forst- und Asphaltstraßen über Treni, Calvola und Tenno zurück nach Varignano oder einem tollen Trial-Parcours. Der Kämpfer stürzt sich über die Hangkante auf den beginnenden Pfad und liefert sich bald heiße Gefechte mit jedem einzelnen der zahlreichen Steinbrocken. Es gibt immer nur kurze Erholungsphasen zwischen langen Rüttelpisten und nur wer seine Gasdruck-Stoßdämpfer dabei hat, kommt einigermaßen heil im Talgrund des höllischen Val del Tovo an. Dort beginnt eine wieder zivilisiertere Piste und bald rollt man überwiegend auf Asphaltstraßen mit am Ende nochmals kurzer Offroad-Phase zurück nach Varignano.

Fahrstrecke

0,0	Varignano Kirche	**100**	
2,2	Padaro	351	0:25
5,4	Mandrea	615	0:58
6,9	Bocca del Creef	731	1:10
10,6	Bocca di Tovo	**1085**	1:54
11,2	Tovo	955	
11,6	Holzkreuz	883	2:10
13,5	Val del Tovo	521	
15,1	Novino	373	
15,9	Volta di No	307	2:37
17,4	Varignano	100	2:47

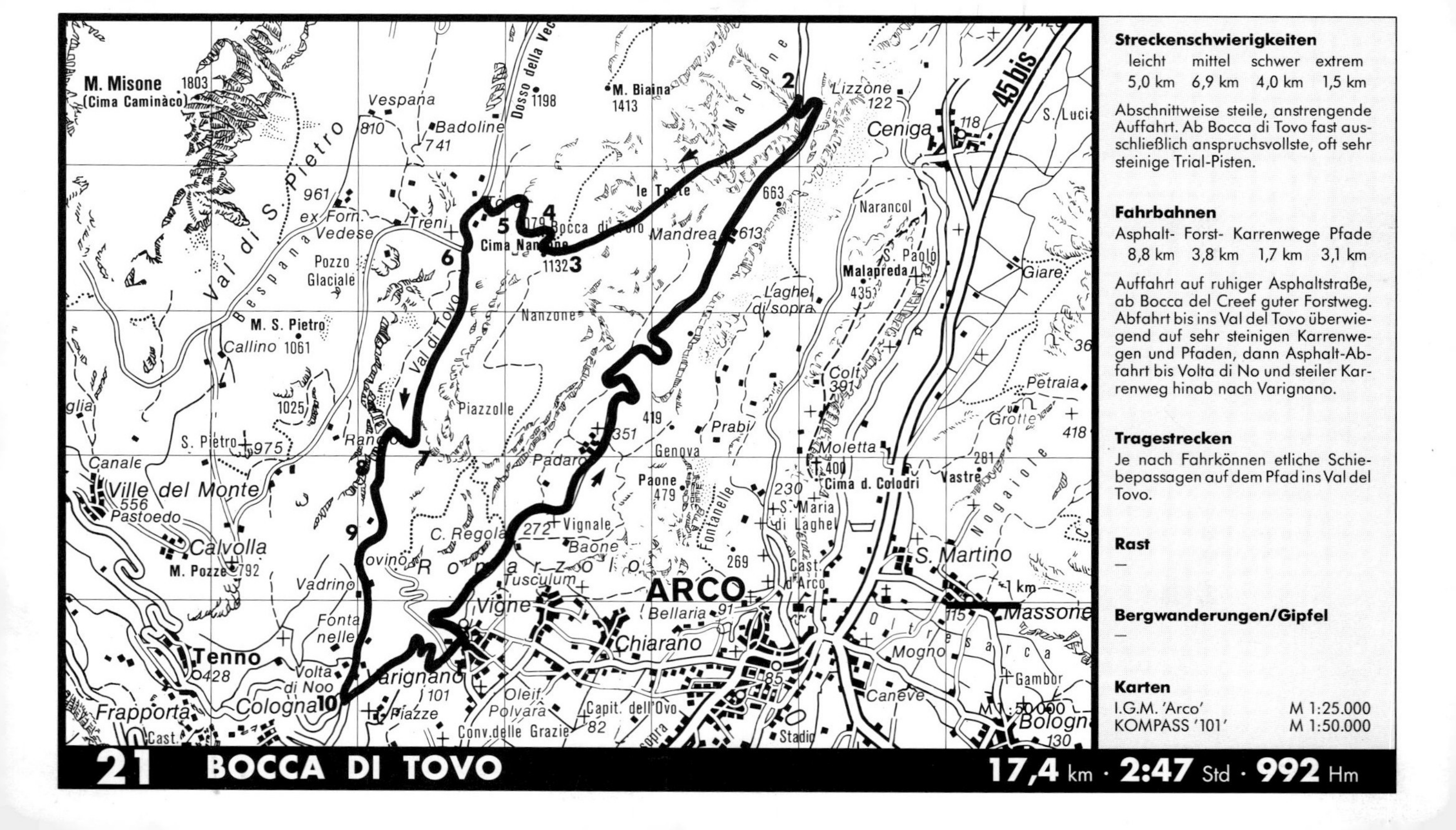

21 BOCCA DI TOVO

17,4 km · 2:47 Std · 992 Hm

Streckenschwierigkeiten

leicht	mittel	schwer	extrem
5,0 km	6,9 km	4,0 km	1,5 km

Abschnittweise steile, anstrengende Auffahrt. Ab Bocca di Tovo fast ausschließlich anspruchsvollste, oft sehr steinige Trial-Pisten.

Fahrbahnen

Asphalt-	Forst-	Karrenwege	Pfade
8,8 km	3,8 km	1,7 km	3,1 km

Auffahrt auf ruhiger Asphaltstraße, ab Bocca del Creef guter Forstweg. Abfahrt bis ins Val del Tovo überwiegend auf sehr steinigen Karrenwegen und Pfaden, dann Asphalt-Abfahrt bis Volta di No und steiler Karrenweg hinab nach Varignano.

Tragestrecken

Je nach Fahrkönnen etliche Schiebepassagen auf dem Pfad ins Val del Tovo.

Rast

—

Bergwanderungen/Gipfel

—

Karten

I.G.M. 'Arco'	M 1:25.000
KOMPASS '101'	M 1:50.000

21 BOCCA DI TOVO 17,4 km · 2:47 Std · 992 Hm

Wegweiser

1 km 0 Der Asphaltstraße an der Kirche vorbei ortsauswärts und dann stets steil bergauf folgen.

2 km 6,9 1,55 km nach dem Ortsschild *'Mandrea'* und einigen steileren Auffahrtskehren, kurz bevor die Straße wieder leicht abschüssig wird, links durch eine grün/weiße Schranke auf den neuen Forstweg abzweigen.

3 km 9,7 Einen links bergab abzweigenden Weg (mit behelfsmäßigem Schild gekennzeichnet) liegen lassen und nach 100 m beim Wendeplatz dem Weg durch die Rechtskehre bergauf folgen.

4 km 10,6 Beim Wegende geradeaus auf den blau markierten Pfad in den Wald hinab steuern, der nach 80 m direkt unterhalb einer Felswand entlangführt. Nach 360 m und extrem steiler Abfahrt auf dem Pfad durch die Linkskehre, nach 100 m durch die Rechtskehre bleiben.

5 km 11,2 Man mündet am Wiesengelände von Tovo, bleibt in der eingeschlagenen Richtung und befährt den Grasweg zwischen den drei Gebäuden bergab. Nach 110 m, direkt am letzten Gebäude, dem Weg nach rechts an der Bruchsteinmauer entlang folgen. Nach 120 m, bei Mündung an einem steinigen Karrenweg (gegenüber Schild *'Villa Lucia Tovo'*), diesen links bergab befahren.

6 km 11,6 An einem freien Platz mit großem Holzkreuz von dem in einer Rechtskehre weiterführenden Weg geradeaus zur Hangkante hin abzweigen und den dort beginnenden Pfad bergab auf meist sehr mäßiger Piste befahren.

7 km 13,5 Am Pfaddreieck der Rechtskehre in den Talgrund des Val del Tovo und dort dem Karrenweg in einer Linkskehre talauswärts folgen.

8 km 14,2 Die beiden Wegabzweige links liegen lassen. Nach 170 m die Wohngebäude passieren.

9 km 14,5 Am Asphaltwegedreieck links bergab halten und dieser Straße nun stets bis hinab zur Mündung an einer Kehre der Fahrstraße im Ort Volta di No folgen.

10 km 15,9 Die Fahrstraße 20 m bergab rollen und links auf den schmalen Asphaltweg abzweigen. Nach 290 m geradeaus auf den Schotterweg Ri. *'Varignano, Arco'* steuern. Nach 210 m dem Pfad leicht rechts bergab und der bald betonierten Piste hinab nach Varignano folgen.

Anfahrt

An der Verkehrsinsel in Torbole Ri. *'Riva'* fahren. Nach 800 m rechts Ri. *'Arco'* abzweigen und nach 4 km am Kreisverkehr Ri. *'Arco'* bleiben. In Arco bei Mündung an der Hauptstraße dieser nach links folgen und nach 400 m rechts Ri. *'Varignano, ...'* abzweigen. Der Straße 1,9 km folgen und dann rechts Ri. *'Varignano, Padaro, San Giovanni'* abzweigen.

Fahrt zum Startplatz

Stets geradeaus in den Ort hinein fahren und vor der Kirche parken. Hier beginnt die Tour (8,6 km, 15 Min.).

Alternative Startorte

Arco, P bei der Sarca-Brücke (mit Bike-Anfahrt nach Varignano)

Variationen

Für Einsteiger:

1. Über Treni und Rif. S. Pietro: Einsteiger sollten statt des schweren Trial-Pfades ins Valle del Tovo bei WW 6 auf dem Weg durch die Rechtskehre bleiben und auf guten Forstegen über Treni in die Nähe des Rif. S. Pietro fahren. Von dort einen Abstecher zum Rifugio machen, oder der Asphaltstraße hinab zum Ausgangspunkt folgen (siehe Tour 15).

22 VAL PURA

11,6 km · 2:04 Std · 730 Hm

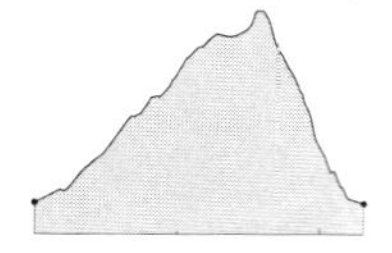

Schwere Tour! Lange Asphaltstraßen-Auffahrt hoch über den See mit noch gut bewältigbarer Trial-Abfahrt auf schmalem Pfad durch ein Geröll-Bachtal. Herrliche Blicke über Limone auf den Lago.

Beschreibung

Bei Limone zieht ein wahres Höllental seine tiefe Scharte in die aus dem Lago hochziehenden Felsfassaden. Diese versteckte Bike-Region um das Valle del Singol wartet mit einigen Kamikaze-Trials auf, bei denen selbst absolute Cracks wie im Fegefeuer schmoren. Normal-Bürger sollten einen weiten Bogen um diese Touren machen oder sich höchstens als trittsicherer Wandersmann auf etliche der hier befindlichen Downhills wagen. Dabei ist das Val Pura nur der Vorhof zur Hölle, weit schlimmer kommen noch die umliegenden Schwestern Valle Piana oder gar das mörderische Dalco daher ...

Die Auffahrt beginnt bei allen drei Teufelsritten gleich. Von Limone aus gibt es keine Alternative zu der Richtung Tremosine hinaufziehenden Fahrstraße, die sich in teils kräftigem Anstieg hoch über den See schraubt. Die wenigen Benzin-Mobile stören hier angesichts prächtiger Seeblicke kaum und schon bei Ustecchio zweigt man auf eine noch ruhigere Piste ab. Ein nettes, uraltes Pflastersträßchen leitet durch den historischen Ortskern und auf wieder breitem Asphaltband fährt man mit etlichen Steilpassagen über Villa Campi bis zu einer Hochfläche gegenüber von dem zu Tremosine gehörenden Ortsteil Vesio auf.

Nach Abzweig auf einen Forstweg tastet man sich über kurzzeitig sehr steiler und steiniger Fahrbahn an den eigentlichen Ort des Geschehens heran. Am Ende der Auffahrt deuten erstmals wieder freie Blicke über Limone auf den Lago das nahende Unheil an. Kurz vor einer undurchdringlich scheinenden Felswand und dem Ende des Weges zweigt rechts der winzige Sentiero 123 ins Val Pura ab.

Bald zeigt sich, daß übertriebene Ängste bei dieser Tour noch fehl am Platze waren. Könner werden fast von einer Spazierfahrt sprechen, vielleicht sogar umdrehen, die Felswand durchsteigen und sich doch lieber vom Abenteuer Dalco fordern lassen. Die Piste ist zwar extrem schmal, aber gut fahrbar und langgezogene Serpentinen mit allerdings engen Spitzkehren mildern die Steilheit des Hanges. Erst ganz unten im Talgrund wird es dann zunehmend rauher. Das Bachbett ist mehrmals zu queren, teils rutscht man auf allen Vieren über Schuttreisen. Aber solche Mühsal ist bald ausgestanden und fortan bildet nur noch die etwas steinige Fahrbahn des Pfades durch ein Wäldchen hinab nach Limone die einzige Herausforderung des Bikers.

Fahrstrecke

km	Ort	Hm	Zeit
0,0	Limone P bei Carabinieri	**112**	
4,4	Ustecchio	490	0:42
6,4	Villa Campi	718	1:09
7,3	bei Fornaci	720	
8,1	Abzweig Sentiero. 123	**800**	1:23
9,4	Val Pura	508	
10,5	Limone	224	1:57
11,6	Limone	112	2:04

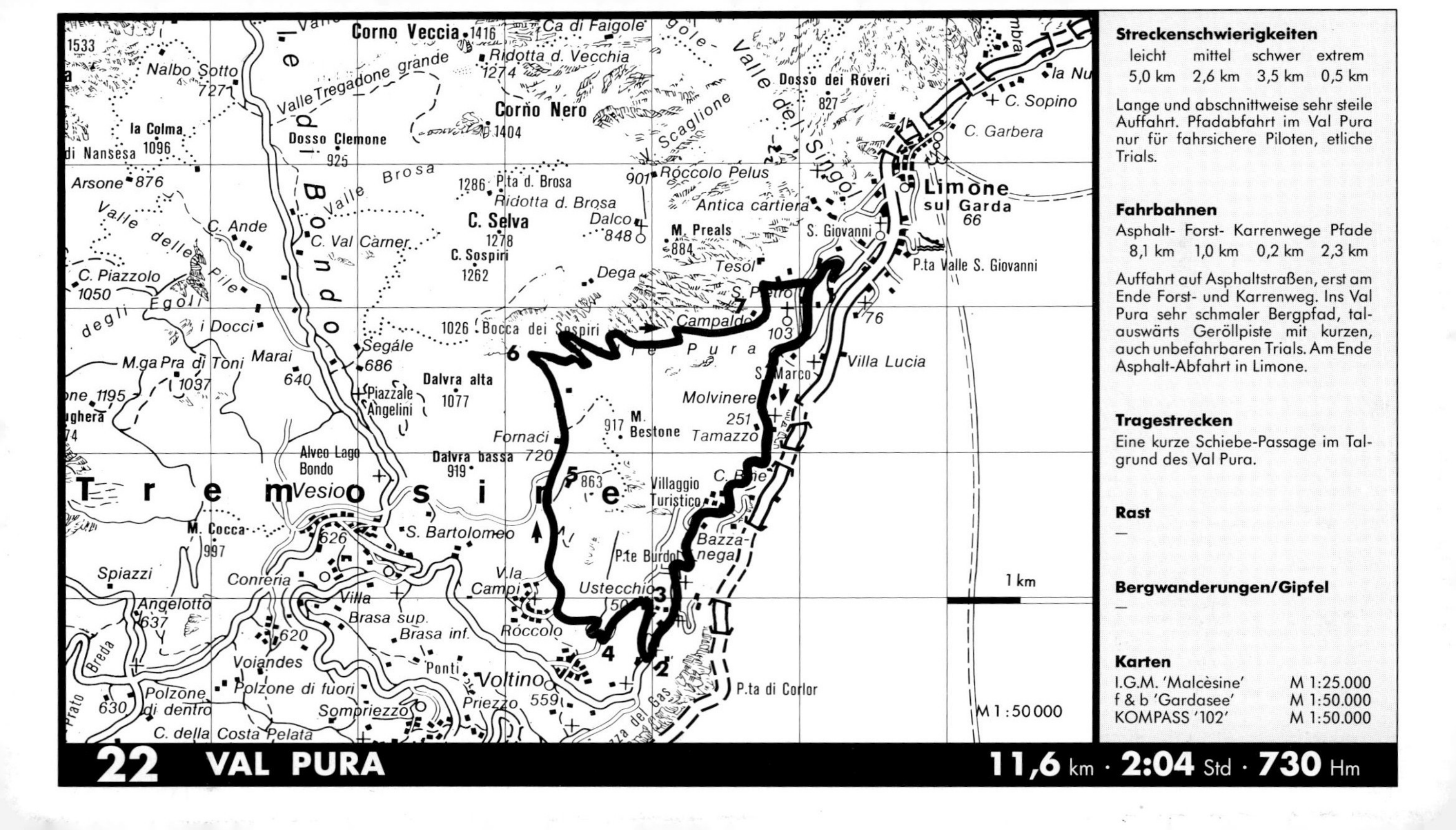

Streckenschwierigkeiten

leicht	mittel	schwer	extrem
5,0 km	2,6 km	3,5 km	0,5 km

Lange und abschnittweise sehr steile Auffahrt. Pfadabfahrt im Val Pura nur für fahrsichere Piloten, etliche Trials.

Fahrbahnen

Asphalt-	Forst-	Karrenwege	Pfade
8,1 km	1,0 km	0,2 km	2,3 km

Auffahrt auf Asphaltstraßen, erst am Ende Forst- und Karrenweg. Ins Val Pura sehr schmaler Bergpfad, talauswärts Geröllpiste mit kurzen, auch unbefahrbaren Trials. Am Ende Asphalt-Abfahrt in Limone.

Tragestrecken

Eine kurze Schiebe-Passage im Talgrund des Val Pura.

Rast

—

Bergwanderungen/Gipfel

—

Karten

I.G.M. 'Malcèsine'	M 1:25.000
f & b 'Gardasee'	M 1:50.000
KOMPASS '102'	M 1:50.000

22 VAL PURA

11,6 km · **2:04** Std · **730** Hm

22 VAL PURA 11,6 km · 2:04 Std · 730 Hm

Wegweiser

1 km 0 Der Fahrstraße durch die Linkskehre bergauf am Gebäude der *'Carabinieri'* vorbei folgen. Stets auf diesem Hauptweg bleiben.

2 km 4,1 Hinter S. Antonio beim Heiligenschrein rechts Ri. *'Ustecchio'* in die *'Via del torchio'* abzweigen.

3 km 4,5 Ortsdurchfahrt Ustecchio: In der Ortsmitte beim Asphaltende links hoch in das schmale Pflastersträßchen *'Via Vecchia'* steuern. Nach 120 m am Wegedreieck rechts bergauf halten und nach 30 m der breiten Fahrstraße *'Via Aldo Moro'* links bergauf Ri. *'Pineta Campi, Hotel Le Balze'* folgen.

4 km 5,1 Am Straßendreieck rechts bergauf in o.g. Ri. fahren und dieser Straße nun stets folgen, später an den Tennisplätzen und dem Straßenabzweig zum *'Hotel Le Balze'* vorbei.

5 km 7,0 Nach leichter Abfahrt am Beginn der bald durch eine Linkskehre führenden *'Via dalvra'* rechts auf den Schotterweg *'Via Dalco'* am alten Steinbruch entlang abzweigen. Nach 270 m den Abzweig zu dem Gebäude links liegen lassen, nach 80 m an der Toreinfahrt auf den linken Wegzweig Ri. *'Sentiero Del Dega 14'* steuern, nach 80 m den linken Wegabzweig liegen lassen, nach 110 m an der Verzweigung auf dem rechten Ast geradeaus bleiben und bald auf steiniger Piste steil bergauf fahren.

6 km 8,1 Nach einer flacheren Passage zweigt gut 200 m vor dem Wegende bei den Felsen rechts ein schmaler Pfad Ri. *'Limone 123'* ab. Diesem hinab ins Val Pura zum Geröllbachbett und dann stets talauswärts folgen (Achtung: Bei km 9,2 durch die Linkskehre bleiben, nicht auf den geradeaus abzweigenden Pfad fahren!).

7 km 10,5 Ortsdurchfahrt Limone: Bei den ersten Gebäuden mündet man an einen Schotterweg und folgt diesem nach links leicht bergauf. Nach 110 m die Asphaltstraße steil bergab rollen und nach 280 m, vor der großen Klosteranlage von Comboniani, rechts in die steil abfallende *'Via Tovo'* abzweigen. Nach 200 m Abfahrt mündet man beim Stopschild an die Anfahrtsstraße und folgt dieser nach links zurück zum Ausgangspunkt.

Tips + Info

Das Val Pura ist für eine eventuelle Auffahrt völlig ungeeignet. Von Limone kann man ausschließlich über die asphaltierte Fahrstraße zu den umliegenden Bergen auffahren!

Anfahrt

An der Verkehrsinsel in Torbole Ri. *'Riva'* fahren, dort stets Ri. *'Limone, Brescia'* halten und der Gardesana Occidentale am Seeufer entlang bis Limone folgen.

Fahrt zum Startplatz

2 km nach dem Ortsschild *'Limone'* im Ort rechts Ri. *'Tremosine 2'* abzweigen, der Straße 400 m folgen und kurz vor der Linkskehre und einer *'Carabinieri'*-Station rechts auf dem unbefestigten Parkplatz parken. Hier beginnt die Tour (16 km, 22 Min.).

Alternative Startorte

--

Variationen

Auch probieren:

1. Kombination mit Touren 30, 35: Die Val-Pura-Tour läßt sich in vielfältiger Form mit den Touren Valle Piana und Dalco kombinieren.

23 SENTIERO 601

11,8 km · **2:05** Std · **710** Hm

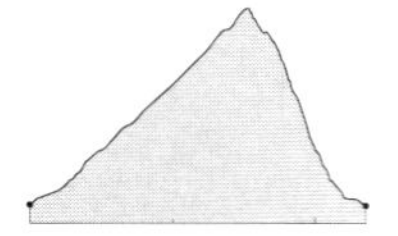

Schwere Tour! Relativ leichte Asphalt-Auffahrt mit abschnittweise sehr extremem Trial-Downhill auf felsigem Geröllpfad über dem See. Super-Trial!

Beschreibung

Hinter dem harmlosen Namen Sentiero 601, einem numerierten Wanderweg wie scheinbar viele andere auch, verbirgt sich für den Biker eines der heißesten Pflaster am Lago di Garda. Eine Fahrt mit zwei Gesichtern, wie sie unterschiedlicher nicht sein könnten. Fast übergangslos kippt die Unternehmung nach Auffahrt über den Asphaltstraßen-Teppich der Strada del Monte Baldo zu einem Höllentrip. Viel Zeit für die prächtigen Seeblicke läßt diese Abfahrts-Piste nicht. Schlag auf Schlag folgt eine Trial-Nuß der anderen und so mancher Durchschnitts-Biker kommt mit schreckgeweiteten Augen nach längerem Fußmarsch in Torbole an.

Trotz einiger Steilpassagen beginnt es im Verhältnis zu den späteren Aufgaben relativ genußvoll. Vom Ufer zieht man hoch über den See und nimmt den Kurs des auf den Altissimo führenden Asphaltbandes auf. Im Sommer kann diese Übung durchaus zur Qual werden. Man quert ein maghrebinisch heißes Felstrümmer-Feld, auf dem die Reste eines riesigen Erdbebenabbruchs verstreut liegen. Nach kurzer Flachetappe an der Malga Zures vorbei geht es nochmals einige Höhenmeter bergauf zum Abzweig des 601. Am Anfang noch relativ unproblematisch, läßt die Tour bald das bis dahin eher sanfte Antlitz fallen und zeigt ihre überaus häßliche Fratze. Steilste Rutschbahnen durch felsige Rinnen und geröllübersäte Abschnitte fordern vollste Konzentration, bei den meisten wohl schon zum Begehen solcher Passagen. Ein Trial-Kampf gegen die Folgen jahrhundertelanger Erosionen, Otto Normalbiker kämpfen hier gegen Windmühlen. Nur kurze, bessere Zwischenstücke bieten ab und an etwas Erholung und lassen flüchtige, schöne Blicke auf Benaco, Riva und Pregasina zu.

Da an den zahlreichen Schlüsselstellen ohnehin mehr Rutschen als Fahren auf dem Programm steht, gilt es, diese Tour bei jedweder Feuchtigkeit zu meiden. Also weder im ersten Morgentau noch nach der Regenzeit hat ein Biker auf dem 601 etwas verloren. Am besten greifen die schwarzen Knubbelgummis die Felsplatten während der am Lago ja nicht seltenen Wüstenperioden.

Wer am Ende noch nicht ausreichend durchgerüttelt ist, weder einen Plattfuß noch einen gebrochenen Knochen am Leib hat, kann kurz vor der Strada dell' Olif links auf den Fitneß-Parcours abzweigen und sich bei der Runde um das Freizeitgelände weiteren, nicht ganz leichten Aufgaben stellen, bevor er wieder nach Torbole abrollt.

Fahrstrecke

0,0	Torbole beim Bootshafen	**68**	
1,2	Villa Gloria	130	
1,4	Freizeitpark	156	
2,5	Strada del M. Baldo	266	0:22
6,7	Malga Zures	691	1:04
7,6	Abzweig Sentiero 601	**772**	1:14
10,6	Freizeitpark	156	1:56
10,8	Villa Gloria	130	
10,9	Aussichtspunkt	113	
11,8	Torbole	68	2:05

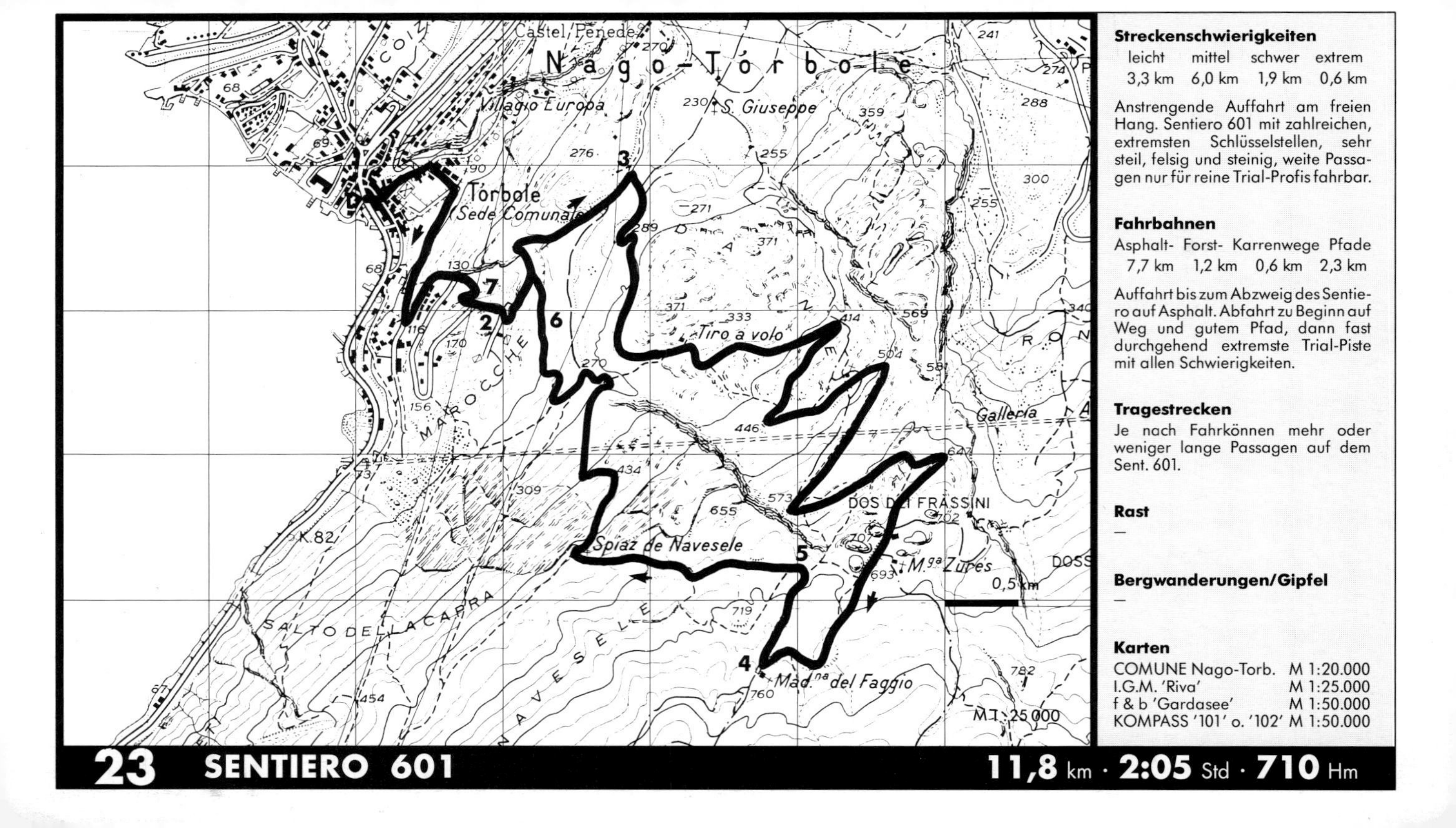

23 SENTIERO 601

11,8 km · **2:05** Std · **710** Hm

Streckenschwierigkeiten

leicht	mittel	schwer	extrem
3,3 km	6,0 km	1,9 km	0,6 km

Anstrengende Auffahrt am freien Hang. Sentiero 601 mit zahlreichen, extremsten Schlüsselstellen, sehr steil, felsig und steinig, weite Passagen nur für reine Trial-Profis fahrbar.

Fahrbahnen

Asphalt-	Forst-	Karrenwege	Pfade
7,7 km	1,2 km	0,6 km	2,3 km

Auffahrt bis zum Abzweig des Sentiero auf Asphalt. Abfahrt zu Beginn auf Weg und gutem Pfad, dann fast durchgehend extremste Trial-Piste mit allen Schwierigkeiten.

Tragestrecken

Je nach Fahrkönnen mehr oder weniger lange Passagen auf dem Sent. 601.

Rast

–

Bergwanderungen/Gipfel

–

Karten

COMUNE Nago-Torb. M 1:20.000
I.G.M. 'Riva' M 1:25.000
f & b 'Gardasee' M 1:50.000
KOMPASS '101' o. '102' M 1:50.000

23 SENTIERO 601 — 11,8 km · 2:05 Std · 710 Hm

Wegweiser

1 km 0 Ortsdurchfahrt Torbole: Am *'Hotel Geier'* beim kleinen Bootshafen links Ri. *'s. andrea, parco olivi, ...'* abzweigen und den kleinen Platz überqueren. Nach 40 m die Straße links bergauf Ri. *'Sentiero 601, Monte Altissimo, ...'* befahren und nun mehrmals dieser Beschilderung folgen.

2 km 1,4 Am Abzweig in den Freizeitpark geradeaus bleiben und nach 50 m dem Schotterweg Ri. *'Sentiero 601, ...'* bergauf folgen. Die folgenden Pfadabzweige Ri. *'601'* liegen lassen und stets auf dem Weg bleiben.

3 km 2,5 Bei einem Heiligenschrein rechts Ri. *'Monte Baldo'* fahren und dieser Asphaltstraße nun stets bergauf folgen.

4 km 7,6 Nach Passieren der Flachetappe bei der Malga Zures und erneuter Auffahrt rechts auf den breiten Pfad Ri. *'Torbole 601'* abzweigen (links führt der 601 bergauf Ri. *'Malga Casina, Dos Casina, ...'*).

5 km 8,1 Links auf den Forstweg Ri *'Torbole 601'* abzweigen. Nach 170 m rechts auf den Pfad Ri *'Torbole 601'* steuern und diesem nun stets bergab auf später sehr schwieriger Trial-Piste folgen (stets auf dem Hauptpfad bleiben).

6 km 10,4 200 m nach der letzten felsigen Schlüsselstelle den von links mündenden Fitneß-Parcours liegen lassen, geradeaus bleiben und nach 100 m bei Mündung am Anfahrtsweg diesem links bergab bis zurück zum Ausgangspunkt folgen.

Alternativ kann man den folgenden Abstecher machen:

7 km 10,6 Kurz nach dem linken Abzweig ins Freizeitgelände rechts auf den abschüssigen Waldpfad abzweigen. Nach 90 m der Asphaltstraße bergab folgen und nach Passieren des Hotels *'Villa Gloria'* in einer leichten Linkskehre geradeaus auf den Pfad in den Wald hinein abzweigen. Nach 50 m am Aussichtspunkt leicht links halten, bald mündet der Pfad wieder an der Asphaltstraße, die man rechts bergab bis zum Ausgangspunkt in Torbole befährt.

Tips + Info

Der genaue Routenverlauf dieser Tour ist nur auf der Karte der COMUNE NAGO-TORBOLE über den 'Monte Altissimo' korrekt verzeichnet.

Anfahrt

Die Tour beginnt in Torbole.

Fahrt zum Startplatz

An der Verkehrsinsel in Torbole Ri. *'Malcèsine'* fahren. Nach 200 m zweigt am *'Hotel Geier'* beim kleinen Bootshafen links ein Sträßchen Ri. *'s. andrea, parco olivi, ...'* ab. Hier beginnt die Tour, eine Parkmöglichkeit gibt es auf dem Gelände des Parco Pavese direkt am See. Die dorthin führende *'Via Benaco'* zweigt kurz zuvor beim Tabak-Shop ab (der Parkplatz ist in der Saison gebührenpflichtig).

Vorsicht: In Torbole gibt es für Falschparker hohe Strafmandate!

Alternative Startorte

Nago

Variationen

Auch probieren:

1. Nach Tempesta: Wer im letzten Moment vor dem 601 zurückschreckt, bleibt bei km 8,3 geradeaus stets auf dem Forstweg. Kurz vor einer Wasserstelle rechts auf den verwachsenen, gleichbreiten Schotterweg und nach 10 m rechts auf den Fußweg zwischen zwei orangefarben markierten Steinen abzweigen. Nach ca. 50 m beim Stein mit dem orangefarbenen Punkt links auf den Pfad steuern und bis zu einem Forstweg fahren, der hinab nach Tempesta führt. Am Seeufer zurückrollen.

24 MONTE MISONE

27,5 km · **3:52** Std · **1308** Hm

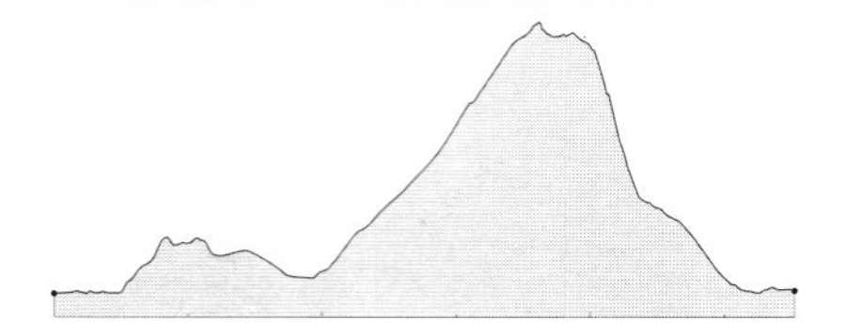

Schwere Tour! Sehr lange Auffahrt zu einem Panorama-Rifugio in prächtiger Lage. Abfahrt auf herrlichem Trial-Pfad, am Ende Asphalt-Downhill durch alte italienische Bergdörfer. Supertour!

Beschreibung

Hinter dem kleinen, auffallend smaragdgrünen Lago di Tenno wächst das schlanke, längliche Bergmassiv des Monte Misone nach Norden zur Brenta und den Gletscherregionen von Adamello und Presanella. Zusammen mit einem Zwillings-Höhenzug zum Monte Casale hin, getrennt nur vom markanten Taleinschnitt des Val di Lomasone, ist dies eine eigene kleine Bike-Region mit Tourenmöglichkeiten in fast allen erdenklichen Schwierigkeitsgraden. Das Rifugio Misone ist neben dem Don Zio auf dem Casale die zweite Aussichts-Plattform zu den weißen Gipfeln des nördlichen ewigen Eises. Der Misone kann auf diverse Arten angepackt werden. Die Hauptroute umrundet den Tennosee, hinter dem ein steiler Forstweg hinauf nach Laghisoli und weiter nach Ballino zieht. Auf der Fahrstraße überfährt man den Paß, bis kurz vor Torbiera der Weg zum Rifugio abzweigt. Anfangs noch asphaltiert, geht es später auf einer Schotterpiste eineinhalb Stunden und zahlreiche Kehren hinauf zum Panorama-Kleinod auf der mit grünen Wiesen bedeckten Bergkuppe.

Bis dahin ist die Sache,abgesehen vom reichlich fließenden Schweiß, völlig unproblematisch. Viele Genießer fahren denn auch nach guter Rast und Aufsaugen der Bilderbuch-Blicke auf gleichem Weg wieder zurück. Trial-Fans aber geht hier oben erst so richtig das Herz auf. Ein toller Bergpfad leitet durch Wald- und Wiesengelände hinüber zur Malga Misone, wo eine traumhafte Pfadabfahrt am steilen Südhang des kegelförmigen Misone beginnt. Genußvolle, leicht abschüssige Passagen wechseln mit kurzen Steilpisten, geringe Vegetation läßt den Blick bis zum Gardasee schweifen. Fast senkrecht über dem Tenno-See stürzt sich der absolute Crack dann in eine extrem steile Geröllpiste, den meisten werden hier allerdings kaum mal einige Fahrmeter gelingen. Nach extremem Sinkflug geht es auf Forst- und Asphaltwegen am Rifugio San Pietro vorbei hinab nach Ville del Monte. Im historischen Dorfkern wartet kurz vor Toresschluß beim Tennosee noch ein Höhepunkt. Die uralten Häuser sind eng aneinandergeschmiegt, darunter tastet man durch einen wahren Irrgarten von Tunnels und Torbögen! Anschließend freut man sich, die Sonne wieder zu sehen und ist froh, nicht in diesem Ameisenbau wohnen zu müssen.

	Fahrstrecke		
0,0	Lago di Tenno P vor Clubhotel	**601**	
4,1		816	
4,8	Laghisoli	796	
5,9	Ballino	755	0:44
7,1	Passo Ballino	764	0:51
9,6	Torbiera	656	1:08
17,9	Rifugio Misone	1612	2:35
18,1		**1620**	
19,0	Malga Misone	1575	2:47
20,7		1351	
21,9	Forstweg	958	3:23
22,3	Abzweig Rif. S. Pietro	935	
25,2	Calvola	630	
25,7	Ville del Monte	602	3:40
27,5	Lago di Tenno	601	3:52

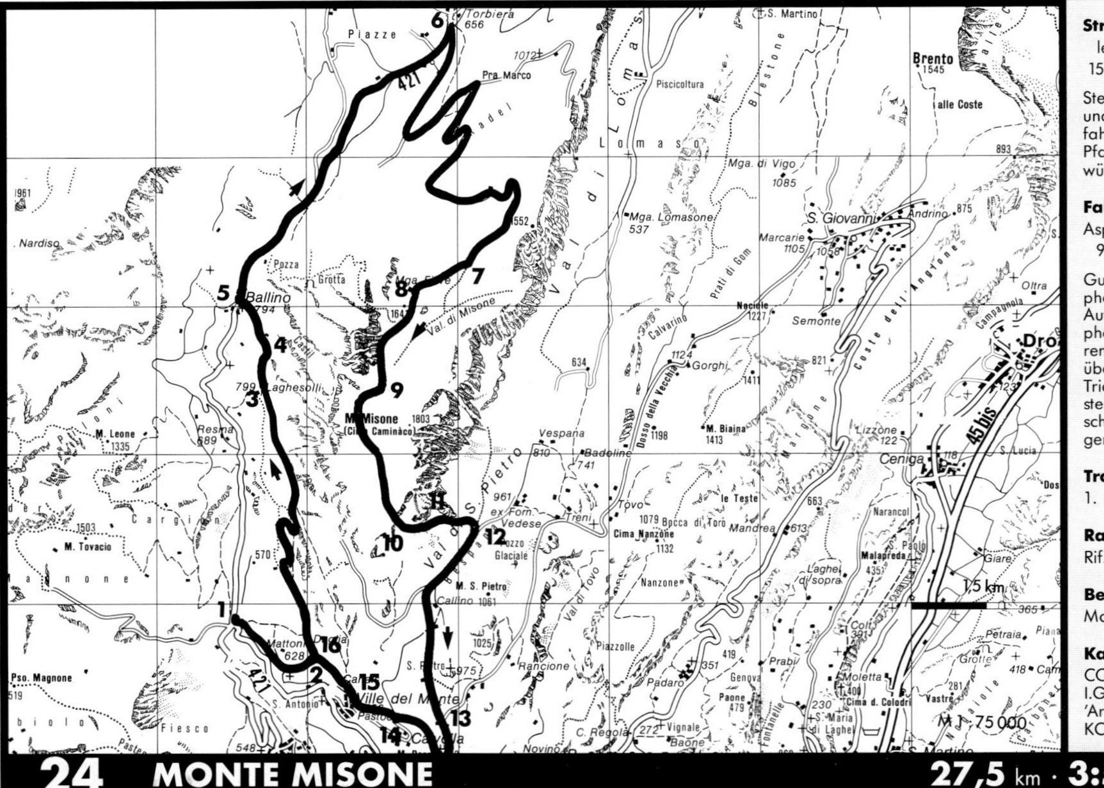

Streckenschwierigkeiten

leicht	mittel	schwer	extrem
15,6 km	8,0 km	3,2 km	0,7 km

Steile Auffahrt hinter dem Tennosee und sehr lange, anstrengende Auffahrt zum Rif. Misone. Anschließend Pfad mit etlichen Trial-Passagen und wüster Tragestrecke bergab.

Fahrbahnen

Asphalt-	Forst-	Karrenwege	Pfade
9,7 km	13,8 km	0,3 km	3,7 km

Guter Forstweg bis Ballino, dann asphaltierte Fahrstraße bis Torbiera. Auffahrt zum Rifugio anfangs asphaltiert, später Forstweg. Im weiteren Verlauf bis fast zum Rif. S. Pietro überwiegend guter Bergpfad mit Trial-Abschnitten und einem extrem steilen und steinigen Tragestück. Abschluß auf Schotter- und Asphaltwegen.

Tragestrecken

1. 0,35 km / 8 Min. / 163 Hm.

Rast

Rif. Misone, Rif. S. Pietro

Bergwanderungen/Gipfel

Monte Misone (1803 m)

Karten

COMUNE di Tenno	M 1:20.000
I.G.M. 'Arco, Pranzo'	M 1:25.000
KOMPASS '101'	M 1:50.000

24 MONTE MISONE

27,5 km · 3:52 Std · 1308 Hm

24 MONTE MISONE 27,5 km · 3:52 Std · 1308 Hm

Wegweiser

1 km 0 Vom Heiligenschrein aus an der Übersichtstafel *'Pro Locco di Tenno'* vorbei den rechts leicht bergauf Ri. *'Casa al Sole, ...'* führenden Asphaltweg befahren. Nach 720 m am alten Holzkreuz links bergauf Ri. *'Al Lago, ...'* steuern. Nach 220 m den links Ri. *'Al Lago'* abzweigenden Schotterweg liegen lassen und weiter dem eingeschlagenen Weg folgen.

2 km 1,2 An der Wegekreuzung dem groben Steinpflasterweg links bergauf Ri. *'Al Lago'* über die Kuppe, bald am Tennosee vorbei und dann steil bergauf stets folgen.

3 km 4,8 Bei dem links oberhalb stehenden Gebäude von Laghisoli auf dem Weg durch die Links-/Rechtskehre leicht bergab bleiben.

4 km 5,3 Bei einem großen Gebäude dem Asphaltweg links bergab nun stets bis Ballino folgen.

5 km 5,9 Ortsdurchfahrt Ballino: Beim Kirchlein der Hauptstraße rechts ortsauswärts, über den Passo Ballino und wieder bergab bis kurz vor Torbiera stets folgen.

6 km 9,6 Knapp 500 m nach Passieren der *'Bar La Pineta'* und des Fußballplatzes von der Hauptstraße rechts auf den bergauf Ri. *'tamburello'* führenden Asphaltweg abzweigen. Diesem Hauptweg (nach 1,4 km Schotterpiste) nun stets bergauf folgen, nirgends abzweigen.

7 km 17,2 An einem Wiesengelände führt der Weg links über die Bergkuppe. Hier auf dem rechten Zweig mit der blauen Markierung bleiben.

8 km 17,9 Am Rifugio Misone dem Pfad links am Gebäude vorbei folgen, nach 80 m ist Ri. *'Cima Misone, Passo Ballino'* beschildert.

9 km 19,0 Unmittelbar vor dem Gebäude der Malga Misone 60 m rechts zu den Schildern hin orientieren und dem Pfad Ri. *'Rif. S. Pietro 412'* am Hang entlang folgen. Nach 280 m am kleinen Aussichtshügel auf dem nun wieder bergab führenden Pfad bleiben.

10 km 20,7 Nach einem Flachstück beim großen Felsblock dem anfangs unbefahrbaren Pfad links sehr steil bergab folgen (rot/weiße Markierung *'412'*).

11 km 21,3 Einen rechts abzweigenden Pfad liegen lassen und geradeaus Ri. *'Rif. S. Pietro'* bleiben.

Anfahrt

An der Verkehrsinsel in Torbole Ri. *'Riva'* fahren, dort stets Ri. *'Brescia'* halten und bei der Kirche (km 4,0) rechts Ri. *'Val di Ledro, Tenno, Ponte Arche, Fiave'* abzweigen. In Varone auf dieser Straße Ri. *'Ponte Arche, Fiave, ...'* bleiben. Später die Orte Tenno und Ville del Monte durchqueren und der Straße bis zum Tenno-See folgen.

Fahrt zum Startplatz

Unmittelbar vor dem *'Clubhotel Lago di Tenno'* befindet sich am rechten Straßenrand ein großer Parkplatz mit einem Heiligenschrein. Hier beginnt die Tour (15 km, 28 Min.).

Alternative Startorte

Ballino, Torbiera

12 **km 21,9** Man mündet an einem breiten Forstweg und folgt diesem rechts bergab Ri. *'Rif. S. Pietro'*. Nach 400 m den beschilderten Abzweig zum Rifugio links liegen lassen (ein Abstecher dorthin lohnt allemal!).

13 **km 23,5** An einem Wegedreieck mit kleinem Parkplatz rechts bergab halten, nach 40 m beginnt eine Asphaltstraße.

14 **km 25,3** Ausgangs der Linkskehre nach Durchquerung des ersten Ortes (Calvola) rechts auf den Feldweg unter der E-Leitung entlang abzweigen. Nach 230 m mündet man an einer Asphaltstraße und befährt diese geradeaus.

15 **km 25,7** Ortsdurchfahrt Ville del Monte: Geradeaus auf den gepflasterten Weg unter den ersten Hausbogen fahren, nach 40 m dem Weg links bergab durch den zweiten Bogen folgen, direkt danach rechts abzweigen, leicht bergauf unter drei Bögen durchfahren und schließlich geradeaus auf den Feldweg ortsauswärts steuern.

16 **km 26,3** Man mündet an der Wegekreuzung des Anfahrtsweges (WW2) und fährt links bergauf zurück zum Ausgangspunkt beim Clubhotel Lago di Tenno.

Tips + Info

Der schönste Aussichtspunkt auf den Tennosee ist während der Fahrt bei WW 10 nach wenigen Gehmetern erreichbar. Am großen Felsblock rechts vorbei dem schmalen Fußpfad bis zu einem Erdhügel folgen, von dem herrliche, stille Ausblicke auf den winzigen Seespiegel genossen werden können.

Die Ufergefilde des Tennosees eignen sich nicht zum Befahren mit dem Bike. Vom Parkplatz vor dem Clubhotel leitet nur ein Stufenweg hinab zum See und dort unten verläuft ein schmaler, von Badegästen und Spaziergängern meist sehr belebter Kiesweg am Ufer entlang.

Bei allen Touren am Tennosee empfiehlt sich die Verbindung mit einer Badepause im sauberen, idyllisch gelegenen Gewässer.

Der alte Ortskern von Ville del Monte mit seinen zahlreichen Torbögen und untertunnelten Gebäuden dient auch als Künstlerkolonie. Dort leben und arbeiten auf Kosten und Einladung einer Stiftung ständig etliche Kunstmaler.

Variationen

Für Cracks:

1. Abfahrt direkt nach Calvola: Bei km 21,3 im Anschluß an die Tragestrecke auf den rechts abzweigenden Pfad steuern und der steilen Trial-Piste bis zur Mündung an der asphaltierten Fahrstraße oberhalb von Calvola folgen.

Auch probieren:

2. Val di Lomasone: Die Route auf den Misone läßt sich auch durchs Val di Lomasone fahren. Dazu am besten beim Rif. S. Pietro starten (bis dorthin kann man mit dem Pkw auffahren), dem Forstweg bis Treni und einer Trial-Piste hinab ins Lomasone-Tal folgen und stets talauswärts bis Dasindo halten. Kurz vor dem Ort beim kleinen Friedhof links auf das schmale Sträßchen hinauf nach Favrio, einem alten, direkt an der Hangkante liegenden Dorf, abzweigen und auf einem Feldweg hinüber zum Beginn der Auffahrt auf den Misone bei Torbiera queren.

3. Abzweig am Passo Ballino mit Trial-Parcours zum Rifugio-Auffahrtsweg: Am Passo rechts abzweigen und dem Weg durch die Schranke bergauf folgen. Nach 1,3 km in einer Rechtskehre geradeaus vom Weg auf den uralten Karrenweg abzweigen, der als verwachsene Trial-Piste in toller Fahrt leicht am Hang hinaufzieht und an dem zum Rifugio führenden Forstweg mündet.

25 TREMALZO 2 38,4 km · 4:18 Std · 1426 Hm

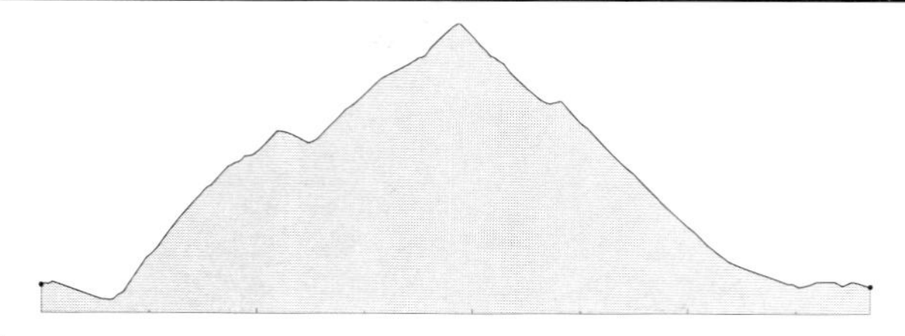

Schwere Tour! Tremalzo-Variante mit langer Auffahrt durch deren südliche Waldberge, toller Abfahrt über die Tremalzo-Schotterstraße und am Ende vielen Alternativ-Routen. Supertour!

Beschreibung

Neben all jenen, die den Tremalzo von Süden aus dem Bereich Limone/Tremosine angreifen wollen, ist diese Variante sozusagen diejenige für Käse-Liebhaber. Die Tour beginnt nämlich hinter Vesio unmittelbar bei der Molkerei Alpe del Garda, wo die besten Käse der Region eingekauft werden können. Eine Schande, wer sich hier nicht zum Beispiel in größeren Mengen mit dem exzellenten, frischen Ricotta versorgt, den es wohl nirgends auf dieser Erde besser gibt. Die Verkaufsstelle der Molkerei hat passend zum Ende der Tour ab 16 Uhr geöffnet. Nur wenige Meter vom Ricotta-Schlaraffenland entfernt zweigt die Via San Michele Richtung Tremalzo ab. Anfangs leicht ins Valle San Michele abfallend, zieht die Schotterpiste hinter der Wehrbrücke bei San Michele kräftig durch die waldreichen Höhenzüge zwischen Caplone und Tremalzo hinauf. Der Neigungswinkel wechselt ständig, insgesamt aber ist es eine zähe, fast dreistündige Fahrt an mehreren Almen vorbei bis hinauf zum Rifugio Garda. Besonders am Ende gibt es im freien Gelände schöne Weitblicke über die faszinierenden Bergwelten dieser Gegend.

Die letzten schlappen Höhenmeter der Route zum Tremalzo-Tunnel fallen auch nach einer Rast unverhältnismäßig schwer, bevor endlich nur noch der reine Spaß auf dem Programm steht. Die allzeit gut überschaubare Tremalzo-Straße verleitet auch zurückhaltendere Naturen zum Heizen. In engen Kehren mit weicher Schotterauflage kann zusammen mit den Kollegen Motocrossern der Powerslide geübt werden. Leider viel zu schnell endet der Rausch durchs MTB-Paradies beim Passo Nota, wo man bei kurzem Innehalten die Entscheidung für den Rest der Fahrt treffen muß. Kurz, schmerzlos und allerdings auch etwas unspektakulär geht es auf breitem Forstweg durchs Valle di Bondo nach Vesio, wo man der Fahrstraße über einen kleinen Sattel zurück zum Ausgangspunkt folgt.

Die weitaus schönere, aber auch noch einmal mit einigen Höhenmetern verbundene Route führt über Corna Vecchia und Corno Nero. Dort leitet ein Pfad durch sechs Felsentunnels, bevor die wieder breitere Schotterpiste als Piazzale Angelini kehrenreich und mit prächtigen Lago-Blicken nach Vesio abfällt.

Fahrstrecke

0,0	Tremosine	632	
	Via S. Michele		
3,3	bei S. Michele	**568**	0:12
10,6	Abzweig M. Lorina	1325	1:37
12,8	Malga Ca dall'Era	1332	
14,1	Passo della Cocca	1461	
15,9	Malga Ciapa	1615	
17,5	Rifugio Garda	1705	2:40
19,3	Tremalzo-Tunnel	**1863**	2:56
23,5	Baita Tuflungo	1490	
26,9	Passo Nota	1198	3:37
32,6	Valle di Bondo	711	
35,1		630	
35,9	Vesio	657	4:11
38,4	Tremosine	632	4:18

25 TREMALZO 2

38,4 km · 4:18 Std · 1426 Hm

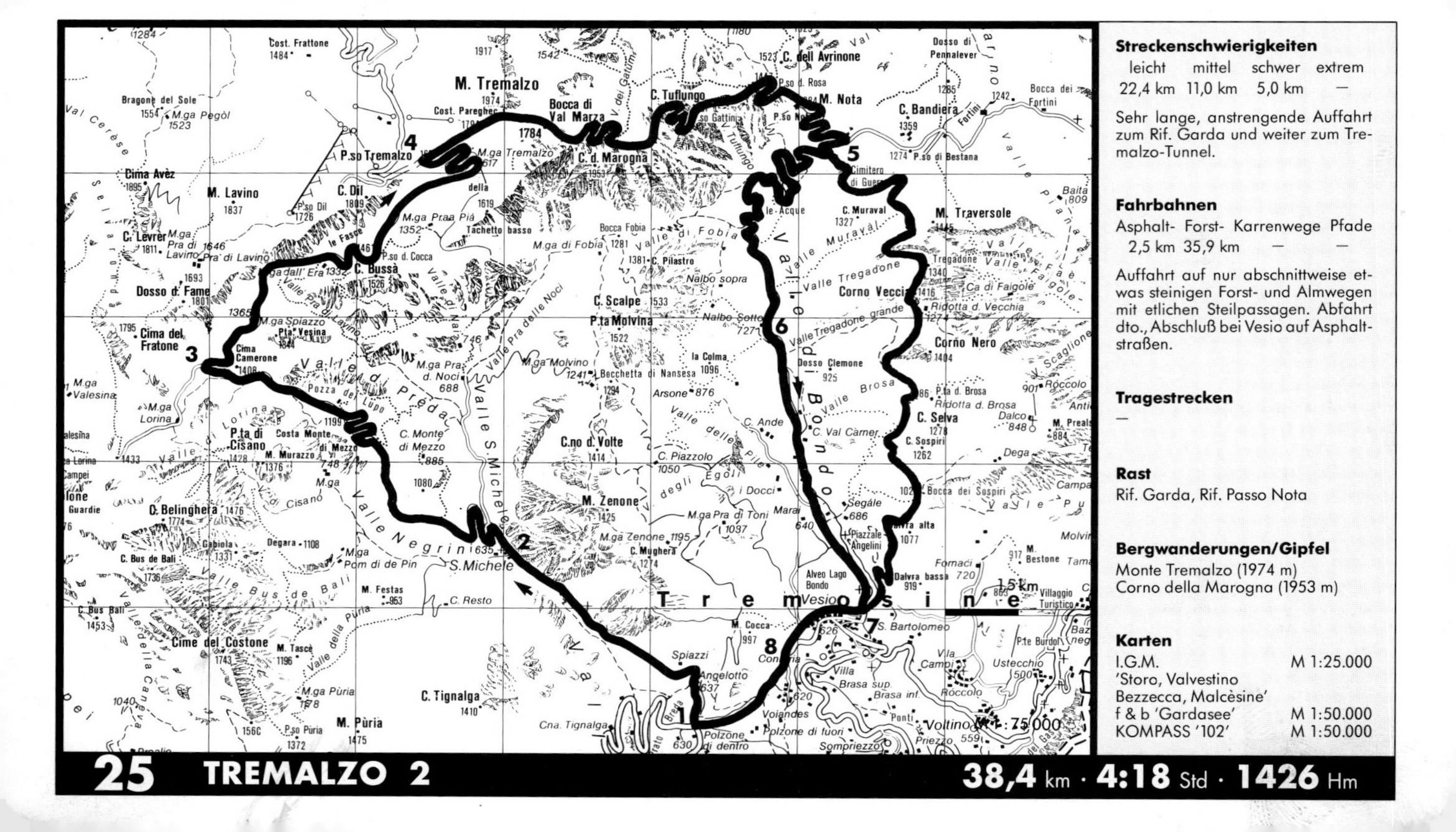

Streckenschwierigkeiten

leicht	mittel	schwer	extrem
22,4 km	11,0 km	5,0 km	–

Sehr lange, anstrengende Auffahrt zum Rif. Garda und weiter zum Tremalzo-Tunnel.

Fahrbahnen

Asphalt-	Forst-	Karrenwege	Pfade
2,5 km	35,9 km	–	–

Auffahrt auf nur abschnittweise etwas steinigen Forst- und Almwegen mit etlichen Steilpassagen. Abfahrt dto., Abschluß bei Vesio auf Asphaltstraßen.

Tragestrecken

–

Rast

Rif. Garda, Rif. Passo Nota

Bergwanderungen/Gipfel

Monte Tremalzo (1974 m)
Corno della Marogna (1953 m)

Karten

I.G.M. 'Storo, Valvestino Bezzecca, Malcèsine'	M 1:25.000
f & b 'Gardasee'	M 1:50.000
KOMPASS '102'	M 1:50.000

25 TREMALZO 2

38,4 km · 4:18 Std · 1426 Hm

Wegweiser

1 km 0 Den Schotterweg *'Via S. Michele'* taleinwärts Ri. *'Tremalzo, S. Michele'* befahren.

2 km 3,3 Beim Stauwehr die Brücke überqueren und dem Forstweg rechts bergauf folgen. Nach 400 m am großen Schild *'Valle S. Michele'* auf dem Weg durch die Linkskehre bergauf bleiben und diesem nun stets folgen.

3 km 10,6 Am Wegedreieck (gelb/weiße Markierungen an einer Steinmauer) mit dem Abzweig zur Malga Lorina rechts bergauf fahren.

4 km 17,5 Beim Rifugio Garda mündet man an eine Asphaltstraße, fährt rechts am Rifugio vorbei und folgt der Schotterpiste hinauf zum Tremalzo-Tunnel und wieder bergab bis zum Passo Nota. Die Route ist nicht zu verfehlen.

5 km 27,0 Am Passo Nota mündet man bei einem kleinen Grillplatz an einem Wegedreieck und fährt rechts bergab Ri. *'Tremosine, Limone'*. Nach 320 m auf dem Weg durch die Linkskehre bergab bleiben.

6 km 32,6 Im Valle di Bondo dem Weg links über die Bachbrücke und talauswärts folgen.

7 km 36,0 Ortsdurchfahrt Vesio: Nach am Ende leichter Auffahrt mündet man beim Ortsschild an eine Kreuzung und fährt rechts in die asphaltierte *'Via della pertica'*.

8 km 37,1 Nach kurzer Abfahrt mündet man außerhalb des Ortes an der Fahrstraße und folgt dieser rechts bergauf Ri. *'Tignale, Salo'* zurück zum Ausgangspunkt.

Wegweiser für eine etwas schwierigere, aber weitaus schönere Alternativ-Route nach Vesio:

5 km 27,0 Am Passo Nota beim Grillplatz 40 m geradeaus fahren und dann rechts über die Brücke Ri. *'Cimitero'* (winziges Schild) abzweigen. Nach 340 m in einer Rechtskehre nach den Gebäuderuinen das links zu einem Soldatenfriedhof weisende Schild *'Cimitero'* ignorieren und weiter dem Weg folgen. Dieser wird später zum Pfad, führt durch sechs Felsentunnels und wieder als Weg hinab nach Vesio. Dort mündet man bei km 38,4 an WW 7 und fährt weiter noch o.g. Wegweiser-Beschreibung.

Tips + Info

Wer bei WW 5 noch genügend Kräfte für die zusätzlichen etwa 120 Höhenmeter hat, sollte auf jeden Fall die Alternativ-Route fahren!

Anfahrt

An der Verkehrsinsel in Torbole Ri. *'Riva'* fahren, dort stets Ri. *'Brescia, Limone'* halten und der Gardesana Occidentale am Seeufer entlang bis Limone folgen. 2 km nach dem Ortsschild *'Limone'* im Ort rechts Ri. *'Tremosine 2'* abzweigen und der Straße nun stets bergauf bis Vesio folgen.

Man mündet unterhalb von Vesio an eine weitere Straße und fährt rechts Ri. *'Tignale'* (nach 30 m Ortsschild *'Vesio'*). In der Ortsmitte bei der *'Bar Sole'* geradeaus Ri. *'Tignale'* bleiben und der Straße ortsauswärts nun 2,1 km folgen.

Fahrt zum Startplatz

Kurz vor einer großen Molkerei (Alpe del Garda) zweigt rechts bei einem Heiligenschrein die Schotterstraße *'Via S. Michele'* Ri. *'Tremalzo'* ab. Hier beginnt die Tour, eine kleine Parkmöglichkeit gibt es 170 m weiter am linken Straßenrand unmittelbar vor dem Molkereigelände. Man kann auch den beschilderten Parkplatz im Ortskern von Vesio benutzen und hierher mit dem Bike anfahren (26 km, 40 Min.).

Alternative Startorte

Vesio, Rifugio Garda

Variationen

Für Cracks:

1. Trial über Malga Pra Pià: Bei km 14,1 abzweigen (siehe Tour 40).

26 LAGO DI VALVESTINO **41,5** km · **4:55** Std · **1318** Hm

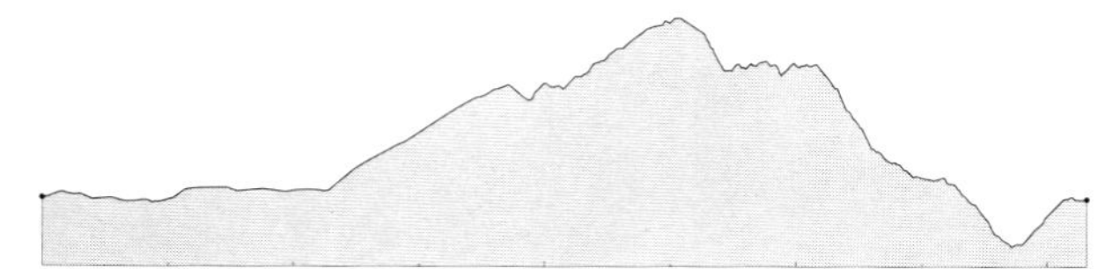

Schwere Tour! Schöne Fahrt am Valvestino-Stausee entlang. Nach langen Auffahrten über asphaltierte Straßen herrlicher, leicht abschüssiger Trial-Waldpfad. Einsame Berglandschaften. Supertour!

Beschreibung

Wo sich heute die krakenartigen Arme des künstlich aufgestauten Lago di Valvestino ausbreiten, war ehemals eine der einsamsten Regionen beim Gardasee. Vor dem Bau der kolossalen, mehr als hundert Meter hohen Staumauer am engen Talende des nördlichen Valle Toscolano, führte durch dieses Niemandsland noch nicht einmal ein befahrbarer Weg, die wenigen kargen Besiedelungen waren nur über schmale Eselspfade erreichbar. Auch nach Einzug der modernen Zivilisation mit Staumauer- und Fahrstraßenbau hat das Gebiet zwischen Lago di Garda und Lago d'Idro noch viel vom ursprünglichen Charme einsamer Bergwelten erhalten können.

Die fast nur von den Einheimischen aus den abgelegenen Bergdörfern der Umgebung benutzte Asphaltstraße läßt auch für Mountain-Biker bei der langen Rollfahrt an den Gestaden des Bandwurm-Sees genüßliches Radeln zu. Hinter Molina zieht die Piste dann kräftig hinauf nach Capovalle und über den Passo San Rocco. Nach kurzer Abfahrt zweigt man auf ein kleines Seitensträßchen zum Passo Cavallino ab. Während der Fahrt gibt es neben traumhaft schönen Blicken zum Lago d'Idro ein wirkliches Unikum: Die Straße führt mitten durch das das kleine Bergkirchlein Madonna di Rio Secco!

Am Passo Cavallino zweigt man beim gleichnamigen Rifugio auf einen Schotterweg ab, der hinter dem Passo Ganone bei einigen Almhütten endet. Im Gewirr der hier abzweigenden Karrenwege und Pfade muß man aufpassen, den richtigen Sentiero Nummer 3 ins Valle Corpaglione zu erwischen. Es folgt eine absolute Traumfahrt auf schmalem Pfad, zuerst durch die Wälder abwärts, später an teils freien Grashängen mit Ausblicken bis zu den Krakenspitzen des Lago di Valvestino. Erst am Ende muß das Bike auf kurzen Passagen auch etwas geschoben werden, bevor wieder ein Weg nach Campiglio di cima beginnt. Kurz hinter den Almgebäuden fällt die Schotterpiste sehr steil ins Valle di Campiglio ab. In prächtiger Abfahrt geht es hinaus zur Brücke über den Toscolano-Bach unterhalb der Staumauer, wo Schilder vor plötzlichen Flutwellen warnen. Den Abschluß der tollen, abwechslungsreichen Runde bildet eine nochmals etwas zähe Auffahrt auf mäßigem Weg zum Ausgangspunkt Navazzo.

Fahrstrecke

0,0	Navazzo	484	
	Abzweig 'Il Giglio'		
2,2	Fornaci	477	
5,7	Lago di Valvestino	511	0:30
11,2	Molino di Bollone	510	0:50
17,5	Capovalle	896	
18,5	Passo San Rocco	946	1:50
21,2	Mad. di Rio Secco	978	
23,1	Passo del Cavallino della Fobbia	1090	2:31
25,2		**1212**	
25,7	Passo di Ganone	1188	2:58
30,8	Campiglio di cima	1025	3:56
33,0	Valle Campiglio	689	
36,2	Maerni di sotto	546	
38,6	Valle Toscolano	**293**	4:15
39,3	Segrane	341	
41,5	Navazzo	484	4:55

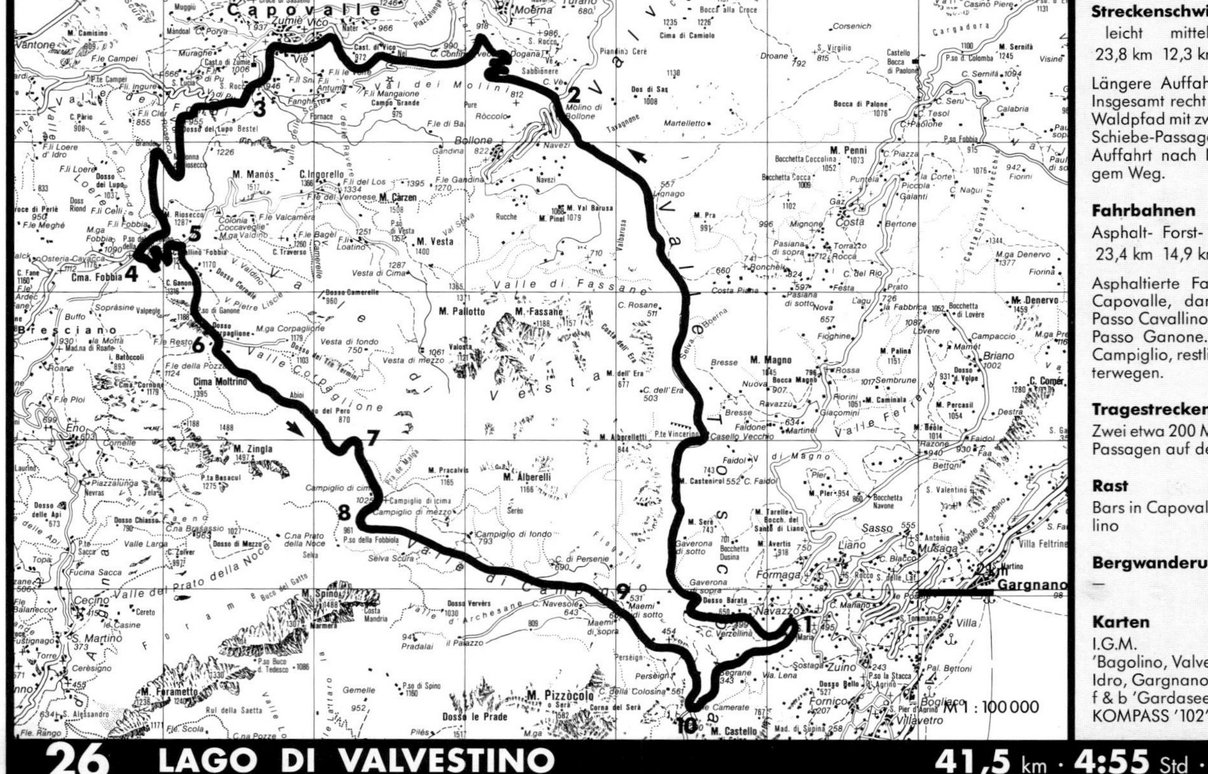

Streckenschwierigkeiten

leicht	mittel	schwer	extrem
23,8 km	12,3 km	5,0 km	0,4 km

Längere Auffahrt nach Capovalle. Insgesamt recht gut fahrbarer Trial-Waldpfad mit zwei nicht allzu langen Schiebe-Passagen. Am Ende steile Auffahrt nach Navazzo auf mäßigem Weg.

Fahrbahnen

Asphalt-	Forst-	Karrenwege	Pfade
23,4 km	14,9 km	–	3,2 km

Asphaltierte Fahrstraße bis hinter Capovalle, dann Asphaltweg bis Passo Cavallino. Forstweg bis hinter Passo Ganone. Waldpfad bis vor Campiglio, restliche Fahrt auf Schotterwegen.

Tragestrecken

Zwei etwa 200 Meter lange Schiebe-Passagen auf dem Pfad.

Rast

Bars in Capovalle, Rif. Passo Cavallino

Bergwanderungen/Gipfel

–

Karten

I.G.M.	M 1:25.000
'Bagolino, Valvestino, Idro, Gargnano'	
f & b 'Gardasee'	M 1:50.000
KOMPASS '102'	M 1:50.000

26 LAGO DI VALVESTINO

41,5 km · 4:55 Std · 1318 Hm

26 LAGO DI VALVESTINO

41,5 km · **4:55** Std · **1318** Hm

Wegweiser

1 km 0 Vom Abzweig Ri. *'Il Giglio'* in Navazzo aus der asphaltierten Fahrstraße ortsauswärts stets folgen, später hinauf zur Staumauer des Valvestino-Sees und dann am Seeufer entlang.

2 km 11,2 Nach dem hintersten Zipfel des Sees die Gebäude von Molino di Bollone passieren. Nach 200 m links Ri. *'Lago d'Idro, Capovalle'* abzweigen. Der Straße stets bergauf bis Capovalle folgen und den Ort auf der Hauptstraße bleibend durchqueren.

3 km 18,5 Hinter dem Ort am höchsten Punkt (Schild *'Passo San Rocco'*) der Hauptstraße wieder bergab folgen. Nach 730 m Abfahrt geradeaus auf eine Seitenstraße Ri. *'Treviso, Cocca-veglie, Passo Cavallino della Fobbia'* abzweigen.

4 km 23,1 Am *'Rifugio Passo Cavallino'* bei der Straßenkreuzung links bergauf Ri. *'Cocca, Veglie, Rif. G. Pirlo, Monte Spino'* fahren (nach 90 m endet die Asphaltdecke).

5 km 24,5 Nach Auffahrt und flacherer Passage in der Nähe eines Gebäudes rechts auf den Weg Ri. *'Rifugio Pirlo'* abzweigen.

6 km 26,3 Man mündet an einer Kreuzung mehrerer Wege und fährt rechts bergab Ri. *'Rif. G. Pirlo-Spino'*. Nach 110 m den Hüttenvorbau unterqueren und gleich danach links bergab über die Wiese Ri. *'Rif. Spino 3'* halten. Dem Pfad rechts zwischen den beiden rot/weiß markierten Steinen hindurch folgen und sofort danach links steil bergab nach den rot/weißen Markierungen an den Bäumen orientieren (ACHTUNG! NATURSCHUTZ! Bike hier kurz schultern!). Nun stets dem bald wieder befahrbaren und häufig markierten Hauptpfad Ri. *'Rif. Spino 3'* folgen.

7 km 29,8 Am Pfadende geradeaus über die kleine Wiesenkuppe halten und dem beginnenden Weg folgen. Nach knapp 1 km auf dem bergab führenden Weg zwischen den Almgebäuden von Campiglio di cima hindurch halten.

8 km 31,6 An einem Wegedreieck links bergab ins Valle Campiglio halten. Nach 1,4 km und steiler Abfahrt den Bachgraben nach links überqueren und dem Weg stets talauswärts folgen.

9 km 36,2 Man mündet beim Almgebäude von Maerni an einem steilen Betonweg und befährt diesen links bergab ins Valle Toscolano.

10 km 38,6 Im Tal nach Überquerung der

Anfahrt

An der Verkehrsinsel in Torbole Ri. *'Riva'* fahren, dort stets Ri. *'Brescia, Limone'* halten und der Gardesana Occidentale am Seeufer entlang bis Gargnano folgen. In Gargnano, 400 m nach der großen Kirche (*'Dom'*), rechts auf die bergauf Ri. *'Capovalle, Magasa, ...'* führende Straße abzweigen. Nach 8,1 km Auffahrt am Abzweig Ri. *'Sasso, Briano, ...'* auf der Hauptstraße Ri. *'Lago d'Idro, Valvestino, Navazzo, ...'* bleiben.

Fahrt zum Startplatz

Den nächsten Ort, Navazzo, durchqueren. 900 m nach dem o.g. Abzweig Ri. *'Sasso, Briano, ...'* zweigt am Ortsende von Navazzo bei einem größeren, flachen Industriegebäude links eine Straße Ri. *'Il Giglio'* (Restaurant für Fischspezialitäten) ab. Hier beginnt die Tour, Parkmöglichkeiten gibt es ausreichend in der Seitenstraße (40 km, 50 Min.).

Alternative Startorte

Lago di Valvestino, Capovalle, Passo Cavallino, Gaino (mit kurzer Bike-Anfahrt zur Tour ins Valle Toscolano), Toscolano (mit Bike-Auffahrt nach Gaino), Gargnano (mit Bike-Auffahrt nach Navazzo)

Brücke dem Schotterweg links bergauf folgen. Nach 200 m an der Verzweigung bei der Ruine auf dem rechten Wegast bergauf bleiben und dieser meist mäßigen Piste nun stets bis hinauf zum Ausgangspunkt in Navazzo folgen.

Tips + Info

Nicht zu empfehlen ist eine sich nach Augenschein von den Landkarten her eventuell empfehlende Erweiterung der Tour vom Passo della Fobbiola aus über den Sentiero dei Ladroni zum Passo Spino und durchs Valle Archesane hinaus ins Valle Toscolano. Der Sentiero ist in dieser Richtung weitgehend unbefahrbar und der Weg ins Valle Archesane bis Il Palazzo eine sehr üble Grob-Schotterpiste.

Die auf den Militärkarten eingezeichnete, vom Valle Campiglio abzweigende Route am Berg von Fiogarie entlang, hinab zum Toscolano-Bach und über Caverona zur asphaltierten Fahrstraße bei Fornaci ist auf der zweiten Hälfte ein steil abfallender, weitgehend unbefahrbarer Pfad und nicht zu empfehlen.

Die Gegend um den Valvestino-See hält für Einsteiger einige leichte Stich-Tourenmöglichkeiten auf asphaltierten Straßen zu den einsam in den Bergen liegenden Dörfern Costa, Cadria, Magasa, Persone, Moerna oder zum gleichnamigen Rifugio beim Passo del Cavallino della Fobbia bereit. Wer nicht auf dem Anfahrtsweg zurückfahren möchte, kann die meisten Routen auch zu Rundtouren verbinden. Dann werden allerdings in der Regel richtige MTB-Touren, meist mit Offroad-Passagen auf Trial-Pfaden, daraus.

Die beschriebene Tour wird etwas schwerer, wenn man sie in umgekehrter Richtung befährt. Der Weg im hinteren Valle Campiglio ist allerdings sehr steil und so nur zum Teil befahrbar. Das gleiche gilt für den Sentiero 3.

Wer von Capovalle aus eine Verbindung zum Lago d'Idro sucht und nicht auf der Fahrstraße zum südlichen Seeufer fahren möchte, zweigt am besten im Ort nach Moerna ab. Dort führt ein Weg zum Bocca di Cocca und später als Pfad über den Cingolo Rosso und Tonèl ins Valle delle Freole und weiter nach Bondone. Man kann nun die Asphaltstraße hinab zum See benutzen und kommt so auch über Storo, den Passo d'Ampola und das Ledrotal wieder zurück nach Riva (alles Fahrstraßen). Eine tolle Route zurück zum Valvestino-See führt von Bondone hinauf zum Bocca di Cablone und über Malga Alvezza oder Pilasten sowie Magasa.

Variationen

Auch probieren:

1. Über Magasa, Cadria: Eine im Charakter ähnliche Tourenschleife führt am Ende des Valvestino-Sees an WW 2 geradeaus ins Valvestino-Tal nach Magasa und Cadria. Auf Karrenwegen und Pfaden geht es hinab ins Tal des Droanello-Bachs und auf teils unbefahrbar steiler Piste hinauf zum Bocca Paolone. Von dort über Costa (auf Asphalt) oder Passo di Fobia und Briano (Forstweg, Trial-Pfad, Asphalt) zurück nach Navazzo.

2. Über Magasa, Passo di Scarpape, Passo d'Ere: Ähnliche Route wie Variation 1. Dazu von Magasa über Pilasten oder Malga Alvezza ins Valle di Campei und auf Forstwegen mit kurzer Pfadpassage über Passo di Scarpape und Passo d'Ere zum Bocca Paolone. Dort weiter wie oben.

3. Über Moerna, Persone, Magasa: Eine tolle, einfache Route führt von Capovalle aus am Monte Stino entlang über Moerna und Persone zur Ponte Franato, nach Magasa und auf Asphalt durchs Valvestino-Tal zurück zum Valvestino-See.

4. Über Eno, Cecino, Val Degagna: Sehr schöne MTB-Route auf schmalem Weg durch ein einsames Tälchen. Dazu beim Passo Cavallino (WW 4) auf den Weg an la Motta vorbei nach Eno und Cecino und durchs Valle del Prato della Noce hinauf zum Passo della Fobbiola.

27 CIMA CASET

22,9 km · 3:35 Std · 1228 Hm

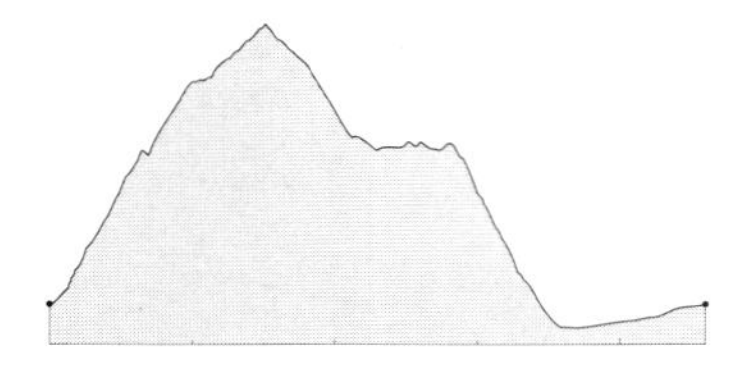

Schwere Tour! Lupenreine Gipfelfahrt mit nur anfangs sehr steiler Piste. Später tolle, meist einfache Trial-Waldpfade in herrlicher Einsamkeit. Traumtour!

Beschreibung

Der absolute Traum für Liebhaber nicht allzu schwerer Trial-Pfade ist diese lupenreine Gipfelfahrt auf das kleine Bergmassiv des Cima Casèt. Erst wenige Meter unterhalb des höchsten Punktes kommt das Bike nicht mehr voran, nur einige Schritte noch führen zum Gipfelglück. Nicht weit vom belebten Tremalzo-Gebiet kann in luftiger Einsamkeit das herrliche Rundum-Panorama mit Lago di Ledro, Val di Concei, Alpen-Hauptmassiv und Monte Tremalzo genossen werden, bevor man sich wieder auf den nicht minder faszinierenden Offroad-Parcours hinab zum Ufer des gleichnamigen Sees im Ledro-Tal stürzt.

Bester Startplatz für diese Runde ist Tiarno. Nur wer sich vorher etwas einfahren möchte, beginnt direkt am Ledrosee, denn gleich hinter dem Ortsteil mit dem Zusatz di sopra neigt sich die Karrenweg-Piste zur mächtigen Rampe. Fast ununterbrochene Steilpassagen liegen oft an der Grenze der Befahrbarkeit, bis der Übergang zu einem Pfad den genußvolleren Teil der Arbeit signalisiert. Am Cima Vai vorbei biked sich's nun wunderschön durch die Wälder hinauf zur Malga Casèt und bis kurz vor den Bocca Casèt. Hier folgt im wahrsten Wortsinne der Gipfel der Runde. Anfangs noch ein kurzes Stück Forstweg, bald aber ein Bergpfad, der auf schmalster Fahrbahn an den freien Grashängen schnurstracks zum höchsten Punkt leitet.

Nach Erkundung der Gipfelregion von Cima Casèt und seiner noch etwas höheren namenlosen Zwillings-Erhebungen per pedes, geht es auf gleichem Weg zurück zum Bocca Casèt. Ein Forstweg zweigt durch die Hangöffnung hinab zur Malga Giu. Kurz vor der Alm biegt man auf einen stets oberhalb des Weidegeländes am Waldrand durch schroffe Felsen ziehenden Pfad ab. Fast stets auf annähernd gleichem Niveau, mit nur kurzen Auf- und Abfahrten, rollt man auf herrlicher Piste durch die einsamen Waldhänge oberhalb des Val Pubrei zum Kirchlein von San Martino. Zum Abschluß wartet der totale Sinkflug in den Orkus. Ein extrem steiles Betonband fällt zu den Ufern des Ledrosees ab und nach möglicher Badepause beschließt eine unspektakuläre, flache Rückfahrt über Seiten- und Hauptstraßen dieses wahrhaft traumatisch schöne Trial-Erlebnis.

Fahrstrecke

km	Ort	Hm	Zeit
0,0	Tiarno di sopra nähe Sägewerk	742	
3,3	Cima Vai	1287	
5,6	Malga Casèt	1551	1:30
6,2	beim Bocca Casèt	1611	1:37
7,5	Cima Casèt	**1740**	1:52
8,9	Bocca Casèt	1608	2:00
11,5	bei Malga Giu	1290	
14,7	S. Martino	1225	2:46
17,8	Lago di Ledro	662	3:09
18,3	Pieve	**658**	
21,0	Ponte di Dalena	693	
22,9	Tiarno di sopra	742	3:35

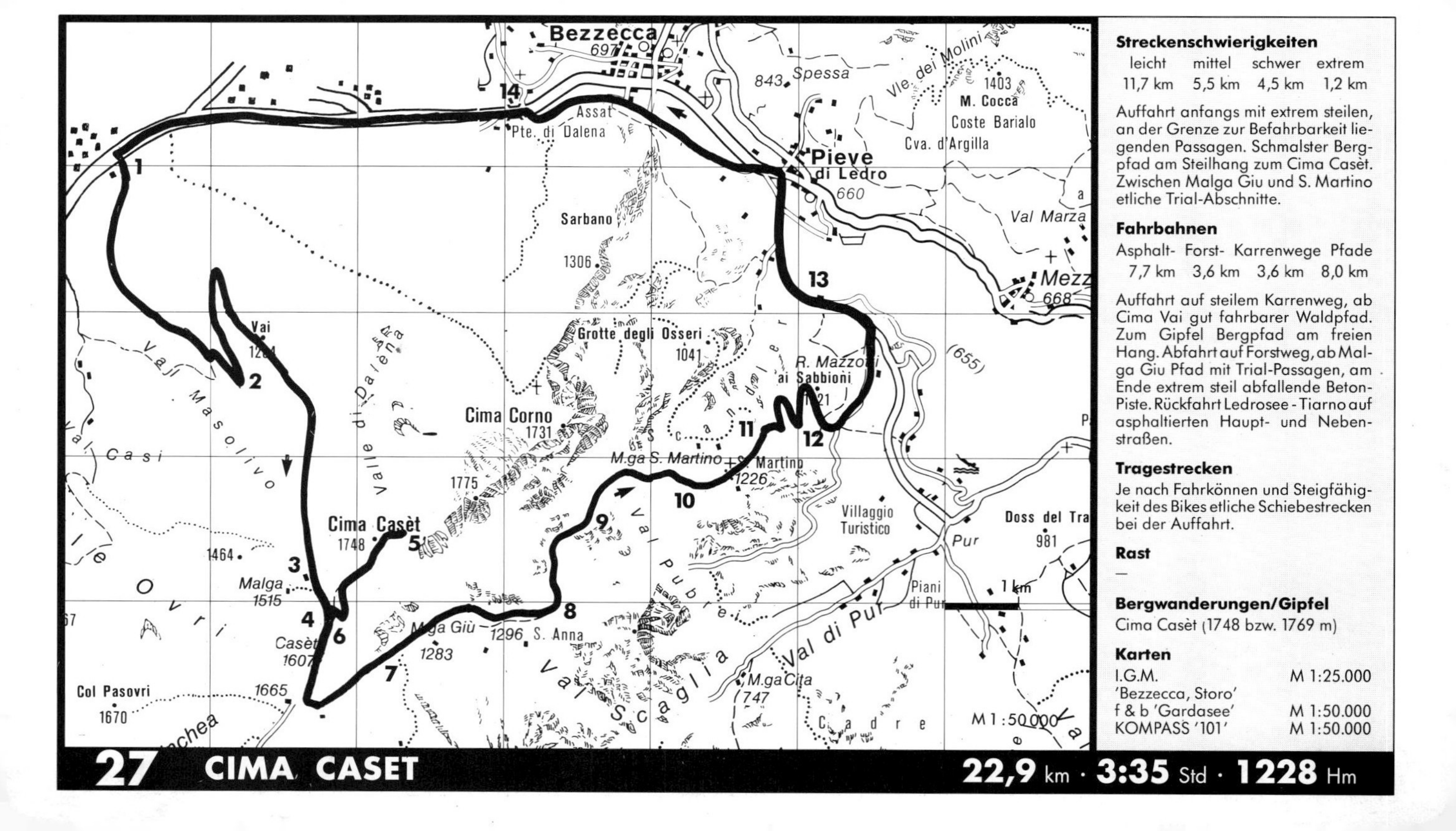

Streckenschwierigkeiten

leicht	mittel	schwer	extrem
11,7 km	5,5 km	4,5 km	1,2 km

Auffahrt anfangs mit extrem steilen, an der Grenze zur Befahrbarkeit liegenden Passagen. Schmalster Bergpfad am Steilhang zum Cima Casèt. Zwischen Malga Giu und S. Martino etliche Trial-Abschnitte.

Fahrbahnen

Asphalt-	Forst-	Karrenwege	Pfade
7,7 km	3,6 km	3,6 km	8,0 km

Auffahrt auf steilem Karrenweg, ab Cima Vai gut fahrbarer Waldpfad. Zum Gipfel Bergpfad am freien Hang. Abfahrt auf Forstweg, ab Malga Giu Pfad mit Trial-Passagen, am Ende extrem steil abfallende Beton-Piste. Rückfahrt Ledrosee - Tiarno auf asphaltierten Haupt- und Nebenstraßen.

Tragestrecken

Je nach Fahrkönnen und Steigfähigkeit des Bikes etliche Schiebestrecken bei der Auffahrt.

Rast

–

Bergwanderungen/Gipfel

Cima Casèt (1748 bzw. 1769 m)

Karten

I.G.M. 'Bezzecca, Storo'	M 1:25.000
f & b 'Gardasee'	M 1:50.000
KOMPASS '101'	M 1:50.000

27 CIMA CASET

22,9 km · 3:35 Std · 1228 Hm

27 CIMA CASET

22,9 km · **3:35** Std · **1228** Hm

Wegweiser

1 km 0 Den von der Hauptstraße abzweigenden Weg am Wohngebäude vorbei befahren. Nach 70 m am schwarzen Kreuz rechts, nach 40 m an der Wegverzweigung links bergauf halten und dem teilweise extrem steilen Weg nun stets folgen.

2 km 2,7 Auf dem Weg durch die Linkskehre Ri. *'Bocca Casèt 416'* bleiben. Nach 260 m an der Verzweigung dem rechten, anfangs sehr steinigen Pfadast bergauf folgen. Nach 100 m dem Pfad durch die Rechtskehre und am rot/weiß markierten Fels vorbei nun stets folgen.

3 km 5,6 Die *'Malga Casèt'* passieren und dem Karrenweg oberhalb des Almgeländes entlang stets bergauf folgen.

4 km 6,2 Man mündet etwas unterhalb eines Gebäudes an einen Weg und befährt diesen links bergauf. Nach 520 m am Wegende rechts auf den bald durch eine Linkskehre führenden Pfad abzweigen.

5 km 7,5 Am Ende des befahrbaren Pfades das Bike zurücklassen, in wenigen Minuten ist der Gipfel zu Fuß erreichbar. Anschließend auf gleichem Weg zurückrollen.

6 km 8,8 Nach Rückfahrt den rechts von der Malga Casèt her mündenden Anfahrtsweg liegen lassen und 70 m weiter zum *'Bocca Casèt'* fahren. Dort links auf den bald abschüssigen Weg durch die Hangöffnung Ri. *'Chiesetta S. Anna-Giu'* abzweigen.

7 km 10,6 In einer Rechtskehre vom Weg geradeaus auf den Pfad am Fels vorbei Ri. *'S. Martino, Pieve 456'* abzweigen und diesem stets oberhalb des Almgeländes entlang folgen.

8 km 12,0 Am kleinen Gedenkstein dem ebenen Pfad durch die Linkskehre folgen.

9 km 13,7 Einen rechts bergab führenden Pfad liegen lassen und auf der inzwischen zum Karrenweg verbreiterten Piste durch die Linkskehre bergauf bleiben. Nach 240 m bei der Pfadkreuzung rechts auf dem rot/weiß markierten Zweig bergauf halten (links ist Ri. *'M. Corno, C. Casèt'* beschildert).

10 km 14,4 Die links oben stehende Hütte passieren, dem Pfad geradeaus bergab und dann in leichter Linkskehre folgen. Nach ca. 300 m am Kirchlein S. Martino über die erodierte Pfadspur rechts am Wiesenhang abwärts zu den beiden Hütten halten. Dort den zwischen den Gebäuden steil nach links bergab führenden,

Anfahrt

An der Verkehrsinsel in Torbole Ri. *'Riva'* fahren und dort stets Ri. *'Lago di Ledro'* oder *'Val di Ledro'* halten. Nach Passieren des Tunnels ins Ledro-Tal stets auf der Hauptstraße über Biacesa, Pre, Molina und am Ledro-See vorbei bis Tiarno di sopra fahren.

Fahrt zum Startplatz

Am Abzweig Ri. *'Tiarno di sopra'* auf der Hauptstraße Ri. *'Brescia, Storo'* bleiben. Nach 150 m zweigt, noch vor dem Sägewerk, an einem einzelnen Wohngebäude links ein Asphaltweg ab. Hier beginnt die Tour, eine Parkmöglichkeit gibt es bei dem Gebäude (25,3 km, 33 Min.).

Alternative Startorte

Lago di Ledro, Pieve

rot/weiß markierten Waldpfad befahren.

11 **km 15,3** Man mündet an einem betonierten Weg und befährt diesen nach rechts überwiegend sehr steil bergab.

12 **km 16,6** Bei den ersten Häusern die Schranke passieren und der Asphaltstraße stets bergab bis zum Ufer des Ledrosees folgen.

13 **km 17,8** Ortsdurchfahrt Pieve: Fast auf Seehöhe geradeaus auf der Asphaltstraße bleiben. Nach 1 km bei Mündung an der Hauptstraße dieser nach links folgen und nach 200 m, kurz vor einer AGIP-Tankstelle, links auf den Asphaltweg an den Tennisplätzen vorbei abzweigen.

14 **km 21,0** Man mündet bei der Ponte di Dalena wieder an der Hauptstraße und folgt dieser nach links nun stets bis zurück zum Ausgangspunkt in Tiarno di sopra.

Tips + Info

Wer bei dieser Tour unterwegs eine Rastmöglichkeit sucht, kann nach Rückfahrt vom Gipfel des Cima Casèt am Bocca Casèt (WW 6) geradeaus bleiben und dem unproblematischen Weg in kurzem Abstecher bis zur Tremalzo-Region folgen. Dort mündet man am Rifugio Garibaldi, etwas höher, über die asphaltierte Fahrstraße erreichbar, liegt das Rifugio Garda. In diesem Fall entscheidet man sich sogar vielleicht für eine Fortsetzung der Fahrt über die Tremalzo-Schotterstraße zum Passo Nota, wo es dann ebenfalls einige Abfahrtsmöglichkeiten zum Ledrosee gibt. Sehr trialmäßig sind die Pisten (Karrenwege und Pfade) durchs Val Fontanine und Val Casarino, eine leichte Forstweg-Route zweigt etwas weiter am Bocca dei Fortini ab und führt nach Molina.

Der von Tiarno di sotto hinauf zum Cima Vai ziehende Pfad ist bergauf völlig unbefahrbar. Er kann aber sehr gut für Kurzversionen der beschriebenen Tour bergab genutzt werden. Dazu bei WW 2 (oder nach Rückfahrt vom Gipfel) an der Pfadverzweigung nicht dem rechten Ast bergauf folgen, sondern dem linken, fast ebenen Pfad geradeaus. In toller Trial-Fahrt führt dieser hinab nach Camè und mündet bei Tiarno di sotto an der Hauptstraße.

Trapper können bei WW 8 die Piste verlassen und auf nicht erkennbarem, gleichwohl in den Karten verzeichnetem Pfad durch den Wald abwärts gehen, bis sie nach etwa 15 Min. im Bachgraben des Val Pubrei auf einen neuen, dort beginnenden Forstweg treffen, der mit den schönsten Ausblicken zum Ledro-See führt.

Variationen

Für Einsteiger:

1. Auffahrt über Tremalzo-Fahrstraße: Etwas einfacher fahrbar, aber auch nicht gerade leicht, ist die Auffahrt über die asphaltierte Fahrstraße nach Tremalzo, die am Passo d'Ampola beschildert abzweigt. Am Rifugio Garibaldi dann links auf den Forstweg zum Bocca Casèt abzweigen und dort weiter nach der Tourenbeschreibung ab WW 4 fahren.

2. Abfahrt über Tremalzo-Fahrstraße: Wer der Trial-Abfahrt zum Ledro-See ein rauschendes Asphalt-Downhill vorzieht, fährt bei WW 6 geradeaus bis zum Rifugio Garibaldi und rollt auf der Fahrstraße zum Passo d'Ampola ab.

Für Cracks:

3. Val Scaglia: Eine beinharte Trial-Prügelstrecke führt von der Malga Giu hinab ins Pian di Pur. Dazu bei WW 7 auf dem Weg durch die Rechtskehre hinab zur Malga Giu bleiben, unmittelbar am Almgebäude rechts über die Wiesen zum Waldrand hin halten, wo ein Karrenweg (später Pfad) beginnt, der bald extrem steil und steinig wird.

Auch probieren:

4. Über Passo di Tremalzo: Statt direkt zum Ledro-See, kann man ab WW 6 auch über den Tremalzo-Paß zum Passo Nota oder Bocca dei Fortini fahren, wo es diverse Abfahrtsmöglichkeiten zum See gibt.

28 MONTE CASALE

28,3 km · 4:20 Std · 1363 Hm

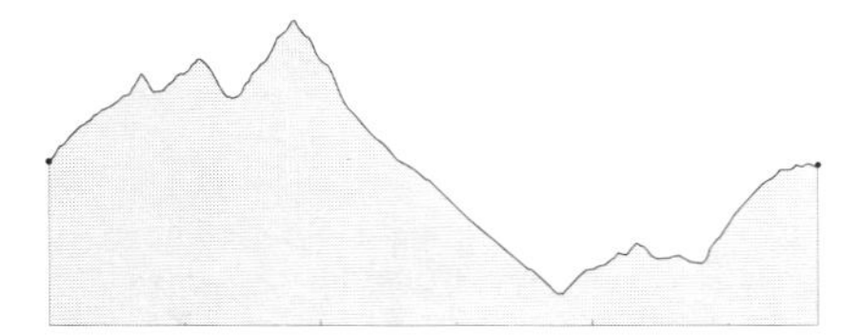

Sehr schwere Tour! Totale Offroad-Fahrt zum traumhaften Gipfelplateau des Monte Casale. Superblicke auf die Brenta, die umliegenden Täler mit sieben Seen und bis zum Lago di Garda. Traumtour!

Beschreibung

Die Brenta ist wohl eine der faszinierendsten Gebirgsgruppen der Alpen. Vor Millionen von Jahren war sie noch der Grund des Trias-Meeres. Dann entstanden durch Auswaschungen des Dolomitgesteins auf engstem Raum steile glatte Wände, zerklüftete, hohe Gipfel und kühne, bizarr geformte Türme mit tiefen Felsspalten dazwischen. Für Biker bleibt diese einzigartige Hochgebirgswelt leider nur ein schöner Traum. Man muß schon erfahrener Bergsteiger sein, will man auch nur den Brenta-Höhenweg Via delle Bocchette begehen. Ein wenig von der Faszination kann jedoch auch der Velo-Alpinist zumindest aus der Ferne beobachten. Das flache Gipfelplateau des Monte Casale scheint als erstklassige Aussichts-Terrasse auf die Brenta angelegt und so ganz nebenbei liegen von hier oben zahlreiche Täler mit insgesamt sieben Seen einschließlich des Lago di Garda im Blickfeld des bei Ankunft auf diesem Präsentierteller nur atemlos staunenden Betrachters.

Da die Tour selbst schon schwer genug ist, fährt man am besten mit dem Auto nach San Giovanni auf. Cracks bleibt natürlich auch der Start mit dem Bike bei der Kirche in Varignano unbenommen. Ein Forstweg zieht oberhalb der Streusiedlung durch den Hochwald, bis man auf den Pfad zum Casale abzweigt. In herrlicher Offroad-Fahrt schleicht man nun im wahrsten Wortsinne durch die Prärie, Almgelände wechseln mit Wald- und Steppenpassagen. Fast sollte der Kompaß zur Mitnahme empfohlen werden, über weite Strecken ist die Pfadspur nämlich nicht mehr zu erkennnen. Es gehört schon etwas Spürsinn oder einfach nur Glück dazu, auf der richtigen Fährte zu bleiben, eine Irrfahrt bleibt es allemal!

Erste echte landschaftliche Faszination bietet die Tour bei den steilen Hangabbrüchen von Vendesi. Der Pfad führt dort immer an der Hangkante hoch über dem Sarca-Tal mit der Felstrümmer-Landschaft der Marocche entlang. Ein Wäldchen mit wurzeliger, zerklüfteter Fahrbahn fordert allerdings auch den totalen Trial-Spezialisten, wenn man hier fahrend durchkommen will. Im Anschluß zieht ein Karrenweg außerordentlich steil und oft an der

Fahrstrecke

km	Ort	Hm	Zeit
0,0	San Giovanni	1104	
	Forstweg zum Casale		
2,4	Pfadabzeig	1310	
3,2	Pra di Muci	1389	0:40
4,3	Malga Val Bona	1375	0:51
5,5		1488	
7,0	Vendesi	1350	1:25
8,7	Rifugio Don Zio	1593	1:55
9,0	Monte Casale	**1632**	2:02
9,3	Rifugio Don Zio	1593	
18,8	Comano	**620**	2:51
21,6	Steinkreuz	815	
22,5	Lundo	751	3:22
24,0	Forstweg	736	
26,9	Malga di Vigo	1087	4:05
28,0	Marcarie	1105	
28,3	San Giovanni	1104	4:20

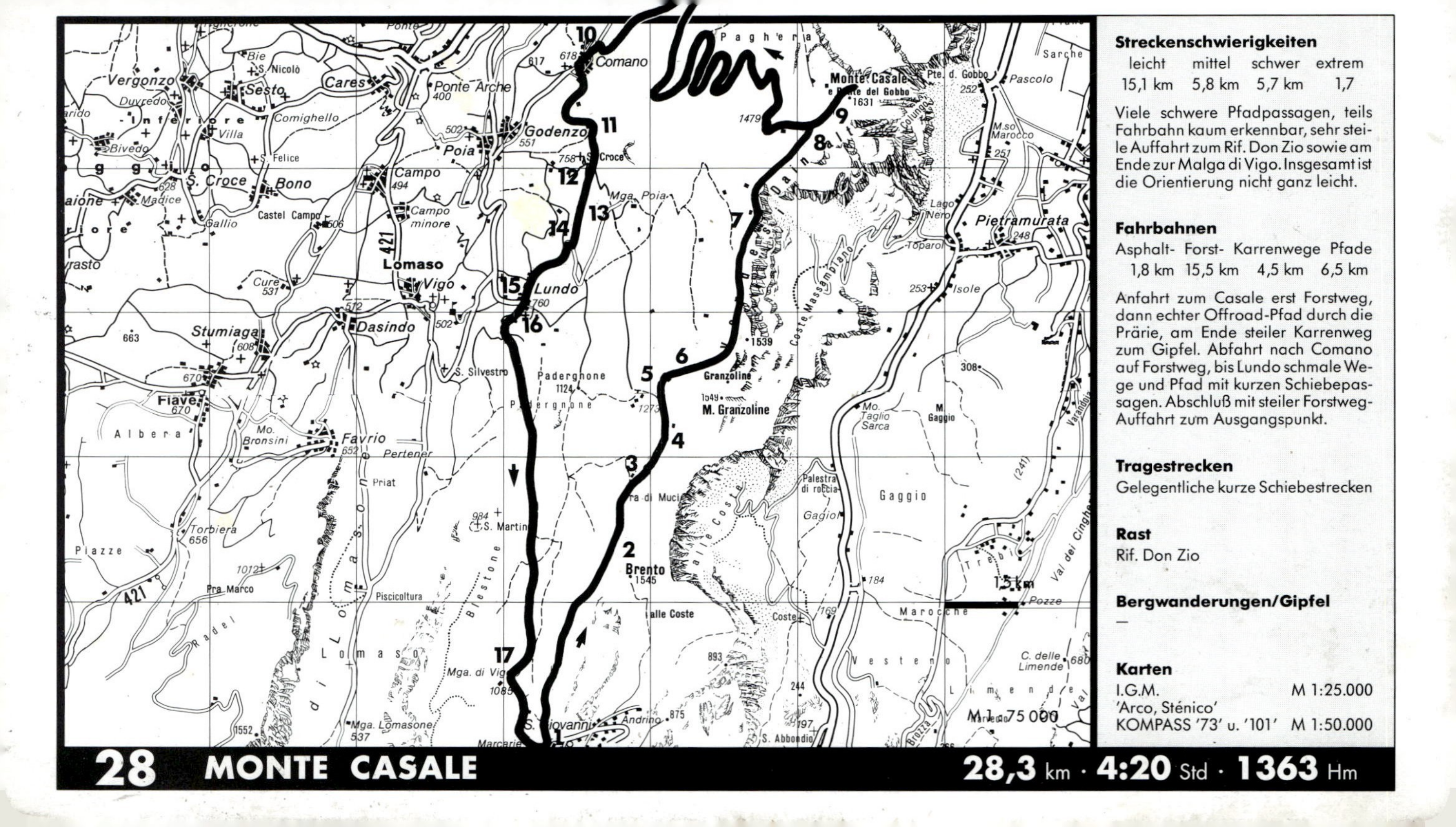

28 MONTE CASALE

28,3 km · 4:20 Std · 1363 Hm

Streckenschwierigkeiten

leicht	mittel	schwer	extrem
15,1 km	5,8 km	5,7 km	1,7

Viele schwere Pfadpassagen, teils Fahrbahn kaum erkennbar, sehr steile Auffahrt zum Rif. Don Zio sowie am Ende zur Malga di Vigo. Insgesamt ist die Orientierung nicht ganz leicht.

Fahrbahnen

Asphalt-	Forst-	Karrenwege	Pfade
1,8 km	15,5 km	4,5 km	6,5 km

Anfahrt zum Casale erst Forstweg, dann echter Offroad-Pfad durch die Prärie, am Ende steiler Karrenweg zum Gipfel. Abfahrt nach Comano auf Forstweg, bis Lundo schmale Wege und Pfad mit kurzen Schiebepassagen. Abschluß mit steiler Forstweg-Auffahrt zum Ausgangspunkt.

Tragestrecken

Gelegentliche kurze Schiebestrecken

Rast

Rif. Don Zio

Bergwanderungen/Gipfel

—

Karten

I.G.M. M 1:25.000
'Arco, Sténico'
KOMPASS '73' u. '101' M 1:50.000

28 MONTE CASALE

28,3 km · 4:20 Std · 1363 Hm

Grenze zur Befahrbarkeit hinauf zum Rifugio Don Zio. Wer es noch aushält fährt gleich, ansonsten nach erholsamer Rast, am Rifugio vorbei die wenigen Minuten zum Gipfelplateau des Monte Casale. Einer der traumhaftesten Panoramaplätze des Trentino hat rundum alles im Angebot, was das Herz höher schlagen läßt. Neben den schon beschriebenen Brenta- und Lago-Blicken zahlreiche Täler mit weiteren Seen, dahinter die weißen Gletschergipfel von Adamello und Presanella oder die Zacken der Dolomiten. Ein kleiner Marmortisch in Form eines halbrunden Stehpultes informiert über die umliegenden Gipfel und ihre Höhen. Das schönste Plätzchen aber liegt an der Hangkante zum Sarca-Tal. Hier an der zerklüfteteten Ostseite des Berges wachsen zahlreiche kleine Felstentürmchen in die Höhe, auf denen sich herrlich in der Sonne dösen läßt. Mehrere tausend Klafter weiter unten die miniaturhafte Ebene vor den umgebenden Bergriesen, am südlichen Horizont der glitzernde Lago di Garda - hier läßt sich's wahrlich trefflich sein!

Träumer müsen sich nach stundenlangem Verweilen endlich losreißen, denn die weitere Fahrt über Comano nach Lundo und zurück nach San Giovanni hält noch einige Aufgaben bereit und wer am Ende nicht unter Sternen strampeln möchte, sollte den letzten Pausengong gefälligst nicht überhören. Immerhin wartet ein weiterer Höhepunkt, fast zehn Kilometer mißt die Downhill-Route durch die bewaldeten Westhänge des Casale bis Comano. Wer es dort komfortabel vorzieht, bleibt einfach weiter auf der beginnenden Asphaltstraße noch eine Etage tiefer nach Lomaso, muß dann aber wieder einige zusätzliche Höhenmeter nach Lundo zurücklegen. Weit interessanter ist da die beschriebene Strecke. Man bleibt immer oben am Talhang und quert auf einsamsten, aber auch teilweise etwas wüsten Offroad-Pisten nach Lundo.

Hinter dem Ort geht es zunächst noch auf breitem Pfad weiter bis zur Mündung an einem aus dem Lomasone-Tal heraufziehenden Forstweg. In bereits etwas ausgelaugtem Zustand wird das Folgende zum wohl härtesten Stück Arbeit für den Biker bei dieser Runde. Betonierte Wegabschnitte zeigen an, daß es nun häufiger extrem steil nach oben geht. Am Heiligenschrein beim Hügel von San Martino kann man dem Himmel für die montierten Kleinst-Untersetzungen danken. Erst kurz vor der Malga di Vigo läßt der Neigungswinkel wieder etwas aus und hinter der Alm ist die Sache auch schon gelaufen. Auf der flachen Hochebene rollt man hinüber zu den Bauernhütten von Marcarie und taucht über den Sattel zum Ausgangspunkt oberhalb von San Giovanni.

Wer sich nach dieser Irrfahrt wie Odysseus beim Einlaufen in den Heimathafen fühlt, sollte sich nicht allzu laut über seine mitgeführte, ungenaue Landkarte auslassen. Etwa die Hälfte der Tour ist nämlich auf keiner der erhältlichen Blätter richtig verzeichnet, meist fehlen bestimmte Abschnitte sogar ganz. Selbst die Militärkarten weisen hier Lücken auf und führen leicht in die Irre. Aber schließlich war man dafür bei den Sirenen auf dem Casale und hatte im Gegensatz zum antiken Helden seinen Kompaß zur Hand ...

Anfahrt

An der Verkehrsinsel in Torbole Ri. *'Riva'* fahren. Nach 800 m rechts Ri. *'Arco'* abzweigen und nach 4 km am Kreisverkehr Ri. *'Arco'* bleiben. In Arco bei Mündung an der Hauptstraße dieser nach links folgen und nach 400 m rechts Ri. *'Varignano, ...'* abzweigen. Der Straße 1,9 km folgen und dann rechts Ri. *'Varignano, Padaro, San Giovanni'* abzweigen. Den Ort geradeaus durchqueren und der Straße an der Kirche vorbei bald stets bergauf bis San Giovanni folgen.

Fahrt zum Startplatz

500 m nach dem Ortsschild *'San Giovanni'* rechts auf den Schotterweg Ri. *'Monte Brento, Monte Casale, Rif. Don Zio'* abzweigen und nach 100 m auf dem kleinen Parkplatz vor der Schranke parken. Hier beginnt die Tour (20 km, 40 Min.).

Alternative Startorte

Varignano (mit Bike-Anfahrt nach San Giovanni)

Wegweiser

1 km 0 Den Forstweg an der grünen Schranke vorbei befahren. Nach 560 m, kurz nach der Hütte, auf dem rechten Wegzweig bergauf Ri. *'Brento, Casale'* nach rot/weißer Markierung bleiben.

2 km 2,4 An einer Wegekreuzung (links führt der Weg Ri. *'Casale'* bald bergab weiter) geradeaus auf den blau und gelb markierten Pfad bergauf abzweigen. Nach 250 m die rechts abzweigende Pfadspur liegen lassen.

3 km 3,2 Die verfallene Almhütte der Pra di Muci rechts passieren und stets geradeaus auf der kaum erkennbaren Pfadspur übers Wiesengelände bleiben. Nach ca. 300 m ist zwischen den Büschen der Pfad wieder deutlich erkennbar und führt leicht nach links bergab, bald als Hohlweg durch den Wald.

4 km 3,9 Im Almgelände auf die verfallene Hütte zusteuern, diese passieren und dem Pfad am Hang entlang bergauf in den Wald folgen.

5 km 5,0 Wenn es wieder leicht bergab geht, ist in Blickrichtung erstmalig das noch weit entfernte Rifugio Don Zio auf dem Casale zu sehen. Da der Pfad inzwischen verschwunden ist, hier leicht rechts orientieren und schräg am Waldhang bergauf halten. Bald führt ein wieder deutlich erkennbarer Pfad zu einem Gebäude mit blauen Fensterläden.

6 km 5,3 Das Gebäude passieren, nach 120 m der Graswegspur etwa 50 m rechts bergauf folgen und links auf die Pfadspur auf dem Bergrücken entlang abzweigen. Nach 250 m den Grasweg leicht links durch die kleine Senke befahren, wieder rechts halten, das in 30 m Entfernung stehende Schild *'Aqua'* passieren und bald dem Pfad durch das Wäldchen folgen.

7 km 7,0 Nach dem Wäldchen geradeaus Ri. *'Rifugio Don Zio'* und nach 180 m am Hinweisschild *'Aqua del Duson'* vorbei geradeaus bergauf Ri. *'Monte Casale'* bleiben.

8 km 7,8 Bei mit *'411'* und *'426'* markierten Steinen mündet man an einen breiteren Karrenweg und folgt diesem nach rechts. Nach 30 m ist Ri. *'Rifugio Don Zio'* beschildert.

9 km 8,7 Das Rifugio passieren und dem Weg noch 330 m zum Gipfelplateau des Casale folgen. Anschließend zu WW 8 zurückrollen, dort dann am Anfahrtsweg vorbei geradeaus bleiben und dem Weg stets bergab bis Comano folgen (bei km 11,2 den linken Wanderwegab-

Variationen

Für Einsteiger:

1. Rückfahrt über Malga Poia: Etwas leichter wird die Tour, wenn man vom Casale aus nicht weit hinab ins Tal nach Comano, sondern über die Malga Poia zurück nach S. Giovanni fährt. Dazu auf dem Anfahrtsweg bis in die Gegend von Vendesi zurückrollen (nahe dem Schild *'Aqua del Duson'*), dort dem Karrenweg hinab zur Malga und dem Forstweg zurück nach S. Giovanni folgen.

Für Cracks:

2. Start in Varignano: Beträchtlich schwerer wird die ganze Runde, wenn man mit dem Bike bereits in Varignano startet und die Fahrt mit der San-Giovanni-Tour kombiniert.

3. Casale-Marathon: Eine Riesenrunde kann man bei Kombination der Touren 15, 24 und 28 zusammenstellen. Nur für Top-Athleten!

4. Val di Lomasone: Statt über die Malga di Vigo wieder nach Marcarie und San Giovanni aufzufahren, kann man ab Comano oder Lundo auch über Val di Lomasone (am Ende mit unbefahrbarem Geröllpfad), Treni und Gorghi zurück zum Ausgangspunkt fahren.

Auch probieren:

5. Comano-Lundo auf Asphalt: Wer in Comano keine Lust auf Trial mehr hat, benutzt die Fahrstraße ins Tal und wieder hinauf nach Lundo.

zweig Ri. *'Comano'* liegen lassen).

10 km 18,6 Ortsdurchfahrt Comano: Kurz vor dem Ort der beginnenden Asphaltstraße durch die Linkskehre bergab folgen. Nach 210 m bei der *'Albergo Panoramica'* auf den zweiten, nach links abzweigenden Asphaltweg steuern (den weißen Pfeilen auf der Fahrbahn folgend). Nach 70 m bei der Wegekreuzung geradeaus leicht bergauf bleiben und bald unter zwei Häuserbögen durchfahren. Nach dem zweiten Bogen am Brunnen vorbei den schmalen, von Mauern begrenzten Asphaltweg leicht links bergauf Ri. *'Chiesetta, S. Croce'* ansteuern und diesem ortsauswärts nun stets folgen.

11 km 19,8 Beim Asphaltende rechts auf den ebenen Weg steuern, nach 250 m das Wiesengelände überqueren und an dessen Ende leicht links hoch auf die Öffnung am Waldrand zusteuern. Dort den steinigen Karrenweg überqueren und gegenüber dem nur leicht ansteigenden Waldpfad folgen (nach weißem Pfeil).

12 km 20,5 Das Wasserhäuschen passieren, den schmalen Weg überqueren und den anfangs sehr mäßigen Pfad bergauf befahren.

13 km 20,9 Im Wiesengelände an einem kleinen Felsstein der Pfadspur einige Meter links am Hang hinauf, dort 60 m weiter, am Ende der Wiesen 30 m links bergauf und dem Pfad wieder leicht bergab in den Wald hinein folgen. Im nächsten Wiesengelände links stets am Waldrand entlang halten.

14 km 21,3 Bei Mündung an einem Weg diesen links bergauf befahren. Nach 320 m stößt man bei einem Steinkreuz auf einen breiteren Forstweg und folgt diesem rechts bergab.

15 km 22,2 Ortsdurchfahrt Lundo: Beim ersten Gebäude geradeaus auf der Asphaltstraße bleiben, zwei Haustorbögen durchfahren und am großen Dorfplatz links an der Telefonzelle vorbei abzweigen. Beim Asphaltende dem ebenen Schotterweg am Steinschuppen vorbei folgen.

16 km 23,2 Bei der Wegverzweigung rechts halten. Nach 160 m geradeaus bleiben, nach 330 m links auf den ebenen Pfad abzweigen. Nach 730 m bei Mündung am Forstweg diesem nach links nun stets bergauf folgen.

17 km 26,8 Kurz vor der Malga di Vigo auf dem linken Wegzweig halten. Nach 680 m bei Mündung an einem Weg diesen nach links befahren. Nach 550 m am Wegedreieck zwischen den Gebäuden von Marcarie nach links die letzten Meter zum Ausgangspunkt rollen.

Tips + Info

Zum Thema Landkarten und Wegweiser bei dieser Runde:

Für die Monte-Casale-Tour gibt es keinerlei Kartenmaterial, das vollständig und richtig die komplette Route enthält. Sogar die Karten des Istituto Geografica Militare (I.G.M.) weisen hier erhebliche Ungenauigkeiten auf. Zudem ist ein Blatt der zur Tour gehörigen Karten des Maßstabs 1:25.000 ('Stenico') eine uralte Ausgabe mit einem schwarz-weißen Kartenbild und einer Beschriftung wie aus dem vorigen Jahrhundert und nicht zum Kauf zu empfehlen.

Die Ungenauigkeiten der Karten beziehen sich in erster Linie auf die beiden Abschnitte vom Abzweig auf den Pfad bei der Anfahrt bis Vendesi sowie auf die Strecke zwischen Comano und Lundo. Aber auch der neue Forstweg hinter Lundo bis hinauf zur Malga di Vigo ist auf den Karten noch nicht verzeichnet.

Es empfiehlt sich deshalb gerade bei dieser Tour, sehr genau auf die Wegweiser-Beschreibung und die angegebenen Kilometerstände zu achten. Allerdings lassen sich nun einmal Routen mit teils kaum erkennbarem Pfad mitten durch die Prärie nicht mit letzter Gewähr beschreiben. Ein gutes Gespür, etwas Glück und vielleicht sogar ein Kompaß können hier nicht schaden!

29 CIMA DI TIGNALGA — 16,2 km · 3:02 Std · 937 Hm

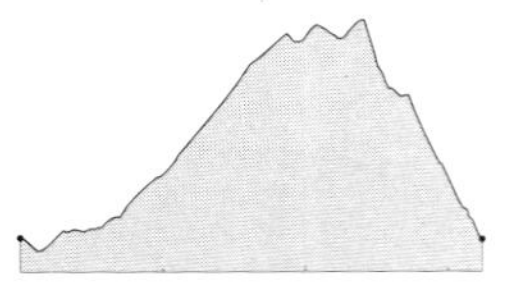

Sehr schwere Tour! Knackiger Trial-Trip mit sehr schwerer Auffahrt über Geröllpiste, herrlicher Route hinaus auf einen Bergrücken und traumhaftem Trial-Sinkflug über schmalen Bergpfad. Tolle Blicke über Tremosine zum Lago. Traum-Trial!

Beschreibung

Auf dem Weg zum Caplone muß der Biker dieses Kleinod noch schweren Herzens am Wegrand liegen lassen, schließlich hat er sich für diesen Tag weit größere Aufgaben vorgenommen. Wer aber die Schönheit dieser hinter dem Passo di Scarpape abzweigenden Route im Vorbeifahren erahnt hat, wird garantiert wiederkommen und diesen absoluten Trial-Traum in Angriff nehmen. Es wartet Mountain-Biking par excellence wie man es sich schöner kaum vorstellen kann. Kurzum - eine meiner Lieblingstouren am Lago!

Man startet bei Campiglio, schießt zuerst auf der Fahrstraße hinab in den tiefen Einschnitt des auslaufenden Valle Tignalga, strampelt wieder bergauf nach Ca di Natone und zweigt dort rechts auf einen Forstweg in das hintere einsame Tälchen ab. Die Piste wird zunehmend schmaler und zieht schließlich als geröllübersäter Pfad in weiten Serpentinen hinauf zum Passo di Scarpape. Früher muß dies wohl mal ein guter Weg gewesen sein, inzwischen ist davon nur noch eine schmale Fahrrille in der Mitte übrig. Durchfahren wird nur wenigen vergönnt sein, auf jeden Fall ist Kampf mit jedem einzelnen Brocken angesagt.

Am Scarpape stößt man auf den breiten, vom Passo d'Ere herüberziehenden Forstweg und folgt ihm einige Höhenmeter bergauf. Es geht wie schon zuvor durch traumhafte Berglandschaft mit Weitblicken bis in die Valvestino-Täler. Unterhalb des Passo della Puria zweigt man auf einen Pfad ab und jetzt folgen die wirklichen Highlights dieser Runde. Wie eine überdimensionale Rampe ragt ein von Monte Puria und Cima di Tignalga geformtes schlankes Bergmassiv in den freien Raum, Piste für eine Bilderbuch-Fahrt hinaus zum Gipfel. Am Ende steht man am Cima di Tignalga und blickt von ausgesetzter Warte fasziniert über die tiefen Schluchten des Valle San Michele und das grüne Tremosine hinweg zum glitzernden Spiegel des Lago di Garda. Hier liegt einer der wenigen Punkte, an denen tatsächlich Gefühle von Freiheit und Weite aufkommen ...

Zu Füßen des Freiheitskämpfers taucht ein Bergpfad mit permanenten Seeblicken in die Tiefe. Über etwa vier Kilometer ein Sinkflug auf mit Ausnahme des ersten, sehr steilen Abschnittes meist gut fahrbarer Piste mit zahlreichen Serpentinen zum 800 m tiefer liegenden Campiglio - Mountain-Biking in höheren Dimensionen!

Fahrstrecke

km	Ort	Hm	Zeit
0,0	Campiglio beim Gebäude	625	
0,7	Valle Tignalga	**570**	
1,5	Ca di Natone	645	0:10
3,4	Valle Tignalga	694	0:25
5,3	Val di Grette	874	0:52
8,1	Passo di Scarpape	1242	1:38
8,4	Malga della Puria	1265	
9,4	Pfadabzweig	1350	1:51
12,0	Cima di Tignalga	**1401**	2:19
16,2	Campiglio	625	3:02

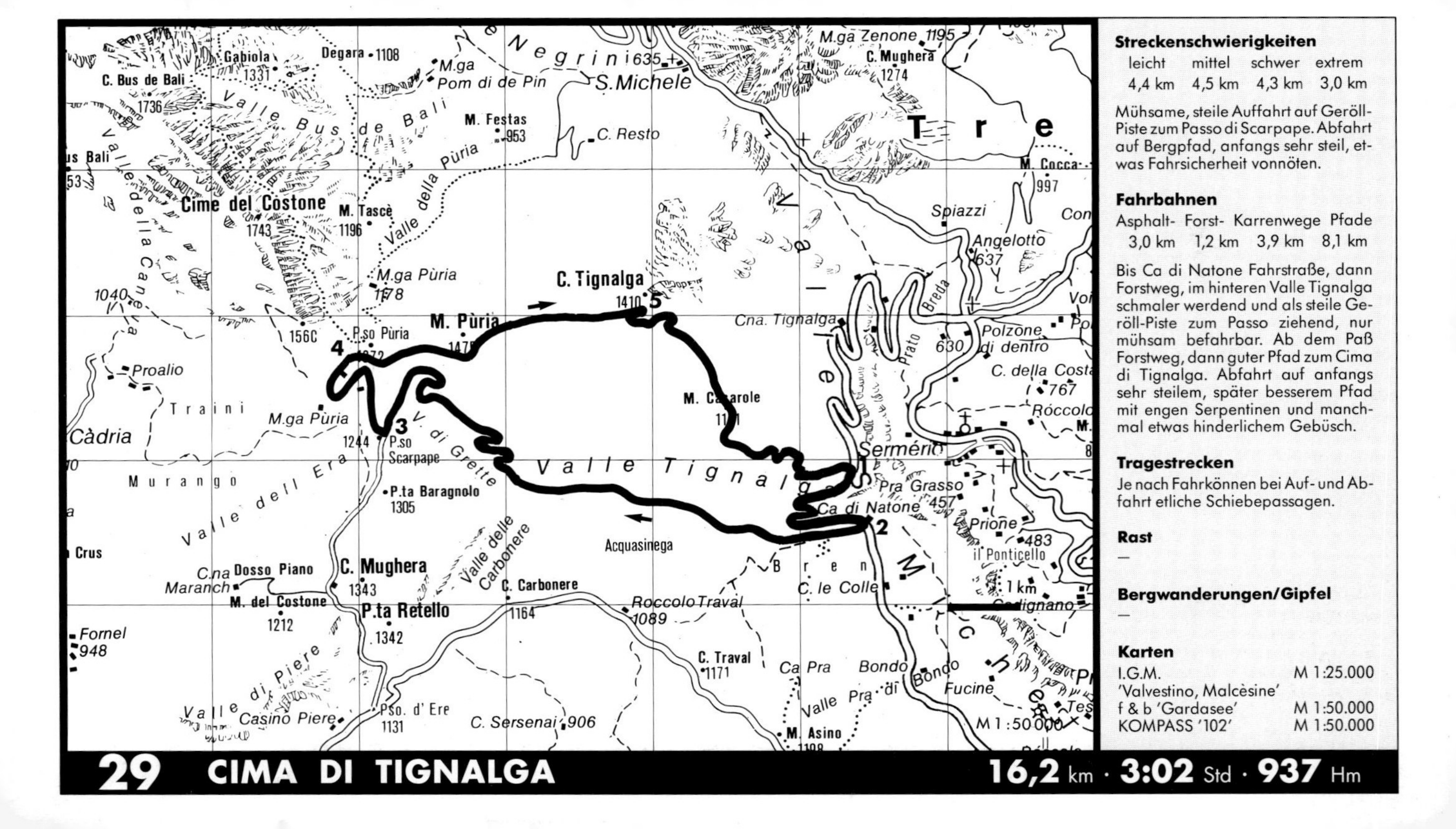

29 CIMA DI TIGNALGA

16,2 km · 3:02 Std · 937 Hm

Streckenschwierigkeiten

leicht	mittel	schwer	extrem
4,4 km	4,5 km	4,3 km	3,0 km

Mühsame, steile Auffahrt auf Geröll-Piste zum Passo di Scarpape. Abfahrt auf Bergpfad, anfangs sehr steil, etwas Fahrsicherheit vonnöten.

Fahrbahnen

Asphalt-	Forst-	Karrenwege	Pfade
3,0 km	1,2 km	3,9 km	8,1 km

Bis Ca di Natone Fahrstraße, dann Forstweg, im hinteren Valle Tignalga schmaler werdend und als steile Geröll-Piste zum Passo ziehend, nur mühsam befahrbar. Ab dem Paß Forstweg, dann guter Pfad zum Cima di Tignalga. Abfahrt auf anfangs sehr steilem, später besserem Pfad mit engen Serpentinen und manchmal etwas hinderlichem Gebüsch.

Tragestrecken

Je nach Fahrkönnen bei Auf- und Abfahrt etliche Schiebepassagen.

Rast

—

Bergwanderungen/Gipfel

—

Karten

I.G.M. 'Valvestino, Malcèsine'	M 1:25.000
f & b 'Gardasee'	M 1:50.000
KOMPASS '102'	M 1:50.000

29 CIMA DI TIGNALGA

16,2 km · 3:02 Std · 937 Hm

Wegweiser

1 **km 0** Der Asphaltstraße in der Anfahrtsrichtung an Campiglio vorbei ins Tal und nach Überquerung der Brücke bergauf folgen.

2 **km 1,5** Nach der Auffahrt beim großen Heiligenschrein rechts auf den Forstweg abzweigen. Nach 480 m an der Wegverzweigung auf dem rechten, rot/weiß markierten Ast bergab halten. Diesem Weg (später Karrenweg/Pfad) nun stets taleinwärts und dann auf sehr steiniger Fahrbahn steil bergauf folgen.

3 **km 8,1** Am Passo di Scarpape dem breiteren Forstweg rechts bergauf folgen (rot/weiße Markierungen *'19'* und *'21'* rechts am Felsen).

4 **km 9,3** In einer Linkskehre rechts auf den Weg abzeigen und nach 50 m dem breiten Pfad rechts bergab nun stets hinaus auf den Cima di Tignalga folgen.

5 **km 12,0** Wenige Meter vor dem Gipfel, fast am äußersten Punkt des Bergrückens, rechts auf den bald sehr steil bergab führenden Pfad abzweigen. Diesem nun stets hinab zum Ausgangspunkt an der Fahrstraße folgen. Die Route ist nicht zu verfehlen, stets auf dem Hauptpfad bleiben.

Tips + Info

Wer sich nicht im hinteren Valle Tignalga auf wirklich extrem geröllübersäter Piste hinauf zum Passo di Scarpape quälen möchte (für Könner mit kleinsten Übersetzungen überwiegend fahrbar), startet die Tour am besten in Tignale-Olzano (Anfahrt siehe Tour 12). Wie dort beschrieben auf guten Forstwegen zum Passo d'Ere auffahren und dann rechts Ri. *'Scarpape'* abzweigen. Am Passo di Scarpape dann weiter nach der Wegweiserbeschreibung der Tour. Am Ende folgt man der Asphaltstraße vonCampiglio zurück nach Tignale.

Am Startplatz der Tour bei Campiglio gibt es außer einigen kleineren Ausbuchtungen am Straßenrand so gut wie keine Parkmöglichkeiten. Entweder an Campiglio noch vorbeifahren und im folgenden Tal oder nach erneuter Auffahrt beim Beginn des Forstweges eine Parkmöglichkeit suchen. Natürlich kann man auch bei der Molkerei Alpe del Garda hinter Vesio oder in Vesio selbst starten, wo im Ort ein größerer Parkplatz ausgeschildert ist. Von der Molkerei aus dauert die Bike-Anfahrt gut 20, von Vesio aus gut 30 Minuten.

Anfahrt

An der Verkehrsinsel in Torbole Ri. *'Riva'* fahren, dort stets Ri. *'Limone, Brescia'* halten und der Gardesana Occidentale am Seeufer entlang bis Limone folgen. 2 km nach dem Ortsschild *'Limone'* im Ort rechts Ri. *'Tremosine 2'* abzweigen und der Straße bergauf nun stets bis Vesio folgen.

Man mündet unterhalb von Vesio an eine weitere Straße und fährt rechts Ri. *'Tignale'* (nach 20 m Ortsschild *'Vesio'*). In der Ortsmitte bei der *'Bar Sole'* geradeaus Ri. *'Tignale'* bleiben und der Straße ortsauswärts folgen. Nach 2,1 km die große Molkerei passieren und der Straße weiter durch den tiefen Talgraben des Valle S. Michele folgen.

Fahrt zum Startplatz

Auf dem wieder höchsten Punkt der Straße, gegenüber des im Wiesengelände stehenden Gebäudes von Campiglio, mündet rechts durch ein Holzgatter ein Karrenweg/Pfad. Hier beginnt (und endet) die Tour, eine knappe Parkmöglichkeit gibt es ca. 350 m zuvor auf einer Ausbuchtung am Straßenrand. Ansonsten der Fahrstraße weiter in den nächsten Talgraben folgen und dort eine geeignete Parkmöglichkeit suchen bzw. in Vesio parken und mit dem Bike anfahren (29 km, 50 Min.).

Alternative Startorte

Tignale-Olzano (mit leichterer Auffahrt zum Passo di Scarpape)

30 VALLE PIANA 29,2 km · 4:16 Std · 1370 Hm

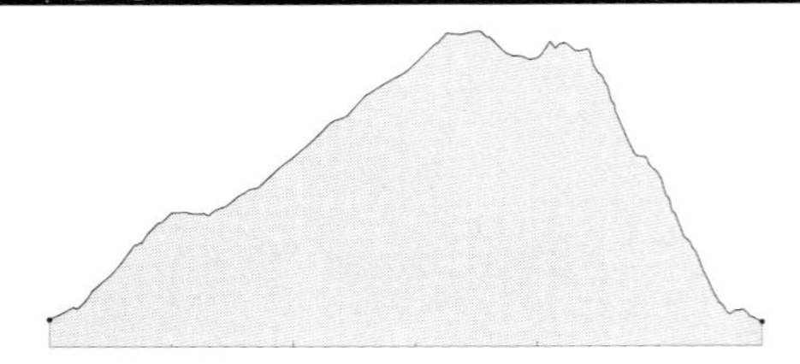

Sehr schwere Tour! Lange, schwere Auffahrten über Asphalt- und Forstwege mit extremem Offroad-Trial durch das einsame Valle Piana. Tolles Lago-Panorama aus engem Tal heraus. Supertour!

Beschreibung

Wer das Val Pura absolviert und nur als Kaffeefahrt für strickende Großmütter, also weit unter seiner Biker-Würde erachtet hat, ist zugelassen zur nächsthöheren Prüfung. Das Valle Piana steht dann auf dem Programm. Nicht ganz so kurz und schmerzlos wie das Val Pura bzw. schmerzhaft wie Dalco, sondern mit ausgiebigen Pausen durchaus eine fast tagesfüllende Angelegenheit. Neben den anspruchsvollen Trial-Aufgaben locken die totale Einsamkeit dieses herrlichen Tälchens und die traumhaften Dauerblicke während der gesamten Abfahrt aus dem engen Taleinschnitt über Limone auf den Lago di Garda. Ein wahrer Genuß, bevor man wieder in das belebte Dörfchen an der vielbefahrenen Uferstraße Gardesana Occidentale hinabrauscht und dort die tolle Fahrt noch lange nicht aus dem Kopf bekommt.

Der Val-Pura-Absolvent kennt bereits den ersten Teil der Auffahrt, bleibt jetzt allerdings am Abzweig nach Ustecchio auf der Fahrstraße über Voltino hinauf nach Vesio. Hinter dem Ort läßt man den Beginn der Tremalzo-Schotterstraße ins Val di Bondo liegen und fährt über die zahlreichen Kehren der Piazzale Angelini zu einem schlanken Höhenzug über Tremosine auf. In nur noch mäßigem Neigungswinkel zieht die Schotterpiste unterhalb mehrerer Gipfel entlang und verengt sich beim Corno Nero schließlich zum Pfad. In faszinierender Fahrt leitet dieser nun leicht trialmäßig durch sechs Felsentunnels, bis bald hinter der letzten Röhre der Scheitelpunkt der Tour erreicht und die Fahrbahn wieder zum breiteren Weg geworden ist. Tolle Landschaft umgibt den Biker, gegenüber liegt der beeindruckende Corno della Marogna mit seinen grünen, von zahllosen hellen Kalkfelsen durchsetzten Steilhängen und dem endlosen Serpentinenband der Tremalzo-Schotterstraße. Von hier ein fast noch schönerer Anblick als bei der Tremalzo-Tour selbst und wer sich davon magisch angezogen fühlt, kann die Tour beim Passo Nota ja noch kurzfristig in Richtung dieses Biker-Märchenlandes umbauen.

Man folgt dem Weg hinab zum Passo Nota und quert mit nur kleinen Auf- und Abfahrten durch die Hochfläche

Fahrstrecke

km	Ort	Hm	Zeit
0,0	Limone P bei Carabinieri	**112**	
4,1	Abzweig Ustecchio	480	
5,0	Voltino, Kirche	559	0:46
6,4	Fucine	547	
7,8	Vesio	632	1_13
8,5	Reitstall	660	1:20
10,4	Piazzale Angelini	822	
13,0	Bocca dei Sospiri	1057	2:10
17,2		**1316**	
19,6	Passo Nota	1198	2:52
20,4	Passo di Bestana	1274	
22,0	Abzweig Sentiero 120	1242	3:08
23,0	Valle Piana	1016	
24,5	Valacco	760	3:40
26,2	Valle del Singol	438	
27,4	la Milanesa	185	4:07
29,2	Limone	112	4:16

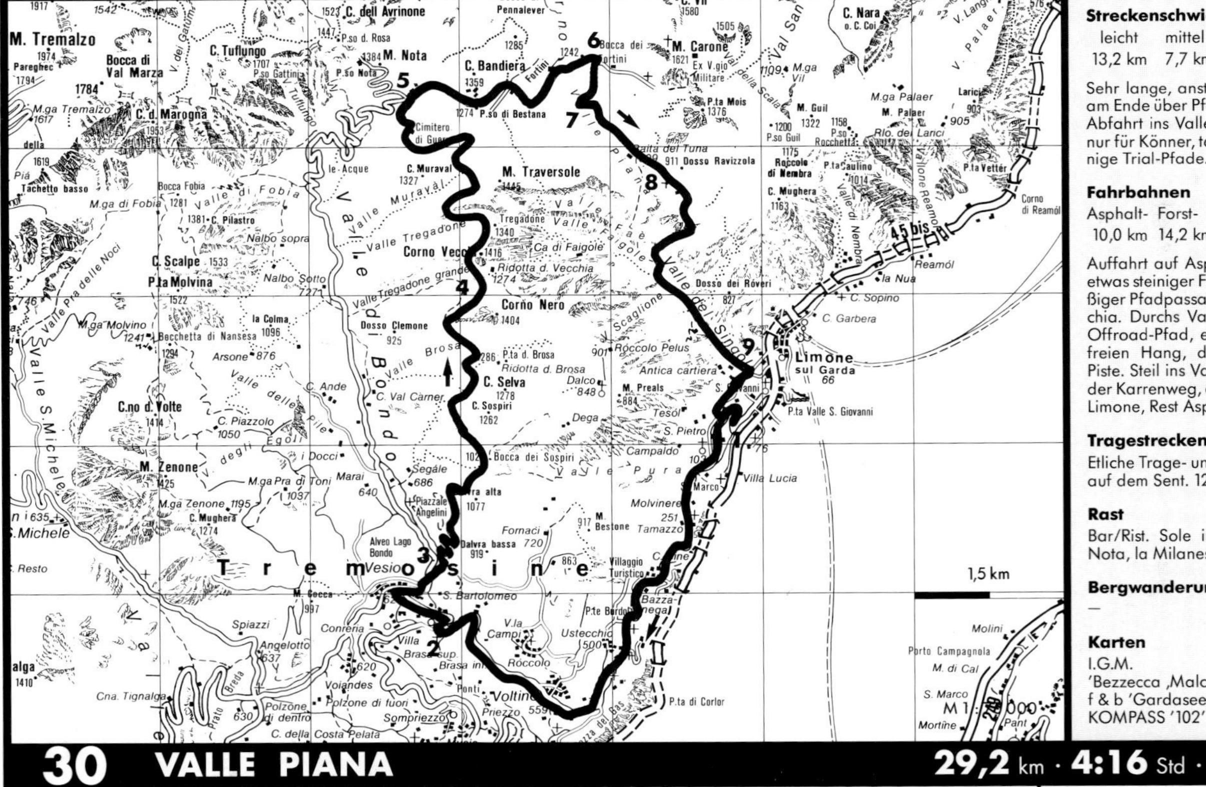

Streckenschwierigkeiten

leicht	mittel	schwer	extrem
13,2 km	7,7 km	6,8 km	1,5 km

Sehr lange, anstrengende Auffahrt, am Ende über Pfad mit kurzen Trials. Abfahrt ins Valle Piana Extrempiste nur für Könner, talauswärts sehr steinige Trial-Pfade.

Fahrbahnen

Asphalt-	Forst-	Karrenwege	Pfade
10,0 km	14,2 km	1,5 km	3,5 km

Auffahrt auf Asphalt, ab Vesio teils etwas steiniger Forstweg mit trialmäßiger Pfadpassage beim Corna Vecchia. Durchs Valle Piana absoluter Offroad-Pfad, erst sehr schmal am freien Hang, dann totale Geröll-Piste. Steil ins Valle Singol abfallender Karrenweg, dann Forstweg nach Limone, Rest Asphalt.

Tragestrecken

Etliche Trage- und Schiebepassagen auf dem Sent. 120 ins Valle Piana.

Rast

Bar/Rist. Sole in Vesio, Rif. Passo Nota, la Milanesa

Bergwanderungen/Gipfel

–

Karten

I.G.M.	M 1:25.000
'Bezzecca ‚Malcèsine'	
f & b 'Gardasee'	M 1:50.000
KOMPASS '102'	M 1:50.000

30 VALLE PIANA

29,2 km · 4:16 Std · 1370 Hm

hinüber zum Bocca dei Fortini. Der nur 1274 m hohe Passo di Bestana ist auf dieser überwiegend gemächlichen Rollfahrt noch die größte Steigung. Kurz vor dem Bocca dei Fortini, einem Sattel zwischen zwei zu Ledro- und Gardasee hin abfallenden Taleinschnitten, taucht man nach rechts auf den unscheinbaren Sentiero 120 ins Valle Piana ab. Bereits nach wenigen Fahrmetern verhindern tief ausgewaschene, steile Rinnen jedes Weiterkommen per Bike. Davon darf man sich jedoch nicht von der weiteren Erkundung der Piste abhalten lassen. Nach kurzem Fußmarsch sitzt der Trial-Pilot wieder im Sattel und muß aufpassen, den nicht ganz leicht zu findenden Bergpfad des weiteren Tourenverlaufs aufzuspüren. Über handtuchschmale Fahrbahn balanciert der Artist am steilen Grashang entlang, eine echte Geschicklichkeitsprüfung, für Könner durchgehend fahrbar.

Einige steile Serpentinen hinab in einen bewaldeten Talgraben sollten besser auf den Schuhsohlen zurückgelegt werden. Im Graben kann man wieder aufsitzen, um dem sich nun für einige Zeit sehr bedeckt haltenden Pfad steil bergab zu folgen. Nachdem kurz ein glücklicherweise meist wasserloses Bachbett als Fahrbahn diente, ist der Pfad bald als geröllübersäte Piste wieder voll erkennbar. Im ständigen Wechsel von Trial-Kurs, Rüttelpiste und Traumfahrt mit meist tollen Lago-Blicken tastet man sich langsam talauswärts, bis hinter Valacco ein Karrenweg mit sehr grobem Steinpflaster beginnt. Unvorstellbar steil fällt dieses Schüttel-Monster ins Valle del Singol ab. Nur beste Bremsen und das Vermeiden feuchter Handflächen helfen sicher hinab zum Bachlauf im Talgrund. Dafür ist die herrlich schroffe Felsenlandschaft mit ihren spitzen Steinnadeln noch einmal ein Highlight dieser Tour.

Wer in der Lage ist, kurz von der pockennarbigen Fahrbahn aufzublicken, erspäht gegenüber das helle Pistenband eines sich talwärts schlängelnden Pfades. Das unbekannte Objekt ist keineswegs, wie viele Kandidaten glauben, der harten Prüfungen dritter Teil, die Dalco-Abfahrt Sentiero 111. Tatsächlich handelt es sich um den völlig unbefahrbaren Sentiero 102 durchs Valle Scaglione. An jenem Ungetüm haben sich sogar Dalco-Bezwinger bisher so die Zähne ausgestürzt, daß dieser Kelch gerade nochmal am Prüfling vorübergegangen ist. Beruhigt kann er so nach Limone abrollen und sich in aller Ruhe auf das Angehen der Dalco-Tour am nächsten Tag vorbereiten..

Wegweiser

1 km 0 Der Fahrstraße durch die Linkskehre am Gebäude der *'Carabinieri'* vorbei bergauf folgen. Stets auf dieser Hauptstraße bleiben.

2 km 6,9 Man mündet unterhalb von Vesio an eine weitere Straße, fährt rechts Ri. *'Tignale'* und passiert nach wenigen Metern das Ortsschild *'Vesio'*. Nach knapp 1 km im Ortskern kurz vor der *'Albergo Sole'* rechts Ri. *'Passo di Tremalzo'* abzweigen.

3 km 8,3 An der Kreuzung beim Beginn der

Anfahrt

An der Verkehrsinsel in Torbole Ri. *'Riva'* fahren, dort stets Ri. *'Limone, Brescia'* halten und der Gardesana Occidentale am Seeufer entlang bis Limone folgen.

Fahrt zum Startplatz

2 km nach dem Ortsschild *'Limone'* im Ort rechts Ri. *'Tremosine 2'* abzweigen, der Straße 400 m folgen und kurz vor der Linkskehre und einer *'Carabinieri'*-Station rechts auf dem unbefestigten Parkplatz parken. Hier beginnt die Tour (16 km, 22 Min.).

Alternative Startorte

--

Tremalzo-Schotterstraße rechts in die *'Via dalvra'* abzweigen. Nach 150 m von der Asphaltstraße geradeaus auf den Schotterweg zum Reitstall steuern, dem Weg durch die Linkskehre in den Wald und dann stets bergauf folgen.

4 km 15,3 Der Weg wird nun zum Pfad, führt durch sechs Felsentunnels und wird nach dem letzten Tunnel wieder zum Weg, dem man stets bis hinab zum Passo Nota folgt.

5 km 19,6 Beim Passo Nota mündet man über eine Brücke an einen Forstweg, fährt nach rechts und folgt nun stets diesem Hauptweg, bald über den beschilderten Passo di Bestana.

6 km 22,0 Kurz vor dem Bocca dei Fortini zweigt rechts ein unscheinbarer Pfad mit der Behelfsbeschilderung Ri. *'120 Limone'* ab, der bald unbefahrbar steil und tief ausgewaschen ist. Nach 150 m zweigt links ein Pfad durch eine Felsrinne ab, geradeaus führt eine Pfadspur auf den Berghügel hinaus. Hier auf den anfangs kaum erkennbaren Pfad nach rechts orientieren, der nach einer Serpentine abwärts sehr schmal am rechten Hang entlangführt.

7 km 22,7 Nachdem der Pfad über einige Serpentinen bergab führte, mündet man in einem kleinen, bewaldeten Talgraben und fährt links bergab, der weißen Markierung folgend. Nach 260 m dem wieder besser befahrbaren, flacheren Pfad etwas vom Bachgraben weg an dem weiß markierten Fels vorbei folgen. Nach 140 m mündet man auf einen steinigen Hauptpfad, folgt diesem nun stets bergab und läßt sämtliche Abzweige liegen (auch bei km 23,7 den mit weißem Pfeil markierten linken Pfadabzweig!).

8 km 24,3 An einem Heiligenschrein bei der Pfadverzweigung geradeaus bergab bleiben. Bald wird die Piste zum Karrenweg, dem man nun stets, teilweise extrem steil, bergab in den Talgrund folgt. Dort den Bachsteg überqueren und den breiten Weg talauswärts rollen.

9 km 27,4 Ortsdurchfahrt Limone: Die Brücke des *'S. Giovanni'* überqueren und dem Weg an der Bar/Ristorante la Milanesa vorbei stets bergab folgen. An der Asphaltstraßenkreuzung bei km 18,9 rechts auf den ebenen Weg Ri. *'Passegiata del Comboniani, ...'* abzweigen, die Brücke überqueren und danach am Stopschild geradeaus bergauf in o.g. Ri. halten. Nach der Auffahrt links in o.g. Ri. abzweigen und bei km 19,4 links bergab in die *'Via San Pietro'* steuern. Nach 240 m bei Mündung an einer Straße dieser links sehr steil bergab folgen und am Stopschild der Anfahrtsstraße nach links zurück zum Ausgangspunkt folgen.

Variationen

Für Einsteiger:

1. Durchs Valle di Bondo: Etwas leichter ist die Auffahrt zum Passo Nota durchs Valle di Bondo, allerdings landschaftlich auch weniger reizvoll als die beschriebene Tour.

2. Über Passo Rocchetta nach Riva: Eine sehr schöne, weitaus leichtere Abfahrts-Variante führt ab WW 6 zum Passo Rocchetta und über die Malga Palaer nach Riva (siehe Tour 7). In diesem Fall mit dem Schiff nach Limone anfahren oder von Riva aus den Wasserweg zurück nach Limone benutzen.

Für Cracks:

3. Auffahrt über die Sentieros 109 und 102: Für diese tolle, aber auch schwerere Offroad-Schleife bei km 13,0 rechts auf den Pfad abzweigen (siehe Tour 35) und bei Mündung am Sentiero 109 diesem nach links bergauf in herrlicher Fahrt stets bis zum Corna Vecchia folgen (später Sentiero 102). Dort das Bike ca. 20 Min. über den Sattel tragen und bei Mündung an der beschriebenen Route rechts durch die fünf Tunnels zum Passo Nota fahren.

Nicht probieren:

4. Auffahrt durchs Valle Piana: Das Valle Piana ist im zweiten Abschnitt bergauf weitgehend unbefahrbar. Die einzige Route von Limone auf die umliegenden Berge führt nur über die Fahrstraße nach Vesio.

31 TREMALZO 3

38,0 km · **5:20** Std · **1646** Hm

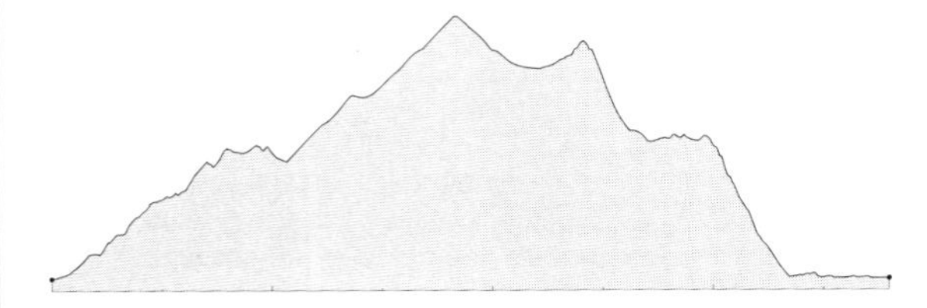

Sehr schwere Tour! Schöne Variante der Tremalzo-Tour vom Lago di Ledro aus. Herrliche Auffahrt über die Tremalzo-Schotterstraße und toller Waldpfad-Trial zum Ausgangspunkt. Supertour!

Beschreibung

Wer die ersten 600 Höhenmeter von den Fluten des Gardasees aus einsparen, allerdings auch nicht gleich wie die Schlaffis von oben starten möchte, beginnt seine Tremalzo-Tour am besten bei den prähistorischen Pfahlbauten des schon vor Urzeiten besiedelten Ledro-Sees. Besondere Markenzeichen dieser Route sind neben einer schönen Forstweg-Auffahrt das Befahren der serpentinenreichen Tremalzo-Schotterstraße in Reinform von unten nach oben sowie die Möglichkeit, am Ende bei der Vielzahl von Trial-Pisten für die Abfahrt zum Lago di Ledro nach Herzenslust aus dem Vollen schöpfen zu können.

Nach kurzer Asphaltpassage zieht der Forstweg durch Wald und freies, felsiges Gelände mit tollen Weitblicken über das Pian di Pur auf die Nordflanken der Tremalzo-Region hinauf zum Bocca dei Fortini. Auf der alten Grenzlinie zwischen der k.u.k. östereichisch-ungarischen Donaumonarchie und Italien quert die Piste hinüber zum Passo Nota, wo sich die faszinierende Tremalzo-Straße in atemberaubenden Kehren an steilen Fels- und Grashängen emporschlängelt. Zwar nicht allzu steil, aber dennoch anstrengend genug schraubt man sich zum Scheitelpunkt der Tour im Tremalzo-Tunnel, bevor das Schotterband wieder abwärts zum Rifugio Garda führt. Eine Asphaltstraße dient zur Abfahrt am unscheinbaren, auf 1665 Meter Höhe liegenden Passo di Tremalzo vorbei zum Rifugio Garibaldi. Hier zweigt man wieder auf einen Forstweg ab, der zum traumhaften Trial-Finale beim Bocca Casèt leitet.

Der kleine Sattel ist die reinste Pisten-Drehscheibe. Je nach Wunsch genußvoll leicht über den Cima Vai nach Tiarno, brutal schwer und steil auf einer Geröllpiste ins Val Scaglia oder mit ein wenig von allem wie beschrieben über Malga Giu und San Martino, sucht man sich aus den wie auf einem Silbertablett präsentierten Routen ein dem persönlichen Geschmack entsprechendes Angebot aus. Wer schließlich nach toller Trial-Fahrt über schmale Waldpfade und Karrenwege und steilstem Abtauchen auf einem Betonweg am Ledrosee landet, fährt stets am Ufer entlang zurück zum Ausgangspunkt.

	Fahrstrecke		
0,0	Molina di Ledro P am Heiligenschrein	**655**	
0,5	Legos	670	
1,7	Ranco	768	
2,2	Rinas	768	0:22
8,2	Bocca dei Fortini	1243	1:31
9,9	Passo di Bestana	1274	
10,7	Passo Nota	1198	1:50
14,1	Baita Tuflungo	1490	
18,4	Tremalzo-Tunnel	**1863**	3:20
20,1	Rifugio Garda	1705	3:26
20,6	Passo di Tremalzo	1665	
22,2	Rifugio Garibaldi	1521	3:31
24,2		1646	
24,5	Bocca Casèt	1608	3:48
27,0	bei Malga Giu	1290	
30,3	S. Martino	1225	4:34
33,4	Lago di Ledro	662	4:57
38,0	Molina di Ledro	655	5:20

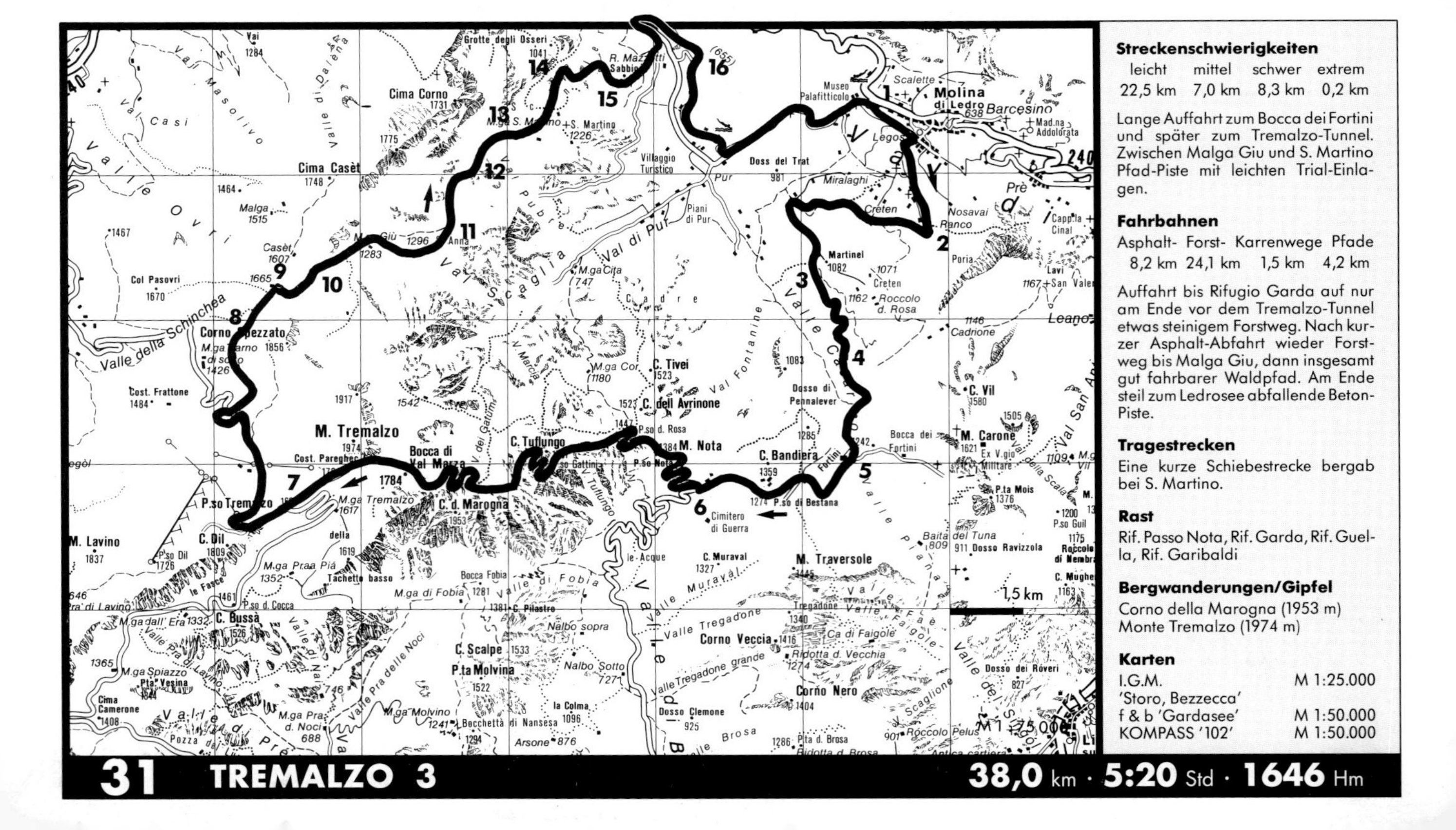

Streckenschwierigkeiten

leicht	mittel	schwer	extrem
22,5 km	7,0 km	8,3 km	0,2 km

Lange Auffahrt zum Bocca dei Fortini und später zum Tremalzo-Tunnel. Zwischen Malga Giu und S. Martino Pfad-Piste mit leichten Trial-Einlagen.

Fahrbahnen

Asphalt-	Forst-	Karrenwege	Pfade
8,2 km	24,1 km	1,5 km	4,2 km

Auffahrt bis Rifugio Garda auf nur am Ende vor dem Tremalzo-Tunnel etwas steinigem Forstweg. Nach kurzer Asphalt-Abfahrt wieder Forstweg bis Malga Giu, dann insgesamt gut fahrbarer Waldpfad. Am Ende steil zum Ledrosee abfallende Beton-Piste.

Tragestrecken

Eine kurze Schiebestrecke bergab bei S. Martino.

Rast

Rif. Passo Nota, Rif. Garda, Rif. Guella, Rif. Garibaldi

Bergwanderungen/Gipfel

Corno della Marogna (1953 m)
Monte Tremalzo (1974 m)

Karten

I.G.M. 'Storo, Bezzecca'	M 1:25.000
f & b 'Gardasee'	M 1:50.000
KOMPASS '102'	M 1:50.000

31 TREMALZO 3

38,0 km · **5:20** Std · **1646** Hm

31 TREMALZO 3

38,0 km · **5:20** Std · **1646** Hm

Wegweiser

1 km 0 Ortsdurchfahrt Molina/Legos: Vom Parkplatz der leicht ansteigenden Asphaltstraße am Ristorante *'La Passegiata'* vorbei folgen. Nach 600 m in Legos von der gepflasterten Straße rechts auf den Asphaltweg Ri. *'P parcheggio'* abzweigen und diesen am Parkplatz vorbei bergauf ortsauswärts befahren.

2 km 1,7 Dem Asphaltweg durch die Rechtskehre und dann fast eben an den Gebäuden vorbei Ri. *'Dos de Trat'* folgen. Nach 530 m am Asphaltende bei den beiden letzten Gebäuden geradeaus auf den ansteigenden Schotterweg steuern. Den Abzweig Ri. *'Dos de Trat'* bei km 3,5 liegen lassen.

3 km 5,6 Dem Weg geradeaus durch die Felsöffnung und kurz bergab folgen.

4 km 7,1 An einem Wegedreieck nach leicht abschüssiger Passage auf dem zunächst ebenen Weg geradeaus bleiben.

5 km 8,2 Am Bocca dei Fortini geradeaus Ri. *'Tremalzo, Passo Nota'* bleiben.

6 km 10,7 Nach Abfahrt vom beschilderten *'Passo di Bestana'* beim kleinen Grillplatz rechts auf die ansteigende Tremalzo-Schotterstraße Ri. *'Passo Pra della Rosa'* abzweigen und dieser bis zum Tremalzo-Tunnel und wieder bergab zum Rifugio Garda folgen.

7 km 20,1 Das *'Rifugio Garda'* auf der beginnenden Asphaltstraße passieren und nach 2,1 km Abfahrt an der *'Garage Tremalzo'* rechts auf den Schotterweg abzweigen.

8 km 24,1 Den freien Platz zwischen den Felsen überqueren, Ri. *'Chiesetta S. Anna-Giu'* rechts auf den Pfad und nach 20 m links auf den abschüssigen Karrenweg abzweigen.

9 km 24,5 Am *'Bocca Casèt'* rechts durch die Hangöffnung auf den bald abschüssigen Weg Ri. *'Chiesetta S. Anna-Giu'* steuern.

10 km 26,3 In einer Rechtskehre vom Weg geradeaus auf den Pfad am Fels vorbei Ri. *'S. Martino, Pieve 456'* abzweigen und diesem stets oberhalb des Almgeländes entlang folgen.

11 km 27,6 Am kleinen Gedenkstein dem ebenen Pfad durch die Linkskehre folgen.

12 km 29,3 Einen rechts bergab führenden Pfad liegen lassen und auf der inzwischen zum Karrenweg gewordenen Piste durch die Linkskehre

Anfahrt

An der Verkehrsinsel in Torbole Ri. *'Riva'* fahren und dort stets Ri. *'Lago di Ledro'* oder *'Val di Ledro'* halten. Nach Passieren des Tunnels ins Ledro-Tal stets auf der Hauptstraße über Biacesa, Pre und Molina zum Lago di Ledro bleiben.

Fahrt zum Startplatz

Nach Durchquerung von Molina in Sichtweite des Sees links Ri. *'Legos, Pur'* abzweigen und nach wenigen Metern links auf dem Parkplatz am großen Heiligenschrein parken. Hier beginnt die Tour (16 km, 25 Min.).

Alternative Startorte

--

bergauf bleiben. Nach 240 m bei der Pfadkreuzung rechts auf dem rot/weiß markierten Zweig bergauf halten (links ist Ri. *'M. Corno, C. Casèt'* beschildert).

13 km 30,0 Die links oben stehende Hütte passieren, dem Pfad geradeaus bergab und dann in leichter Linkskehre folgen. Nach ca. 300 m am Kirchlein von S. Martino über die erodierte Pfadspur rechts am Wiesenhang abwärts zu den beiden Hütten halten. Dort den zwischen den Gebäuden steil nach links bergab führenden, rot/weiß markierten Waldpfad befahren.

14 km 30,9 Man mündet an einem betonierten Weg und befährt diesen nach rechts überwiegend sehr steil bergab.

15 km 32,2 Bei den ersten Häusern die Schranke passieren und der Asphaltstraße stets bergab bis zum Seeufer folgen. Dort bei km 33,4 rechts auf den Schotterweg abzweigen und dieser später schmäler werdenden Piste stets oberhalb des Sees folgen.

16 km 34,5 Man mündet an eine Asphaltstraßenkehre, fährt geradeaus bergab und bald stets am Seeufer entlang zum Ausgangspunkt.

Tips + Info

Die in der Tour beschriebene Auffahrts-Route ist der einzige, gut befahrbare Weg vom Ledro-See in Richtung Passo Nota und Tremalzo. Alle anderen Wege, z. B. durch die vom Pian di Pur hinter dem Ledrosee führenden Täler Val Scaglia, Val Fontanine und Val Casarino sind bergauf völlig unbefahrbar und können höchstens als schwere Bergab-Trials gefahren werden.

Von den Variationen ist besonders die Nummer 4 mit ihrer herrlichen und zugleich leichten Abfahrt auf einem tollen Waldpfad über Malga Casèt und Cima Vai empfehlenswert. Diese Route ist etwas leichter als die in der Tour beschriebene Fahrt über S. Martino. Allerdings muß man von Tiarno di sopra aus dann noch einen weiten Weg über die Fahrstraße zurück zum Ausgangspunkt am Ledro-See zurücklegen.

Die Variation 2 mit Abfahrt durchs Val Scaglia ist nur für jene interessant, die alle anderen Abfahrten bereits kennen. Neben vielen kaum befahrbaren Passagen weist sie landschaftlich auch keine besonderen Schönheiten auf. Insbesondere die Fahrt am Ende durch das weite Tal von Pian di Pur ist ein etwas langweiliges Ausrollen.

Variationen

Für Cracks:

1. Zum Gipfel des Cima Casèt: Ein toller, sehr empfehlenswerter Abstecher über einen schmalen Bergpfad zum Gipfel. Dazu am Bocca Casèt (WW 9) geradeaus fahren und die Route von Tour 27 aufnehmen.

2. Abfahrt durchs Val Scaglia: Wer den Trial bei der Abfahrt verschärfen möchte, fährt durchs Val Scaglia ins Pian di Pur. Dazu bei WW 10 auf dem Weg hinab zur Malga Giu bleiben, direkt vor dem Almgebäude rechts über die Wiesen zum Waldrand hin halten und dort dem beginnenden Karrenweg (später Pfad) bald steil und steinig bergab folgen (landschaftlich ist diese Route allerdings nicht ganz so reizvoll).

3. Abfahrt durchs Val Pubrei: Eine Alternative für Trapper mit anschließender Abfahrt auf Forstweg und den schönsten Blicken auf den Lago di Ledro. Dazu bei WW 11 das Bike ca. 15 Min. durch den Wald zum Beginn des neuen Forstweges bergab tragen (Pfad in den Karten verzeichnet, aber nicht vorhanden).

Auch probieren:

4. Abfahrt über Malga Casèt und Cima Vai: Etwas leichter als die beschriebene Route führt dieser wunderschöne Downhill-Pfad durch die Wälder nach Tiarno di sopra. Dazu an WW 9 geradeaus bleiben und nach 70 m links auf den Weg abzweigen (siehe Tour 37).

32 RIFUGIO NINO PERNICI

23,5 km · **3:44** Std · **1213** Hm

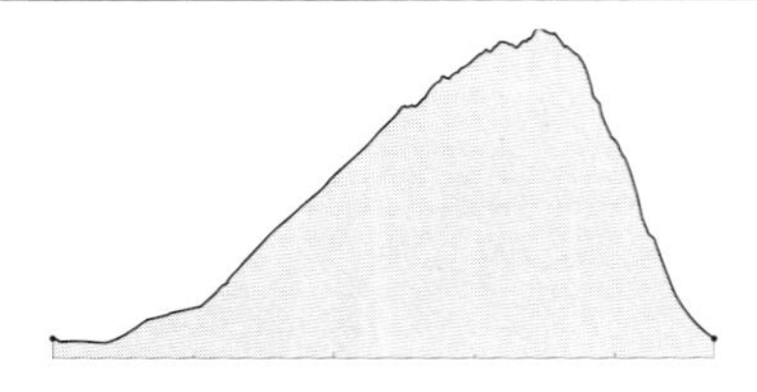

Sehr schwere Tour! Nach Auffahrt auf guten Pisten zum Rifugio herrlicher Trial-Pfad an meist freien Steilhängen entlang. Abfahrt auf wüsten Schotterpisten, steil nach Mezzolago abfallend. Traumtour!

Beschreibung

Bei Ausbruch des Ersten Weltkriegs lief der junge Offizier Nino Pernici aus dem damals noch österreichischen Riva mit fliegenden Fahnen zu den Italienern über und kämpfte fortan tapfer in deren Reihen. Nach Kriegsende wurde der Überläufer im nun italienisch gewordenen Riva von faschistischen Geistern natürlich zum Volkshelden erhoben, an den heute noch der Name eines hoch in den Bergen zwischen Ledro- und Tenno-See in herrlicher Lage am steilen Hang klebenden Rifugios erinnert.

Die beiden klobigen Zwillingsberge Cima Pari und Cima d'Oro prägen mit ihrer typischen Form die Charakteristik dieser Tour. Steilste Waldflanken werden gekrönt von Hauben aus weitläufigen Grasflächen, was auf kräftige Neigunswinkel bei Auf- und Abfahrt sowie eine herrliche Panorama-Route in der Höhe schließen läßt. Nach relativ flacher Einfahrt ins Val di Concei leitet ein Asphaltweg in weiten Kehren hinauf zur Malga Trat und als Schotterweg weiter zum Bocca di Trat. Das Rifugio ist nur wenige Meter entfernt und hinter dessen Aussichtsterrasse beginnt das faszinierende Kernstück dieser Runde. Ein Quergang mit vielen kleinen Auf- und Abfahrten windet sich in Form eines schmalen Saumpfades am steilen, meist freien Berghang hinüber zu Bocca di Saval und Bocca di Dromaè. Über weite Strecken ist hier ein wahrlich heißer Tanz angesagt. Die Kombination aus mehrere hundert Meter tiefen Abgründen zur Linken, teils nur handtuchschmaler Fahrbahn und einigen felsigen Trial-Passagen verzeiht dem Artisten ohne Stange keinen einzigen Fehltritt. Traumblicke über die gesamte Bergwelt um Arco sind während der Fahrt absolut tabu, alle Konzentration gilt den Gleichgewichtssinnen.

Am Bocca die Dromaè taucht man schließlich über den Wiesensattel tief hinab ins Val die Dromaè. An der gleichnamigen Malga vorbei fallen steilste Pfade und Karrenwege als reinste Geröll-Ansammlungen bis kurz vor Mezzolago ab. Trial-Piloten mit eingebauten Gasdruck-Stoßdämpfern haben hier Heimvorteil und nur sie können die schönen Blicke aus dem Waldtal heraus zum Ledrosee auch einigermaßen genießen.

Fahrstrecke

km	Ort	Hm	Zeit
0,0	Mezzolago Ortsmitte	671	
1,8	Abzweig Pieve	**658**	
2,0	Pieve di Ledro	659	
3,5	Locca	745	0:15
4,2	Enguiso	760	
5,3	Lenzumo	788	0:25
12,6	Malga Trat	1510	1:34
13,5	Bocca di Trat	1581	1:49
13,8	Rifugio N. Pernici	1600	1:52
16,1	Bocca di Saval	1737	2_24
17,3		**1791**	
18,7	Bocca Dromaè	1695	2:52
19,4	Malga Dromaè	1522	
23,5	Mezzolago	671	3:44

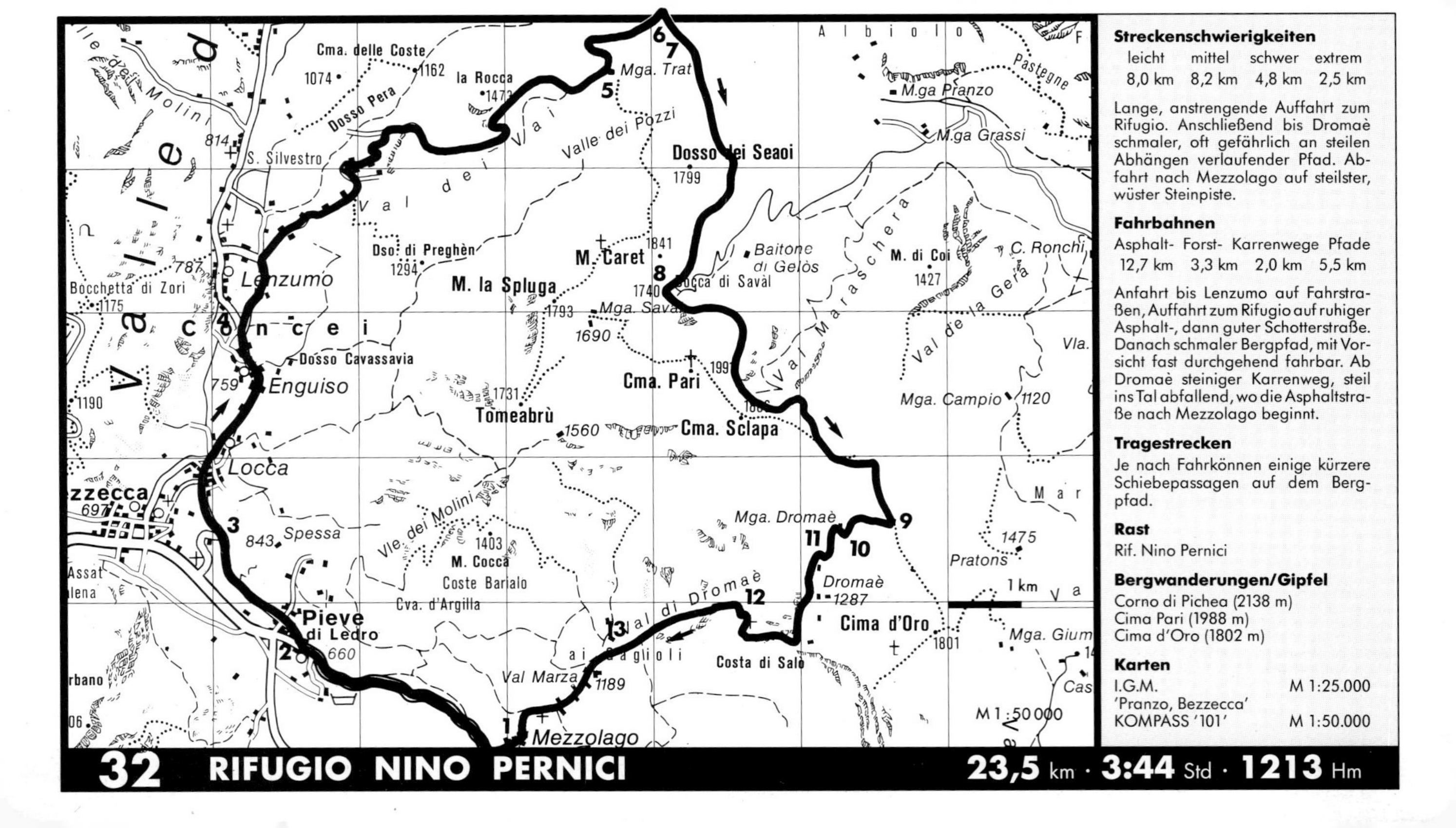

32 RIFUGIO NINO PERNICI

23,5 km · 3:44 Std · 1213 Hm

Streckenschwierigkeiten

leicht	mittel	schwer	extrem
8,0 km	8,2 km	4,8 km	2,5 km

Lange, anstrengende Auffahrt zum Rifugio. Anschließend bis Dromaè schmaler, oft gefährlich an steilen Abhängen verlaufender Pfad. Abfahrt nach Mezzolago auf steilster, wüster Steinpiste.

Fahrbahnen

Asphalt-	Forst-	Karrenwege	Pfade
12,7 km	3,3 km	2,0 km	5,5 km

Anfahrt bis Lenzumo auf Fahrstraßen, Auffahrt zum Rifugio auf ruhiger Asphalt-, dann guter Schotterstraße. Danach schmaler Bergpfad, mit Vorsicht fast durchgehend fahrbar. Ab Dromaè steiniger Karrenweg, steil ins Tal abfallend, wo die Asphaltstraße nach Mezzolago beginnt.

Tragestrecken

Je nach Fahrkönnen einige kürzere Schiebepassagen auf dem Bergpfad.

Rast

Rif. Nino Pernici

Bergwanderungen/Gipfel

Corno di Pichea (2138 m)
Cima Pari (1988 m)
Cima d'Oro (1802 m)

Karten

I.G.M. 'Pranzo, Bezzecca' — M 1:25.000
KOMPASS '101' — M 1:50.000

32 RIFUGIO NINO PERNICI

23,5 km · **3:44** Std · **1213** Hm

Wegweiser

1 km 0 Ortsdurchfahrt Mezzolago: Vom Parkplatz zurück zur Hauptstraße rollen und dieser stets am Seeufer entlang folgen.

2 km 1,8 Ortsdurchfahrt Pieve: 180 m nach dem Ortsschild *'Pieve di Ledro'* rechts Ri. *'Albergo Ristorante Alpino, ...'* abzweigen. Nach 240 m die Kirche passieren, nach 120 m rechts in die *'Via S. Antonio'* steuern, nach 50 m geradeaus bleiben, der Linkskehre folgen und am Stopschild beim Brunnen geradeaus in die *'Via Locca, Enguiso, Lenzumo'* fahren.

3 km 3,0 Bei Mündung an der Fahrstraße dieser rechts bergauf folgen und die Orte Locca und Enguiso durchqueren.

4 km 4,7 Nach Durchquerung von Enguiso an einem Heiligenschrein rechts auf den Asphaltweg Ri. *'Rifugio N. Pernici'* abzweigen. Nach 580 m an der Wegverzweigung beim Sägewerk rechts in o.g. Ri. halten und nun stets dem Asphaltweg bergauf folgen. Bei km 11,2 am Asphaltende dem weiterführenden Schotterweg Ri. *'Rif. N. Pernici'* bis zur Malga Trat folgen.

5 km 12,6 Bei der Malga Trat unmittelbar vor dem kleinen Wendeplatz links auf den an den Almgebäuden vorbeiführenden Weg steuern (nicht geradeaus Ri. *'Rif. N. Pernici'* auf den später unbefahrbaren Wanderweg!)

6 km 13,5 Man mündet bei einem kleinen Wendeplatz am Bocca di Trat, fährt rechts auf den Pfad Ri. *'Rif. N. Pernici'* und hält sich nach 130 m bei Mündung an einem Weg rechts bergauf zum Rifugio hin.

7 km 13,8 Über die Terrasse des Rifugios dem bald beschilderten Pfad Ri. *'Bocca di Saval, Bocca di Dromaé, ...'* folgen.

8 km 16,1 Am *'Bocca di Saval'* links auf den Pfad direkt an den Ruinen vorbei Ri. *'Bocca di Giumella, Cima d'Oro'* halten.

9 km 18,7 Dem Pfad einige Meter rechts hoch über die Kuppe Ri. *'Dromaé, Mezzolago'* und dann der Graswegspur übers Wiesengelände folgen. Nach 150 m rechts auf die in den Taleinschnitt hinabführende Pfadspur abzweigen, die bald als Karrenweg im Wald hinab zur Malga Dromaé leitet.

10 km 19,2 Kurz oberhalb der Malga Dromaé rechts auf den Pfad hinab zum gemauerten Wassertümpel abzweigen, dort links bald am Almgebäude vorbei halten und 30 m danach

Anfahrt

An der Verkehrsinsel in Torbole Ri. *'Riva'* fahren, dort stets Ri. *'Lago di Ledro'* oder *'Val di Ledro'* halten. Nach Passieren des Tunnels ins Ledro-Tal stets auf der Hauptstraße durch Biacesa, Pre und Molina bis Mezzolago am Ledro-See bleiben.

Fahrt zum Startplatz

250 m nach dem Ortsschild *'Mezzolago'* bei einem Ristorante von der Hauptstraße rechts Ri. *'Giardini Publici'* in den Ort abzweigen. Nach 200 m auf dem zweiten, beschilderten Parkplatz rechts am Straßenrand parken (*'P'*-Schild). Hier beginnt die Tour (19 km, 25 Min.).

Alternative Startorte

Alle Orte am Lago di Ledro und im Val di Concei eignen sich als Startplätze dieser Tour.

rechts auf den abschüssigen Pfad steuern.

11 **km 19,6** Nach einer Steilpassage am Pfaddreieck links bergab fahren. Nach 140 m den rechten ebenen Pfadabzweig liegen lassen und geradeaus abschüssig bleiben. Nach 260 m am Ende einer flachen Passage auf dem breiteren Pfad/Karrenweg bergab bleiben.

12 **km 21,1** Im Tal nach der Bachüberfahrt nun stets dem breiteren, besseren Hauptweg talauswärts folgen (auch die parallel dazu verlaufenden Seitenpisten führen zum Ziel).

13 **km 22,3** Bei einem Pferdehof der inzwischen asphaltierten Straße links bergab nun stets bis zum Ausgangspunkt hinaus nach Mezzolago folgen.

Tips + Info

Bei der Auffahrt sollte man sich weder weit unten auf dem Asphaltweg noch kurz vor der Malga Trat bei WW 5 nicht von den abzweigenden Beschilderungen Ri. *'Rif. N. Pernici'* irritieren lassen. Beide führen auf bald unbefahrbare Wanderwege.

Wer etwa plant, vom Bocca di Trat beim Rifugio N. Pernici etwa an den Flanken des Corno di Pichea entlang zum Tenno-See zu kommen, sollte dies besser bleiben lassen. Die Route ist sehr alpin und weitgehend unbefahrbar.

Wer die Route nach Variation 3 fährt, sollte unbedingt den Abstecher zum etwas tiefer liegenden Bocca di Giumella machen. Von dort gibt es die Möglichkeit zu einem Abstecher (am besten zu Fuß, anfangs noch ein Stück fahrbahr) auf einem Bergpfad zum Gipfel des Rocchetta mit tollen Lago-Blicken.

Eine der schönsten Möglichkeiten die Tour zum Rifugio N. Pernici zu fahren, ist für Konditions-Bären die Route von Riva aus nach Variation 2 mit abschließender Abfahrt über Campi und den Monte Englo.

Variationen

Für Einsteiger:

1. Nur bis zum Rifugio fahren: Einsteiger sollten sich nicht auf den teilweise gefährlichen Pfad am Cima Pari wagen und die Tour nur bis zum Rifugio N. Pernici unternehmen. Man kann die schöne Fahrt mit einer Rast auf der Panorama-Terrasse krönen und auf gleichem Weg wieder zurück zum Ausgangspunkt rollen.

Für Cracks:

2. Start in Riva: Wer die Tour ohne Pkw-Anfahrt machen möchte, startet mit dem Bike in Riva und fährt die 600 Höhenmeter zum Lago di Ledro über die alte Fahrstraße durch die zahlreichen Felsentunnels auf. Am Ende der Tour gibt es dann die Möglichkeit, statt nach Mezzolago auf der anderen Seite über den Bocca di Giumella, Campi-Righi und den Monte Englo nach Riva abzufahren (eine tolle Route!).

Wer's noch schwerer mag, fährt das Ganze umgekehrt, steil am Monte Englo hinauf, über Campi-Righi und Bocca di Giumella zum Rifugio und benutzt dann zur Abfahrt nach Riva die asphaltierten Fahrstraßen.

Auch probieren:

3. Abfahrten nach Pieve oder Biacesa: Statt nach Mezzolago kann die Tour auch mit Trial-Abfahrten nach Pieve (vom Bocca di Saval) oder über Bocca di Giumella nach Biacesa (sehr wüst!) beendet werden.

33 PASUBIO

27,9 km · **3:44** Std · **1169** Hm

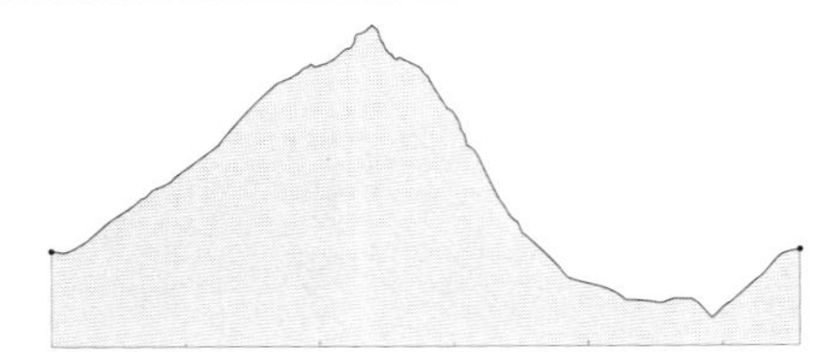

Sehr schwere Tour! Nach langer Auffahrt absolute Traum-Piste an den Schauplätzen des Ersten Weltkriegs vorbei, an steilen Felswänden entlang und durch 52 Felsentunnels bergab. Traumtour!

Beschreibung

"Wieviel Wasser braucht doch ein Gärtner, um auch nur ein kleines Stück Erde richtig zu durchfeuchten und wie wenig vom kostbarsten Saft, vom Blut, verströmt so ein armer, zu Tode verwundeter Menschenkörper. Könnten wir jedoch die Schlachtfelder 1914 bis 1918 des Ersten Weltkrieges überfliegen, um einige Quadratmeter zu entdecken, die wirklich mit Blut getränkt, die wahrhaftig mit Gefallenen mehrfach überdeckt gewesen waren, wir würden diese Stelle auf dem Pasubio finden ... Eine Menschenmühle war das, in der eine Kompanie nach der anderen zermalmt und zerfetzt wurde, als es galt, die 'Platte' zu erobern, als es galt, die 'Platte' zu halten".

Robert Skorpil in seinem Buch 'Pasubio'

Pasubio - Berg der mehr als zehntausend Toten, Ort der gewaltigsten Sprengungen des Ersten Weltkriegs, Berg des Blutes, Berg des Opfers. Kaiserjägerhölle genauso wie Schicksalsberg der Alpini. Die Eliten der Gebirgstruppen beider Kriegsparteien standen sich auf einem winzigen Fleckchen Erde gegenüber. 'Dente Austriaco', österreichische Platte und 'Dente Italiano', italienische Platte, sind heute zu offiziellen geographischen Bezeichnungen geworden. Zwei durch die Vertiefung des Eselsrückens kaum voneinander getrennte Bergplateaus waren ab 1916 Schauplatz der heftigsten Gefechte des Gebirgskrieges.

Nachdem sich die Truppen beider Seiten in den leicht kontrollierbaren Tälern der Region festgerannt hatten, verlegten sich die Kampfhandlungen mehr und mehr in die Berge. Die Front verlief über den nördlichen Gardasee und

Fahrstrecke

km	Ort	Höhe	Zeit
0,0	Fugazze-Paß P Albergo al Passo	1162	
0,5	Strada degli Eroi	1152	
8,4	Galleria d'Havet	1797	1:16
11,0	Rif. Gen. A. Papa	1925	1:38
11,1	Porte del Pasubio	1928	
11,9	Strada delle Gallerie	**2020**	
15,2	Tunnel 20	1640	
17,7	Bocca del Xetele	1211	2:54
19,2	Passo Xomo	1058	3:00
24,6	Ponte Verde	**901**	3:17
27,9	Fugazze-Paß	1162	3:44

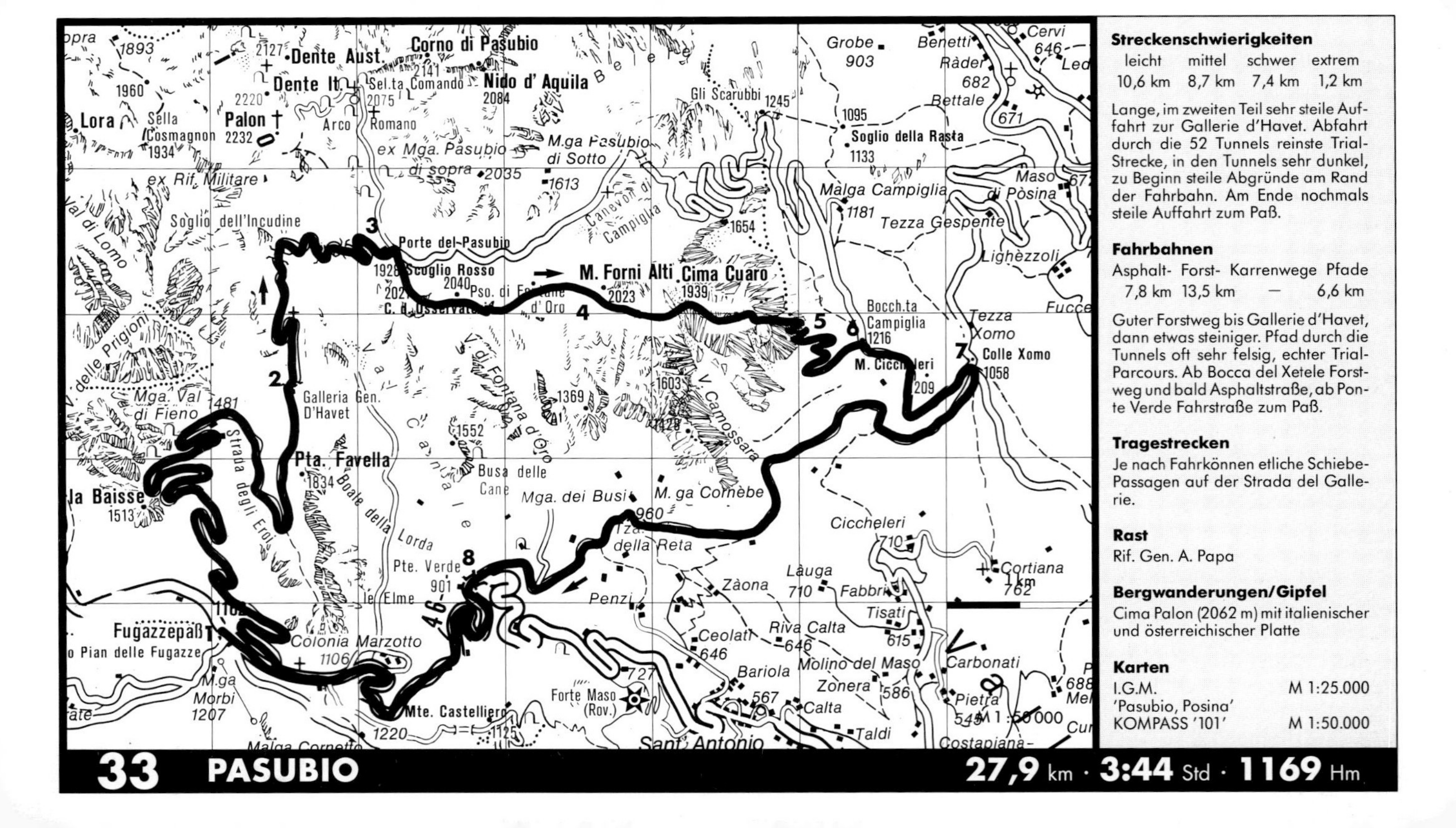

Streckenschwierigkeiten

leicht	mittel	schwer	extrem
10,6 km	8,7 km	7,4 km	1,2 km

Lange, im zweiten Teil sehr steile Auffahrt zur Gallerie d'Havet. Abfahrt durch die 52 Tunnels reinste Trial-Strecke, in den Tunnels sehr dunkel, zu Beginn steile Abgründe am Rand der Fahrbahn. Am Ende nochmals steile Auffahrt zum Paß.

Fahrbahnen

Asphalt-	Forst-	Karrenwege	Pfade
7,8 km	13,5 km	–	6,6 km

Guter Forstweg bis Gallerie d'Havet, dann etwas steiniger. Pfad durch die Tunnels oft sehr felsig, echter Trial-Parcours. Ab Bocca del Xetele Forstweg und bald Asphaltstraße, ab Ponte Verde Fahrstraße zum Paß.

Tragestrecken

Je nach Fahrkönnen etliche Schiebe-Passagen auf der Strada del Gallerie.

Rast

Rif. Gen. A. Papa

Bergwanderungen/Gipfel

Cima Palon (2062 m) mit italienischer und österreichischer Platte

Karten

I.G.M. 'Pasubio, Posina'	M 1:25.000
KOMPASS '101'	M 1:50.000

33 PASUBIO

27,9 km · **3:44** Std · **1169** Hm

den Monte Altissimo di Nago, durchs Etschtal und über das Pasubio-Massiv ins Veneto. Der Pasubio bildete eine Schlüsselstelle dieses Frontabschnittes, konnte doch jeder durch Kontrolle des Höhenzuges dem anderen in den Rücken fallen. Die Italiener wären bei Überschreitung des Pasubio ins Etschtal nach Rovereto gelangt, die Österreicher direkt in die norditalienische Tiefebene und hätten dort sämtliche großen Städte wie Vicenca, Verona, Brescia und andere bedrohen können, damals eventuell kriegsentscheidende Szenarien.

Die Fahrt auf den Spuren des Grauens beginnt am Passo Pian delle Fugazze, in dessen Nähe ein Ossarium mit den Gebeinen von mehr als 13000 Gefallenen der Pasubio-Schlachten steht. Kurz hinter dem Paß zweigt von der Fahrstraße die Strada degli Eroi ab, eine in den Jahren des Ersten Weltkriegs ausgebaute breite Schotterpiste. Kurvenreich mit weiten Serpentinen am Hang entlangziehend, gewinnt sie rasch an Höhe und leitet hinter der Malga Val di Fieno am Westhang des Favella sehr steil hinauf zur Galleria Generale d'Havet.

Im Tunnel durchfährt man den trennenden Kamm zwischen Val di Fieno und dem wilden Val Canale. Gleich nach Verlassen des Ostportals gibt es faszinierende Tiefblicke in die schroffen Schluchten. Gegenüber liegen die Felswände mit den zahlreichen Tunnels der Strada delle Gallerie. In kühner, erst im Zweiten Weltkrieg fertiggestellter Trassenführung, leitet der Weg durch die Felsabstürze zum Rifugio Generale Achille Papa. Links und rechts der Piste sieht man an den steilen Hängen Sockelreste der ehemals riesigen Nachschub-Materialseilbahn, sowie Reste von Saumwegen, Galerien und anderen Kriegsbauten, wie dem ex Rifugio Militare am Cima Palon. Damals befand sich anstelle des Rifugio Papa ein richtiges Militärdorf mit zahlreichen Hütten und Unterständen der Italiener, von dem heute nichts mehr übrig ist.

Nach der Rast bietet sich ein Abstecher mitten ins Herz des wüsten Kampfgeschehens, zu den Orten des Gemetzels an. Entweder zu Fuß über das ex Rifugio Militare oder per Bike durch die Porte del Pasubio an Arco Romano und Chiesetta votiva vorbei, kann der Pasubio mit den beiden ehemaligen Plattenstellungen erklommen werden. Fahren ist fast bis zum Gipfel möglich, erst auf dem letzten Abschnitt wird die Piste etwas wüst und ist von grobem Geröll bedeckt.

Der ganze Berg ist ein bedrückendes Mahnmal mit zahlreichen Stollen- und Kaverneneingängen, aus denen oft ein breiter Schuttstrom hervorquillt. Hier war der Schauplatz des gewaltigsten Explosions-Infernos im Ersten Weltkrieg. Im zweiten Jahr der Pasubio-Kämpfe, 1917, verlagerten sich die Anstrengungen der Kriegsparteien mehr und mehr unter die Erde. Der Berg wurde wie ein Schweizer Käse mit einem Gewirr aus Stollengängen und Sprengtunnels durchlöchert, mit denen man jeweils die andere Platte zu zerstören suchte.

Nach vielen kleineren Sprengungen kam es im März 1918 zum großen Showdown des Minenkrieges. Etwa zeitgleich trieben Italiener und Österreicher Stollen unter die gegnerischen Stellungen und arbeiteten am Ende in fieberhafter Eile teilweise nur wenige Meter voneinander getrennt. Besonders die Donaumonarchisten wollten mit einem 250 m langen Tunnel, der in insgesamt 16 Monaten entstanden war und mit einer riesigen Sprengladung gefüllt werden sollte, mit der Zerstörung der italienischen Platte den Schlußpunkt unter den Gebirgskrieg am Pasubio setzen.

Wenige Stunden nur entschieden schließlich über das Schicksal von Alpini oder Kaiserjägern. Die italienische Sprengung war, ursprünglich für den 12. geplant, wegen technischer Probleme auf den 13. März 1918 um 8.^{00} Uhr verschoben worden. Die Österreicher entzündeten dreieinhalb Stunden zuvor, am 13. März um 4.^{30} Uhr, eine Sprengladung von bis dahin noch nicht gesehenen 50 Tonnen explosiven Materials, das in wochenlanger Arbeit fein säuberlich in den vorbereiteten Stollen eingebracht worden war.

Ein beteiligter Leutnant schreibt später als Augenzeuge:

> "Es beginnt die Erde zu beben, sie atmet schwer wie ein Sterbender - ein furchtbares unterirdisches Grollen, Poltern und Donnern - ein Krach - ein zornwallendes Zittern und Bersten gröhlt durch die Luft - die Steine kommen. Im Nu ist jeder in Deckung, prasselnd fällt der Steinhagel nieder. Dann Totenstille und Aussicht auf ein seltsames Schauspiel: Die italienische Platte ist ein - Feuermeer! Grün, rot, blau züngelten die Flammen, explodierten die Gase aus dem schwarzen Trümmerhaufen - grelle Wehschreie!"

Erst vormittags gegen 11 Uhr verstummten die letzten Explosionen, die Todesschreie der Verletzten waren noch den gesamten Tag und die darauffolgende Nacht zu hören. Der vordere Teil der italienischen Platte war völlig zerstört, ein Schuttstrom ergoß sich anstelle des Berges in den Eselsrücken. Mehr als 500 Alpini fanden bei dem Inferno auf der Stelle in ihren Stollen und Schützengräben den Tod. Noch heute liegt der Berg in Schutt und Asche, stummer Zeuge einer sinnlosen Vernichtung. Ohne daß eine Seite dem Gegner bis dahin auch nur einen einzigen Stellungsmeter hätte abringen können, zogen sich die Kaiserjäger in der Nacht zum 2. November 1918 befehlsgemäß vom Pasubio zurück - der Krieg war zuende.

Mehrere Stunden können Interessierte das Gebiet erkunden. Allzu Neugierigen ist Vorsicht anzuraten, denn Stollen, Kavernen und verfallene Unterstände sind oft einsturzgefährdet oder erweisen sich als die reinsten Irrgärten. Wer Glück hat, sieht beim nachdenklichen Verweilen auf dem Gipfel des Cima Palon bei gutem Wetter über die italienische Tiefebene bis zu den Türmen von Venedig, der Lagunenstadt am adriatischen Meer.

Nach Rückfahrt zur Porte del Pasubio führt der schmale Weg durch eine Tunnelöffnung mitten in die Felsberge hinein und markiert den Beginn des wohl faszinierendsten Mountain-Bike-Erlebnisses überhaupt. Abseits des österreichischen Artilleriefeuers haben 600 Alpini hier in sechsmonatiger Arbeit eine der kühnsten, je von Soldatenhand erbauten Anlagen geschaffen. Eine abenteuerliche Route führt durch 52 (!) Felsentunnels über mehr als sechs Kilometer hinab zum Bocca del Xetele. Dazwischen verläuft der Pfad, teilweise aus den senkrechten Felswänden gesprengt, an mehrere hundert Meter tiefen Abgründen entlang. Die Traumblicke über den Alpenrand in die Tiefebene des Veneto sollte nur im Stehen genossen werden. Bei solchen Pausen können sich dann auch die angesichts der gähnenden Tiefe beim Fahren unwillkürlich zitternden Hände wieder etwas beruhigen. Alle Tunnels sind fein säuberlich numeriert. Nummer 19 ist mit 320 m die längste Röhre, den Höhepunkt bildet aber Nummer 20. Die Piste zieht hier in einen markanten, kegelförmigen Berghügel und ward anschließend nicht mehr gesehen. Das Rätsel löst sich erst im Innern des Felsenturmes, wo es spiralförmig über mehrere Etagen in die Tiefe geht. In diesem Kreisel-Fahrstuhl heißt es aufgepaßt, die mannshohen seitlichen Lichtöffnungen ziehen den Biker so magisch an wie das Licht die Motten. Wer die Dinger mit der Ausfahrt verwechselt, hat seinen letzten Sprung getan!

Die meisten Röhren sind so dunkel, daß eine erstklassige Stirnlampe zum Fahren dieser Tour unerläßlich ist. Aber auch damit sind etliche der ohne weitere Glättungsbemühungen bei der Sprengung entstandenen 'Fahrbahnen' in den Tunnels nur mit größter Vorsicht oder überhaupt nicht zu befahren. Dazu türmt sich der Fels über alle drei Dimensionen und wer sich zu sehr auf den Boden konzentriert, schlägt leicht das hoffentlich helmbewehrte Haupt an die vorstehenden Felszacken an. Schließlich war das Ganze auch für die bekannt trittsicheren vierbeinigen Mulis gedacht, die mit stoischer Gelassenheit schwerste Nachschublasten auf den Pasubio schaukelten.

33 PASUBIO

27,9 km · **3:44** Std · **1169** Hm

Nach dem letzten Tunnel erst einmal anhalten und tief durchatmen! Man fühlt sich wie aus einem Biker-Traum erwacht und kann das soeben Erlebte nur schwerlich fassen. Eine unvergeßliche Fahrt ist viel zu schnell zuende gegangen und es gibt nicht Wenige, die sich nach restlicher Pfadabfahrt zum Bocca del Xetele gleich wieder links bergauf halten, um dem kehrenreichen Schotterband eines Weges nördlich des Monte Forni Alti zur Porte del Pasubio zu folgen. Ziel der Übung: Das Ganze noch einmal fahren. Jetzt, mit Kenntnis der Schlüsselstellen der Route, läßt sich der Traumflug durch die 52 Höhlen in einer weit höheren Erlebnisstufe genießen!

Ohne diese Zusatzprüfung rollt man gleich auf einem Forstweg hinab zum Colle Xomo und segelt auf einer Asphaltpiste nach langen, vorsichtigen Trial-Aufgaben wie losgelassen hinab zur Ponte Verde. Die Paßstraße verlangt dem mittelbegabten Biker jetzt mit kräftigem Neigunswinkel noch einmal alles ab, bevor er am Passo Pian delle Fugazze sein bisher schönstes Mountain-Bike-Erlebnis beim Bierchen in einem der beiden Rasthäuser beschließt.

Es ist nur zu hoffen, daß er dann auch ohne unterwegs mehr oder weniger Wertvolles verloren zu haben beglückt die Pkw-Rückfahrt zum Lago-Standort antreten kann. Der Mitarbeiter eines Münchner Bike-Shops hatte bei dessen Betriebsausflug weniger Glück. Er stellte nach Durchfahrung des letzten Tunnels kurz vor dem Bocca del Xetele fest, daß vor lauter Begeisterung bei der Abfahrt unbemerkt Fototasche nebst Geldbörse mit der gesamten Barschaft abhanden gekommen war.

Da es bereits duster wurde, ließ er seine Kollegen ziehen, stellte sein Bike ab und lief den gesamten Weg durch die 52 Tunnels beim Schein seiner Taschenlampe per pedes noch einmal ab. Wie immer in solchen Fällen, wurde er natürlich erst hinter Tunnel Nummer 52 bei der Porte del Pasubio fündig, marschierte anschließend wieder zum Bike ab und fuhr bei bestem Mondlicht nicht nur zum Passo Pian delle Fugazze sondern den gesamten Anfahrtsweg durchs Vallarsa nach Rovereto und über Mori nach Torbole zurück. Dort trudelte er schließlich gegen Mitternacht nur leicht erschöpft ein. Am nächsten Tag war dieser wahre Bike-Freak nur durch den ersten Schneefall von seiner geplanten Tremalzo-Tour abzubringen ...

Anfahrt

An der Verkehrsinsel in Torbole der Hauptstraße bergauf Ri. *'Rovereto'* folgen und über Nago und Mori bis Rovereto fahren. Dort stets Ri. *'Vicenza'* halten und der Fahrstraße durchs Vallarsa-Tal über Valmorbia, Anghèbeni und Parrocchia bis zum Passo Pian delle Fugazze folgen.

Fahrt zum Startplatz

Kurz vor dem Fugazze-Paß rechts auf dem Parkplatz nach der *'Albergo al Passo'* parken. Die Tour beginnt am Ende des Parkplatzes in Richtung Passo Pian delle Fugazze (44 km, 60 Min.).

Alternative Startorte

Bocca del Xetele (nur wenn man die Variante 2 fahren möchte),

Ponte Verde (nur wenn man am Ende der Tour keine Auffahrt mehr haben möchte)

Wegweiser

1 km 0 Vom Parkplatz aus der Anfahrtsstraße weiter Ri. *'Vicenca'* über den *'Passo Pian delle Fugazze'* folgen. Nach 440 m links auf den Schotterweg *'Strada degli Eroi'* Ri. *'Rifugio Papa 399'* abzweigen und diesem nun stets bergauf folgen.

2 km 8,4 Den ersten Tunnel, die Galleria d'Havet, durchfahren und weiter stets dem Schotterweg folgen.

3 km 11,0 Das *'Rifugio Gen. A. Papa'* passieren und nach 70 m am Felsdurchschlupf der Porte del Pasubio rechts auf den schmalen Weg am Eisengeländer entlang Ri. *'Strada Gallerie 366'* abzweigen. Nach 60 m führt der Weg in den ersten Tunnel (ACHTUNG! STIRNLAMPE ERFORDERLICH!). Nun stets dem Karrenweg/Pfad durch alle 52 Tunnels folgen.

4 km 12,7 Nach Tunnel Nr. 43 und kurzer Bergauf-/Bergab-Schiebestrecke dem Pfad rechts durch den Tunnel am mitten im Weg stehenden Eisenpfosten vorbei folgen (nicht links am Hang entlang!).

5 km 17,2 Nach dem letzten Tunnel die Sperre passieren und dem Schotterpfad weiter bergab folgen.

6 km 17,7 Man mündet bei einem kleinen Parkplatz am Bocca del Xetele und befährt den Forstweg rechts bergab. Nach 450 m den links abzweigenden Weg liegen lassen und geradeaus bergab bleiben.

7 km 19,2 Am *'Passo Xomo'* (Gebäude) rechts auf den ebenen Weg Ri. *'Ponte Verde'* steuern. Nach 1,3 km ist die Piste asphaltiert.

8 km 24,6 Nach steilerer Abfahrt mündet man bei der Ponte Verde an die Hauptstraße. Diese rechts bergauf Ri. *'Pian delle Fugazze, Rovereto'* stets bis zum Ausgangspunkt befahren.

Tips + Info

Diese Tour ohne eine Stirnlampe zu starten, ist völlig sinnlos. Eine Taschenlampe ist nur wenig hilfreich, weil auf den meist trialartigen Pisten in den Tunnels beide Hände zum Lenken benötigt werden. Für diese Tour ist auch für Helmmuffel unbedingt ein Kopfschutz zu empfehlen. In den dunklen Tunnels stehen jede Menge Felsvorsprünge u.ä. auf Kopfhöhe im Weg.
Die Tunnel sind bei dieser Route in umgekehrter Richtung numeriert (jeweils am Tunnelausgang). Es beginnt also mit Tunnel Nummer 52.

Variationen

Für Einsteiger:

1. Abfahrt Porte del Pasubio-Bocca del Xetele auf Schotterweg: Sehr viel leichter als die beschriebene Tour durch die 52 Tunnels ist die Abfahrt auf diesem Schotterweg. Allerdings fehlt dann der faszinierendste Teil der Tour.

2. Auffahrt Bocca del Xetele-Porte del Pasubio: Für eine etwas leichtere Kurzvariante der Tour kann man mit dem Auto über Ponte Verde und Passo Xomo zum Bocca del Xetele fahren (Parkplatz am Beginn der Strada del Gallerie), dort o.g. Forstweg bergauf zur Porte del Pasubio nehmen und der beschriebenen Route wieder bergab durch die 52 Tunnels zum Ausgangspunkt folgen.

Für Cracks:

3. Abstecher zum Cima Palon mit italienischer Platte: Allen Interessierten sei der Abstecher von WW 3 aus auf fast voll fahrbarem Weg am Arco Romano und der Chiesetta votiva vorbei zum Gipfel des Cima Palon empfohlen. Auf der italienischen Platte sind Relikte aus dem Ersten Weltkrieg, wie Schützengräben, Stollen, Kavernen aus den Pasubio-Kämpfen 1916 - 18 zu besichtigen.

Nicht probieren:

4. Tour in umgekehrter Richtung: Die Strada del Gallerie ist von ihrem Beginn beim Bocca del Xetele aus bergauf weitgehend unbefahrbar.

34 MONTE PIZZOCOLO

32,7 km · **4:42** Std · **1689** Hm

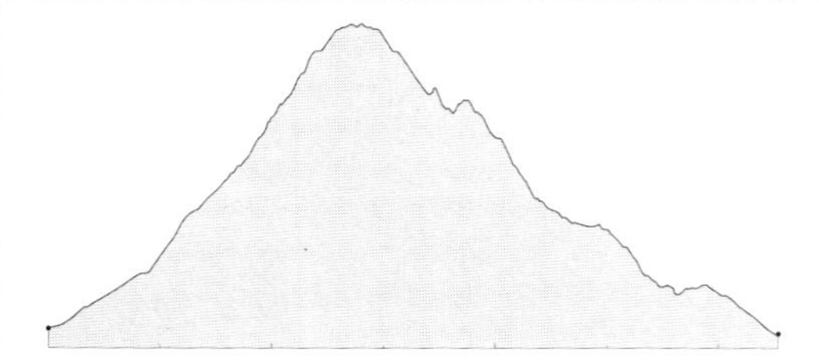

Sehr schwere Tour! Ein Marathon-Uphill auf den Aussichtsberg des Südens mit traumhaft schönem Lago-Panorama. Fahrt über den begeisternden Sentiero dei Ladroni mit gefährlichen Trial-Passagen an steilen Hängen. Supertour!

Beschreibung

Alles beherrschend ragt oberhalb von Toscolano und Maderno ein mächtiger Kegelberg aus den hier am südlichen Lago deutlich niedrigeren Hügeln der Umgebung auf. Dieser Hecht im Karpfenteich strahlt zu Recht eine selbstbewußte Dominanz aus, er ist die große Aussichtskanzel des Südens.

Es versteht sich von selbst, daß eine Fahrt vom Fast-Null-Niveau des Seeufers auf einen Giganten wie den Pizzocolo nicht zu den leichtesten Übungen gehören kann. Nachdem anfangs die Asphaltstraße noch bequem zu befahren ist, müssen hinter Sanico dem Berg die Höhenmeter mühsam abgetrotzt werden. Der Weg wartet immer wieder mit sehr steilen Passagen auf, dazwischen gibt es kurze Erholungsphasen auf erträglicheren Abschnitten. Erst ganz am Ende wird die Piste zum Karrenweg, auf dessen Geröll man sich weiter nach oben kämpft. Das traumhaft schöne Seepanorama und die Fahrt am völlig freien Berghang sind allemal die Mühe wert. Schier grenzenlos schweifen die Blicke aus höchster Warte über den meerähnlichen Südteil des Lagos und die Landzunge von Sirmione in die Po-Ebene.

Nach wieder kurzer Abfahrt ist Ende der fahrbaren Piste, die letzten hundert Höhenmeter zum Gipfel sollten unter Zurücklassen des Bikes am besten zu Fuß erklommen werden. Auf gleichem Weg geht es ein Stück zurück nach Le Prade und weiter bergab zum Passo Spino, wo man auf den Sentiero dei Ladroni steuert. Dieser uralte Bergpfad ist für Biker in dieser Richtung eine weitgehend fahrbare, traumhaft schöne Trial-Piste, teilweise allerdings am fast senkrecht abfallenden Steilhang entlangführend. Am Ende geht es steil durch den Wald abwärts zum Passo della Fobbiola, wo man wieder an einem Schotterweg mündet. Der Rest dieser erlebnisreichen Tour besteht aus reinem, wohl verdientem Abfahrtsspaß. Im Wechsel von steileren und flacheren Abschnitten durch die Täler von Campiglio und Toscolano rollt man nach Gaino und über die asphaltierte Fahrstraße hinab auf Seehöhe.

Fahrstrecke

km	Ort	Hm	Zeit
0,0	Toscolano	**78**	
	P Abzweig Gaino		
2,3	Maclino	222	
4,5	Sanico	350	0:42
9,0	S. Urbano	880	1:45
10,3	C. Prada	1112	
11,4	Pilès	1255	
11,9	Le Prade	1352	2:50
13,5		**1480**	
13,7	M. Pizzocolo	1469	3:18
15,6	Le Prade	1352	3:25
17,0	Passo di Spino	1160	3:31
17,2	Sentiero dei Ladroni	1190	3:35
20,0	Passo della Fobbiola	961	4:05
21,7	Valle di Campiglio	689	
25,0	Maerni di sotto	546	
27,3	Valle Toscolano	293	4:21
29,8	Gaino	272	
31,0	Pulciano	193	
32,7	Toscolano	78	4:42

34 MONTE PIZZOCOLO

32,7 km · 4:42 Std · 1689 Hm

Streckenschwierigkeiten

leicht	mittel	schwer	extrem
16,0 km	9,0 km	6,8 km	0,9 km

Sehr schwere Auffahrt zum Pizzocolo, am Ende sehr steil. Sentiero dei Ladroni mit Trial-Passagen und schmaler Fahrbahn an Steilhängen.

Fahrbahnen

Asphalt-	Forst-	Karrenwege	Pfade
11,2 km	11,3 km	7,4 km	2,8 km

Auffahrt Asphaltstraße bis hinter Sanico, dann Schotterweg, am Ende Karrenweg bis zum Pizzocolo, abschnittweise sehr gerölIbedeckt. Pfad zwischen Passo Spino und Fobbiola. Abfahrt ins Valle Campiglio auf geröllbedecktem Weg, dann besserer Forstweg. Ab Gaino Asphaltstraße.

Tragestrecken

Kurze Schiebepassagen bei Auffahrt zum Pizzocolo und auf dem Sentiero dei Ladroni.

Rast

Rif. Pirlo (mit kurzem Abstecher von der Tour zu erreichen)

Bergwanderungen/Gipfel

Monte Pizzocolo (1581 m)
Monte Spino (1486 m)

Karten

I.G.M. 'Idro, Gargnano, Salo, Toscolano-Maderno'	M 1:25.000
f & b 'Gardasee'	M 1:50.000
KOMPASS '102'	M 1:50.000

34 MONTE PIZZOCOLO

32,7 km · **4:42** Std · **1689** Hm

Wegweiser

1 km 0 Ortsdurchfahrt Toscolano: Am Ende der Parkplätze links über die alte Brücke am Einbahnstraßenschild vorbei halten, nach 60 m am *'Caffè Ponte Vecchio'* rechts bergauf in die *'Via Montemaderno'* fahren und dieser Hauptstraße nun stets folgen.

2 km 2,3 Nach der Kirche in Maclino der Straße durch die Rechtskehre (mit angebrachtem Verkehrsspiegel) folgen.

3 km 4,5 In Sanico, dem letzten Ort, links bergauf Ri. *'Sant Urbano-Rif. Spino'* abzweigen. Diese Asphaltstraße stets befahren, nach 1,1 km wird sie zu einem Schotterweg.

4 km 7,8 Am rechten Abzweig Ri. *'Malga Valle-Pizzocolo'* geradeaus auf dem Weg Ri. *'Rif. G. Pirlo-Spino'* bleiben.

5 km 9,0 Bei der kleinen Kapelle S. Urbano auf dem steilen Weg bergauf Ri. *'Pizzocolo'* bleiben. Nach 300 m vom Schotterweg links auf den sehr steilen, asphaltierten Weg abzweigen. Nach 100 m, kurz hinter dem Gebäude, den rechts abzweigenden Weg mit den Beton-Fahrspuren liegen lassen.

6 km 11,9 500 m nach Passieren einer einzelnen Hütte mündet man nach einer nur schwer befahrbaren Geröll-Passage am zunächst ebenen Weg hinauf zum Gipfel und fährt rechts Ri. *'Pizzocolo 5'*.

7 km 13,7 Nach wieder leichter Abfahrt zweigt in einer Rechtskehre der Pfad Ri. *'S. Urbano-Maderno'* ab. Bis hierher ist die Route befahrbar, die restlichen 112 Höhenmeter zum Gipfel geht man auf sehr gerölligem Pfad am besten zu Fuß. Anschließend wieder zu WW 6 zurückrollen.

8 km 15,6 Nach Rückfahrt an WW 6 (von links mündet der Anfahrtsweg) nun geradeaus bergab Ri. *'Rif. G. Pirlo-Spino'* fahren.

9 km 17,0 Am *'Passo dello Spino'* geradeaus zwischen den großen Bäumen hindurch halten und den Weg bergauf Ri. *'Rif. Spino'* befahren. Nach 180 m bei der großen Gebäuderuine dem jetzt ebenen Weg geradeaus folgen und nach 80 m rechts auf den abschüssigen Pfad Ri. *'Fobbiola, Degana 3'* abzweigen. Diesem Sentiero dei Ladroni nun stets folgen.

10 km 20,0 Beim Passo della Fobbiola kurz nach der Hütte den Forstweg rechts Ri. *'Fobbia'* befahren. Nach 320 m am Wegedreieck rechts

Anfahrt

An der Verkehrsinsel in Torbole Ri. *'Riva'* fahren, dorts stets Ri. *'Brescia, Limone'* halten und der Gardesana Occidentale am Seeufer entlang bis Toscolano folgen.

Fahrt zum Startplatz

900 m nach dem Ortsschild *'Toscolano'* im Ort von der Hauptstraße rechts Ri. *'Gaino'* abzweigen und unmittelbar dort auf den Parkmöglichkeiten links oder rechts der Straße parken. Die Tour beginnt nach wenigen Metern bei der Verzweigung der Straße (40 km, 45 Min.).

Alternative Startorte

--

bergab ins Valle Campiglio halten.

11 **km 21,7** Nach steiler Abfahrt den Bachgraben nach links überqueren und dem Weg stets talauswärts folgen.

12 **km 25,0** Man mündet beim Almgebäude von Maerni an einem steilen Betonweg und befährt diesen links bergab ins Valle Toscolano.

13 **km 27,3** Im Tal nach Überquerung der Brücke den Schotterweg rechts talauswärts befahren.

14 **km 29,8** Im Ort Gaino der Asphaltstraße kurz nach rechts, gleich wieder nach links und schließlich leicht abschüssig ortsauswärts folgen.

15 **km 30,2** Auf einer flachen Passage der Straße geradeaus folgen und bald stets bergab durch Pulciano zum Ausgangspunkt Toscolano rollen.

Tips + Info

Obwohl bei dieser Tour nach Augenschein von der Karte her eine Auffahrt von hinten über Valle Toscolano und Valle Campiglio oder Valle d'Archesane als zunächst sinnvoller erscheint, ist der direkt Weg am Südhang auf den Pizzocolo-Gipfel am besten fahrbar. Im hinteren Valle d'Archesane ist ab Il Palazzo die steinige Geröllpiste hinauf zum Passo Spino überhaupt nicht mehr fahrbar. Analog dazu liegt der nur wenig bessere Weg im hinteren Valle Campiglio oft an der Grenze zur Befahrbarkeit.
Überdies ist der Sentiero dei Ladroni eigentlich nur in der beschriebenen Richtung befahrbar. Umgekehrt vom Passo della Fobbiola zum Passo Spino führt er über 200 Höhenmeter bergauf und ist deshalb weitgehend unbefahrbar.

Im Ortskern von Toscolano gibt es eine recht gute, bereits am Abzweig von der Hauptstraße bei den Parkplätzen beschilderte Pizzeria.

Variationen

Für Einsteiger:

1. Rückfahrt auf dem Anfahrtsweg: Etwas leichter wird die Tour, wenn man den nicht ganz einfachen Sentiero dei Ladroni ausläßt und auf dem Anfahrtsweg wieder nach Toscolano abfährt.

2. Fahrt nur bis Le Prade: Eine zusätzliche Erleichterung für Variation 1 ist, die Fahrt nur bis Le Prade mit dem Bike durchzuführen und anschließend ab WW 6 zu Fuß zum Pizzocolo-Gipfel zu wandern.

Auch probieren:

3. Auf- oder Abfahrt über M. Pirello und Passo Spino: Eine alternative Route führt bei der Kapelle S. Urbano (WW 5) links auf den schmalen Weg (später Pfad) Ri. *'Pirello-Rif. Spino'*. Diese Schleife kann alternativ benutzen (vorzugsweise zur Abfahrt), wer Auf- und Abfaht an der Südseite des Pizzocolo durchführen und nicht durchs Valle Campiglio abfahren möchte.

4. Abfahrt über Il Palazzo und Valle d'Archesane: Eine leichte Verkürzung der Route mit Ausschluß des Sentiero dei Ladroni ergibt sich, wenn man bei WW 9 rechts auf den Weg Ri. *'Il Palazzo'* abzweigt. Später wird daraus allerdings eine sehr wüste Geröllpiste, bevor am Gebäude von Il Palazzo wieder ein sehr guter Forstweg durchs Valle d'Archesane beginnt, der an WW 12 der beschriebenen Route mündet.

35 DALCO 20,2 km · 3:17 Std · 1062 Hm

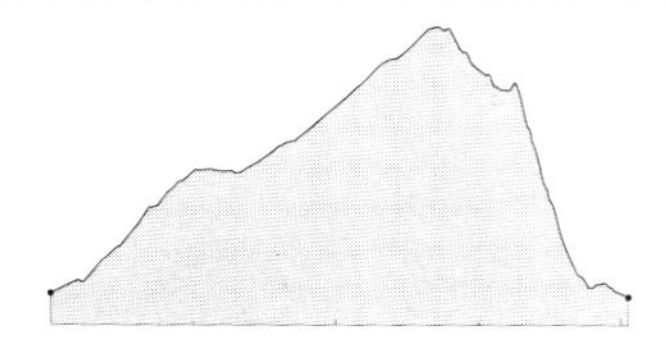

Extreme Tour! Nach herrlicher Auffahrt hoch über den See folgt der absolute Kamikaze-Trial der Region. Für den, der's mag: Ein Superrutsch!

Beschreibung

Für Freaks, denen die Val-Pura-Tour wie eine langweilige Spazierfahrt und die Valle-Piana-Runde lediglich als verlängerte Variante einer ähnlichen Veranstaltung erscheint, gibt es gleich nebenan das echte, pure Trial-Abenteuer zu bestehen. Dalco schwebt einsam über allen MTB-Downhills, ist mit Abstand der schärfste Kamikaze-Trial am gesamten Lago. Nur wer diese Prüfung abolviert hat, kann beim Thema schwere Abfahrten mitreden. Von 'Fahren' werden dabei nur einige wenige Traumtänzer sprechen können, die meisten anderen müssen über weite Strecken des Sentiero 111 mit einer Rutschpartie auf allen Vieren rechnen. Sie können die ganze Veranstaltung als Maßstab für das eigene Unvermögen betrachten. Die Güte des Geräts taugt hier nicht als Ausrede, einzig perfektes Fahrkönnen und Gefühl für das Bike in allen Fahrsituationen hilft einigermaßen heil über diesen wahren Teufelsritt ins Valle del Singol.

Wer mag, benutzt von Limone aus die gleiche Route wie sie auch als Anfahrt bei der Tour durchs Val Pura dient. In diesem Fall läßt man den 123er Pfad rechts liegen, fährt bis zum Wegende vor der Felsbarriere und steigt mit geschultertem Bike auf steiler Pfadspur durch die Wand. Das hört sich schlimmer an als es in Wirklichkeit ist, mit gutem Schuhwerk erreicht man in wenigen Minuten den Scheitelpunkt und es folgt eine traumhaft schöne Fahrt an der Felskante entlang zum Sentiero 110, der dann weiter nach Dalco führt.

Zur Abwechslung kann allerdings auch die im Wegweiser beschriebene Strecke auf der Fahrstraße bis Vesio und über die serpentinenreiche Schotterpiste der Piazzale Angelini hoch über die Sonnenterrasse Tremosine benutzt werden. Am Bocca dei Sospiri zweigt man auf einen schmalen Waldpfad ab, quert in herrlicher Fahrt auf diesem absoluten Geheimweg den Südhang des Berges und fährt mit prachtvoller Aussicht auf den Gardasee hinab zum Schnittpunkt der Sentieros 109 und 110. Hier über den steilen Felsabstürzen des oberen Val Pura beginnt ein Karrenweg nach Dalco. Auf der Fahrt lohnt bei Dega eine kurze Pause, nur wenige Schritte vom rechten Wegrand entfernt findet man einen wundervollen Panoramaplatz mit Traum-Seeblicken direkt an der Hangkante.

Fahrstrecke

0,0	Limone	**112**	
	P bei Carabinieri		
4,1	bei Ustecchio	480	
5,0	Voltino, Kirche	559	0:46
6,4	Fucine	547	
7,8	Vesio	632	1:13
8,5	Reitstall	660	1:20
10,4	Piazzale Angelini	822	
13,0	Bocca dei Sospiri	1057	2:10
13,5		**1072**	
15,2	Dega	902	
15,9	Dalco	844	2:35
16,2		872	
18,0	Valle del Singol	288	3:05
18,4	la Milanesa	185	
20,2	Limone	112	3:17

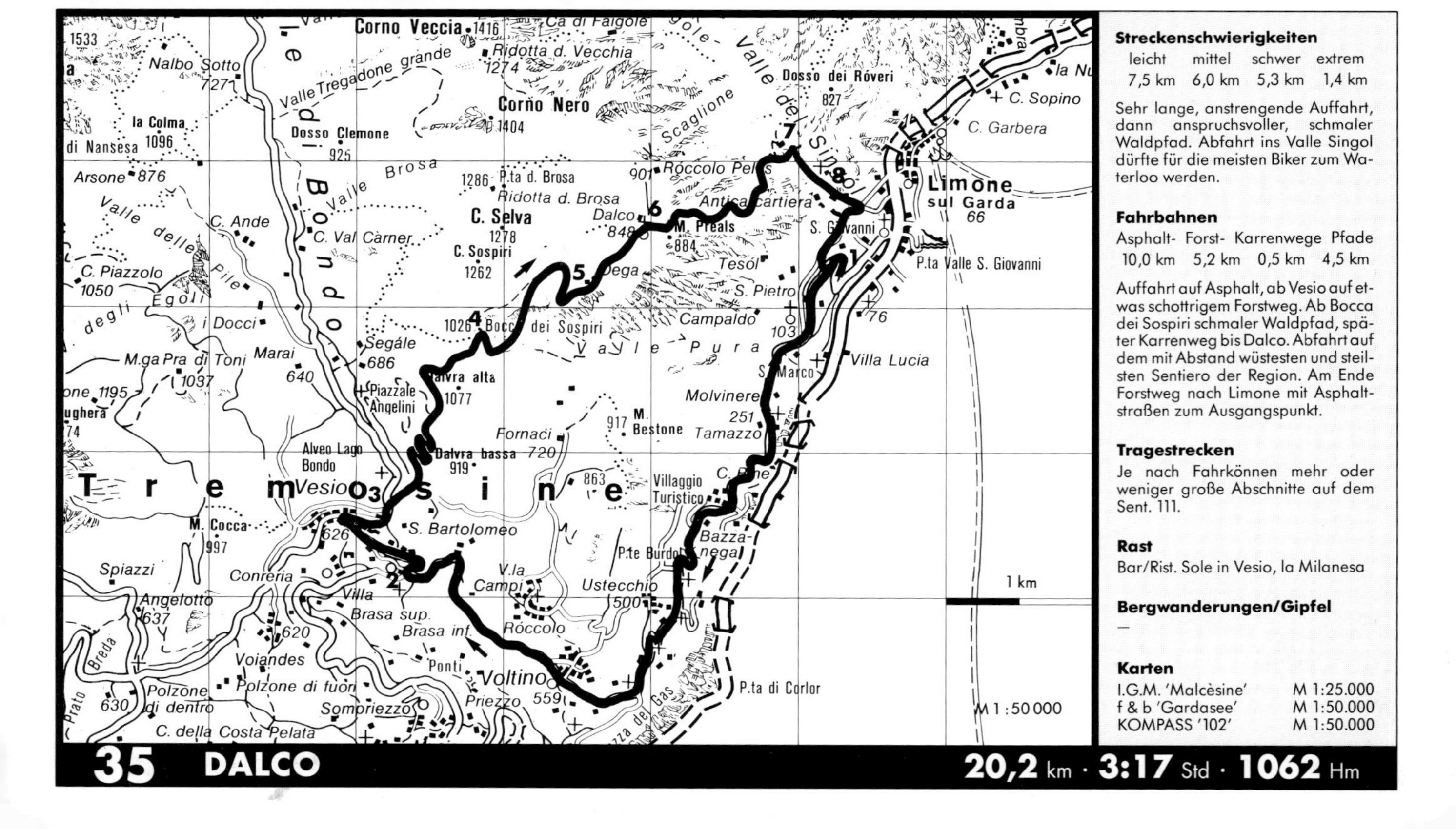

Streckenschwierigkeiten

leicht	mittel	schwer	extrem
7,5 km	6,0 km	5,3 km	1,4 km

Sehr lange, anstrengende Auffahrt, dann anspruchsvoller, schmaler Waldpfad. Abfahrt ins Valle Singol dürfte für die meisten Biker zum Waterloo werden.

Fahrbahnen

Asphalt-	Forst-	Karrenwege	Pfade
10,0 km	5,2 km	0,5 km	4,5 km

Auffahrt auf Asphalt, ab Vesio auf etwas schottrigem Forstweg. Ab Bocca dei Sospiri schmaler Waldpfad, später Karrenweg bis Dalco. Abfahrt auf dem mit Abstand wüstesten und steilsten Sentiero der Region. Am Ende Forstweg nach Limone mit Asphaltstraßen zum Ausgangspunkt.

Tragestrecken

Je nach Fahrkönnen mehr oder weniger große Abschnitte auf dem Sent. 111.

Rast

Bar/Rist. Sole in Vesio, la Milanesa

Bergwanderungen/Gipfel

—

Karten

I.G.M. 'Malcèsine'	M 1:25.000
f & b 'Gardasee'	M 1:50.000
KOMPASS '102'	M 1:50.000

35 DALCO

20,2 km · **3:17** Std · **1062** Hm

35 DALCO

20,2 km · 3:17 Std · 1062 Hm

Im idyllischen Weidegelände bei den Ruinen der ehemaligen Dalco-Alm quert ein Pfad über die Wiesen, zieht einige Serpentinen am bewaldeten Berghang hinauf und wird nach Überfahrung einer Kuppe wieder leicht abschüssig. Aber schon nach wenigen Metern beginnt das Unheil. Wer vorher noch eine Meditation braucht, findet etwas oberhalb der ersten Linkskehre einen weiteren, empfehlenswerten Aussichtspunkt. Auf einem handtuchschmalen Felssteg wandelt man mitten hinaus in die gähnenden Abgründe und kann sich wie ein tibetanischer Mönch in der kargen Einsamkeit niederlassen.

Noch ist es zur Umkehr nicht zu spät. Erst wer nach der Andacht wieder aufsattelt und das Bike bergab in Bewegung setzt, fährt mitten ins Höllenfeuer. Urplötzlich kommt es knüppeldick, die Piste wird nicht nur brutal steil und steinig, sondern weist auch tief ausgewaschene Erosionen auf, bietet meterhohe Felsabsätze sowie steilste Rinnen und Rampen. Wer diese Schlüsselstellen fahrend nehmen will, braucht feinstes Fingerspitzengefühl zum richtigen Bremsen und ein gut timendes Auge. So ist ein Absatz nur dann zu überwinden, wenn man mit genau angepaßtem Tempo über die Rampe schießt, den Vorderreifen zentimetergenau einen halben Meter tiefer auf den dort liegenden Felsblock aufsetzt und genügend Schwung behält, daß anschließend der Hinterreifen an gleicher Stelle vor dem endgültigen Sprung auf wieder feste Fahrbahn auch noch kurz abrollen kann. Die ganze Aktion spielt sich wohlgemerkt bei einem Neigungswinkel von etwa 30 Prozent ab und wer alles gut koordiniert hat, muß nur noch dafür sorgen, daß er gleich nach dem Aufsetzen die enge Spitzkehre am tödlichen Abgrund entlang nach rechts erwischt. Bei dem hohen Tempo und geröllübersäter Piste ist dies auch keine der leichtesten Bremsübungen. Günther Gitzoller, ein seit zehn Jahren am Gardasee lebender Österreicher und guter Gebietskenner, führte mir bei unserer gemeinsamen Tour das Ganze auf Wunsch gleich zweimal hintereinander vor und flutschte anschließend auch mit stoischer Gelassenheit über die wohl mehr als 40prozentige, mehrere Meter tiefe Felsrampe hinab. Schon vom Anschauen zitterten mir die Knie und aus Sicherheitsgründen sowie im Interesse der Fertigstellung des vorliegenden Buches zog ich den auch nicht ganz einfachen Fußmarsch über beide Passagen vor.

Vor dem nächsten Hindernis mußte sogar Trial-Freak Günter kapitulieren. Ein uralter Holzbohlensteg führt über eine tiefe Felsspalte und wer hier munter drauflosmarschiert, könnte seine letzten Schritte getan haben. Nur das innere, direkt an der Felswand liegende Rundholz ist noch begehbar, alle anderen morschen Exemplare warten auf den Tölpel, der die Falle übersieht. Nach dieser letzten Kriegslist des Teufelspfades können auch Durchschnitts-Biker langsam wieder ans Fahren denken und wer das Martyrium schließlich hinter sich gebracht hat, kann mal über den Wahrheitsgehalt von Günter's Aussage sinnieren, er kenne da einen Motocrosser, namens Alberto Lorenzi, der würde diese Piste herunterdriften, ohne ein einziges Mal den Fuß auf die Erde zu setzen - wohlgemerkt, mit dem Mountain-Bike und nicht etwa mit dem Gleitschirm ...!

Anfahrt

An der Verkehrsinsel in Torbole Ri. *'Riva'* fahren, dort stets Ri. *'Limone, Brescia'* halten und der Gardesana Occidentale am Seeufer entlang bis Limone folgen.

Fahrt zum Startplatz

2 km nach dem Ortsschild *'Limone'* im Ort rechts Ri. *'Tremosine 2'* abzweigen, der Straße 400 m folgen und kurz vor der Linkskehre und einer *'Carabinieri'*-Station rechts auf dem unbefestigten Parkplatz parken. Hier beginnt die Tour (16 km, 22 Min.).

Alternative Startorte

Vesio

Wegweiser

1 **km 0** Der Fahrstraße durch die Linkskehre am Gebäude der *'Carabinieri'* vorbei bergauf folgen. Stets auf dieser Hauptstraße bleiben.

2 **km 6,9** Man mündet an eine weitere Straße, fährt rechts Ri. *'Tignale'* und passiert nach wenigen Metern das Ortsschild *'Vesio'*. Nach knapp 1 km im Ortskern, kurz vor der *'Albergo Sole'*, rechts Ri. *'Passo Tremalzo'* abzweigen.

3 **km 8,3** An der Kreuzung beim Beginn der Tremalzo-Schotterstraße rechts in die *'Via dalvra'* abzweigen. Nach 150 m von der Asphaltstraße geradeaus auf den Schotterweg zum Reitstall hin steuern, dort dem Weg durch die Linkskehre in den Wald hinein und dann stets bergauf folgen.

4 **km 13,0** In einer leichten Rechtskehre, am Beginn einer flacheren Wegpassage, rechts auf den schmalen, unscheinbaren Pfad an der Wegböschung hoch abzweigen und diesem am Hang entlang folgen. Nach 630 m an der Verzweigung geradeaus auf dem ebenen Ast bleiben, nach kurzer Auffahrt dem Pfad um die Bergkuppe und bergab folgen.

5 **km 14,6** Nach der Abfahrt dem querenden Pfad nach rechts folgen. Nach 240 m an der Pfadkreuzung links Ri. *'110'* halten und diesen Pfad/Karrenweg nun stets befahren.

6 **km 15,9** 20 m nach Passieren der ersten Ruine von *'Dalco per Limone'* rechts Ri. *'111-112'* auf den Pfad übers Wiesengelände abzweigen. Nach 70 m am Waldrand dem Pfad bergauf Ri. *'111-112'* folgen. Nach 160 m, kurz vor dem höchsten Punkt, den links abzweigenden Pfad *'111'* liegen lassen, die Kuppe überqueren und dem Pfad Ri. *'Limone'* bald wüst bergab folgen.

7 **km 18,0** Man mündet im Valle del Singol an einen Weg und fährt rechts bergab.

8 **km 18,5** Ortsdurchfahrt Limone: Die Brücke des *'S. Giovanni'* überqueren und dem Weg am la Milanesa vorbei stets bergab folgen. An der Asphaltstraßen-Kreuzung bei km 18,9 dem ebenen Weg rechts Ri. *'Passegiata del Comboniani, ...'* folgen, die Brücke überqueren und am Stopschild geradeaus bergauf in o.g. Ri. halten. Nach Auffahrt in o.g. Ri. links abzweigen und bei km 19,4 links bergab in die *'Via San Pietro'* steuern. Nach 240 m bei Mündung an einer Straße diese links steil bergab rollen und bei Mündung an der Anfahrtsstraße links zurück zum Ausgangspunkt fahren.

Variationen

Für Cracks:

1. Über Corna Vecchia: Tolle Erweiterung der Tour! Dazu an WW 4 auf dem Weg bleiben und nach 2,5 km, hinter dem ersten Tunnel, rechts auf den mit gelbem Pfeil markierten Pfad gehen. Das Bike über den Corna Vecchia tragen und dem Sentiero 102 in toller Fahrt mit ständigen Seeblicken bis zu WW 5 der beschriebenen Tour folgen.

Auch probieren:

2. Auffahrt über Ustecchio und Fornaci: Statt über Vesio kann man auch die Route der Val-Pura-Tour fahren, dann den rechts ins Tal abzweigenden Sentiero 123 liegen lassen, am Wegende dem Pfad durch die Felsen mit geschultertem Bike folgen und oben an der Hangkante entlang in prächtiger Fahrt zu WW 5 der beschriebenen Route fahren.

3. Auffahrt über Pieve: Eine sagenhaft schöne Auffahrt zweigt etwa 5 km hinter Limone rechts durch den Tunnel Ri. *'Tremosine'* ab (keinerlei Parkmöglichkeiten!). Die Fahrstraße führt durch Tunnels, unter über die Piste hinweg geleitete Bäche und durch engste Felsschluchten hinauf zum 400 m hoch über dem Lago-Spiegel direkt an der Felskante liegenden Pieve. Ein Traum!

Nicht probieren:

4. Valle Scaglione: Der dortige Sentiero 102 ist völlig unbefahrbar!

36 MONTE ALTISSIMO

53,1 km · **6:10** Std · **2394** Hm

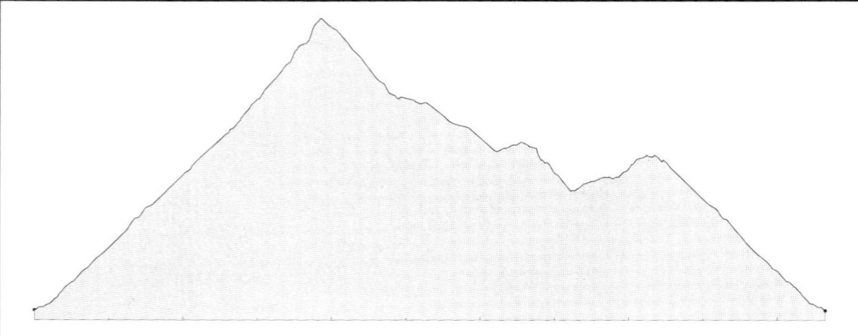

Extreme Tour! Die totale Uphill-Prüfung am Lago. Fast vier Stunden Auffahrtskurs mit vielen schönen Seeblicken und am Ende herrlichem Downhill. Supertour!

Beschreibung

Monte Altissimo di Nago heißt die vollständige Bezeichnung eines über Torbole am nördlichen Gardasee-Ufer thronenden Biker-Ungeheuers. Nicht zu verwechseln mit dem schlichten, aber noch höheren Monte Altissimo, der sich außerhalb des Lago-Reviers über einem Tal mit dem wohlklingenden Namen Val Giudicarie Inferiore erhebt. Einen halben Arbeitstag, fast vier Stunden, ist der Durchschnittsbürger vom kleinen Bootshafen in Torbole aus auf lupenreinem Gipfelkurs, bevor er wankend das Rifugio Damiano Chiesa nur 18 m unter dem 'Dach' dieser Bike-Region betritt. Cracks können sich darauf bestenfalls einen Bonus von einer Stunde einräumen, es bleibt aber immer noch genug, um auch bei der stahlharten Spezies nach glatten 2000 Höhenmetern am Stück leichte Ermattungserscheinungen auszulösen. Wenn nicht, empfiehlt sich vielleicht der legendäre Mauna Kea auf Hawai. Dort liegen zwischen Pazifik und Kraterrand genau 4205 der metergroßen Einheiten ...

Weil nicht jeder ein Drachentöter sein kann, hält der Altissimo für Weichlinge natürlich auch Alternativen bereit. Meist bedeutet dies, den Klotz von höherer Warte anzugehen und bis dorthin mit dem Auto aufzufahren. 1100 Höhenmeter oder zwei Stunden Fahrzeit können mit einer Autofahrt zur Malga Casina gekappt werden. Die asphaltierte Strada del Monte Baldo ist nämlich von Nago aus bis zu einer Schranke am Ende des Asphaltbandes auf etwa 1560 Meter Höhe öffentlich befahrbar. Eine weitere Chance ist die Pkw-Auffahrt hinter dem Altissimo über Mori und Brentonico nach San Giacomo und San Valentino. Dort, oder gar noch ein Stückchen höher am Passo Canaletta beim Rifugio Graziani, kann die dann wesentlich leichtere Tour ebenfalls gestartet werden. Die

Fahrstrecke

km	Ort	Höhe	Zeit
0,0	Torbole beim Bootshafen	**68**	
2,5	Strada del M. Baldo	266	0:22
6,7	Malga Zures	691	1:04
10,5	Malga Casina	1040	1:43
13,8	Prati di Nago	1368	2:15
16,7	Monte Varagna	1712	2:52
19,2	Rifugio Altissimo	**2060**	3:37
23,4	Rifugio Graziani	1620	4:00
25,1	Malga Bes	1504	
28,7	S. Valentino	1327	4:22
32,2	S. Giacomo	1196	4:32
36,0	Festa	885	4:51
42,2	Strada del M. Baldo	1084	5:40
42,6	Malga Casina	1040	
46,4	Malga Zures	691	
53,1	Torbole	68	6:10

Streckenschwierigkeiten

leicht	mittel	schwer	extrem
32,2 km	13,2 km	6,7 km	1,0 km

Absolut längste Auffahrt der Region über 2000 Höhenmeter! Im letzten Abschnitt zum Rifugio unbefahrbare Schiebestrecke auf steinigem Pfad.

Fahrbahnen

Asphalt-	Forst-	Karrenwege	Pfade
32,4 km	16,4 km	1,5 km	2,8 km

Auffahrt bis etwa 1560 m Asphalt, anschließend Almweg, dann Karrenweg und Pfad. Abfahrt vom Altissimo auf Schotterweg, später auf asphaltierter Fahrstraße bis S. Giacomo. Dort bis Festa teils mäßiger Feldweg, im weiteren Verlauf breiter Forstweg. Abfahrt nach Torbole auf asphaltierter Anfahrtsstraße.

Tragestrecken

1. 0,25 km / 4 Min. / 50 Hm
2. 0,62 km / 14 Min. / 137 Hm

Rast

Rif. Damiano Chiesa (Altissimo), Rif. Graziani, Festa

Bergwanderungen/Gipfel

Monte Altissimo di Nago (2079 m)

Karten

I.G.M. 'Nago, M. Altissimo'	M 1:25.000
f & b 'Gardasee'	M 1:50.000
KOMPASS '101'	M 1:50.000

36 MONTE ALTISSIMO

53,1 km · 6:10 Std · 2394 Hm

schlappsten Flachmänner allerdings erinnern sich an das Gesetz über den geringsten Widerstand, lassen sich nach Malcèsine kutschieren, schweben bequem per Gondelbahn auf den Baldo, 'greifen' das Ganze wild entschlossen von oben an und freuen sich nach kurzer Auffahrt zum Altissimo-Gipfel auf ein Marathon-Downhill nach Torbole. Fast 20 km Sinkflug mißt dann die längste Abfahrt, die die Region zu bieten hat.

Echtes Gipfelglück, verbunden mit einem der traumhaftesten Panoramen über den Lago und die gesamte umliegende Bergwelt, empfindet natürlich nur der Tüchtige, der jeden Meter Asphalt der Strada del Monte Baldo im Schweiße seines Angesichts unter den Kettenblättern vorbeistreichen sah. Schwer zu sagen, wie ein normaler Mensch diese vier Stunden Gipfelsturm eigentlich aushalten soll. Am besten wäre, vorher von nichts zu wissen und sich, wie so oft beim Mountain-Biken, nur vom Hoffen auf das fiktive Ende der Auffahrt hinter jeder nächsten Wegkehre vorantreiben zu lassen. Da der Leser diese Chance mit Studium der vorliegenden Zeilen bereits vertan hat, bleibt nur der Rat, die Sache nicht ohne Mini-Kettenblätter und Riesen-Ritzel anzugehen!

Wer am Ende der Asphaltpiste etwa glaubt, auch das Ende der Fahnenstange sei schon erreicht, täuscht sich gewaltig. Eigentlich geht es hier, nach bereits zweieinhalbstündiger Auffahrt, erst richtig los. Ein Schotterweg leitet weiter zu einem Almgelände unterhalb des Monte Varagna, wo die Fahrbahn schließlich in einen schmalen Pfad übergeht. Bald wird es mächtig steil, grobe Steine lassen kaum ein Fortkommen zu. Die wüste Passage endet allerdings schon nach kurzer Zeit und es folgt vor dem Showdown nochmals eine herrliche Fahrt durch relativ flaches Wiesengelände zum Einstieg in die Gipfelflanke des Altissimo. Der steile, geröllübersäte Sentiero 632 hinauf zum Rifugio ist beim besten Willen nicht mehr fahrbar und muß fast zur Gänze per pedes erkraxelt werden.

Wer glücklich oben angekommen ist und sich bei wohlverdienter Rast gestärkt hat, dem eröffnen sich schier unbegrenzte Möglichkeiten zur weiteren Gestaltung der Fahrt. Die beschriebene Tour ist die einfachste und erholsamste Route nach Festa. Zum Teil auf der Fahrstraße verlaufend, ist sie aber phasenweise auch etwas unspektakulär. Der schönste, aber auch schwerste Weg führt auf den Sentieros 650 und 624 über Malga Campo und Malga Campei ebenfalls nach Festa. Die Strecke ist unterwegs mit einer echten Trial-Passage durch steile Felsabgründe gepflastert und beileibe nicht für jedermann zu empfehlen.

Cracks stürzen sich gleich auf dem Altissimo in den steilen Sentiero 622 über Bocca Poitrane zur Malga Campo und nur Verrückte rutschen auf dem 651 und 634 über Bocca di Navene nach Navene. Wer wie in der Tour beschrieben auf dem Schotterweg zum Rifugio Graziani abgefahren und auf der Fahrstraße sowie auf Feldwegen in Festa gelandet ist, den erwartet dort die Strada Brentegana. Der Forstweg durch die Wälder der nordöstlichen Altissimo-Flanken verlang den hier schon ganz schön müden Beinchen nochmals etliche der zähen Höhenmeter ab, bevor man am Ende an der Anfahrtsstraße mündet und in tranceartigem Gleitflug nach Torbole absegelt.

Anfahrt

Die Tour beginnt in Torbole.

Fahrt zum Startplatz

An der Verkehrsinsel in Torbole Ri. *'Malcèsine'* fahren. Nach 200 m zweigt am *'Hotel Geier'* beim kleinen Bootshafen links ein Sträßchen Ri. *'s. andrea, parco olivi, ...'* ab. Hier beginnt die Tour, eine Parkmöglichkeit gibt es auf dem Gelände des Parco Pavese direkt am See. Die dorthin führende *'Via Benaco'* zweigt kurz zuvor beim Tabak-Shop ab (der Parkplatz ist in der Saison gebührenpflichtig).

Vorsicht: Im Ort gibt es für Falschparker hohe Strafmandate!

Alternative Startorte

Malga Casina, Festa, S. Giacomo, S. Valentino, Rifugio Graziani, Nago

Wegweiser

1 km 0 Ortsdurchfahrt Torbole: Am *'Hotel Geier'* beim kleinen Bootshafen links Ri. *'s. andrea, parco olivi, ...'* abzweigen und den kleinen Platz überqueren. Nach 40 m die Straße links bergauf Ri. *'Sentiero 601, M. Altissimo, ...'* befahren und nun mehrmals dieser Beschilderung folgen.

2 km 1,4 Am Abzweig in den Freizeitpark geradeaus bleiben und nach 50 m dem Schotterweg Ri. *'Sentiero 601, ...'* bergauf folgen. Die folgenden Pfadabzweige Ri. *'601'* rechts liegen lassen und stets auf dem Weg bleiben.

3 km 2,5 Bei einem Heiligenschrein rechts Ri. *'Monte Baldo'* fahren und diese Asphaltstraße nun über 1300 Höhenmeter befahren.

4 km 15,3 Am Ende der Asphaltdecke geradeaus Ri. *'Monte Altissimo'* an der Schranke vorbei auf dem Schotterweg bleiben.

5 km 16,7 Am Wegende im Wiesengelände unterhalb des Monte Varagna dem Pfad rechts Ri. *'M. Altissimo 601'* folgen. Nach 500 m auf dem steilen Karrenweg bergauf halten und der Piste nun stets bis auf den Altissimo folgen.

6 km 19,2 Das *'Rifugio Damiano Chiesa'* auf dem breiten Weg bleibend passieren und diesem bald über weite Serpentinen bergab folgen.

7 km 23,1 Nach einer Schranke den querenden Schotterweg 280 m nach rechts befahren, das *'Rifugio Graziani'* passieren und an der Asphaltstraßenkehre geradeaus auf den abschüssigen, rot/weiß markierten Pfad Ri. *'S. Giacomo 633'* und *'S. Valentino'* steuern. Nach 320 m Abfahrt dem Grasweg ganz leicht rechts um den Hügel herum und dann stets folgen.

8 km 25,1 Bei der Malga Bes mündet man an einem weiteren Weg und fährt rechts.

9 km 26,7 Man mündet an der asphaltierten Fahrstraße und folgt ihr links bergab.

10 km 29,1 In S. Valentino auf der Straße Ri. *'Brentonico'* bleiben.

11 km 32,2 In S. Giacomo an der *'Albergo S. Giacomo'* von der Hauptstraße geradeaus Ri. *'Monte Altissimo 622'* abzweigen. Nach 130 m geradeaus auf den Feldweg steuern und diesem nun stets durch die Wiesen- und Ackerhänge weit oberhalb der Gebäude der Mortigola-Alm vorbei folgen.

12 km 33,6 Ein links oberhalb des Weges ste-

Variationen

Für Einsteiger:

1. Start bei der Malga Casina: Mit dem Pkw über Nago und Strada del Monte Baldo zur Malga Casina auffahren und die Tour erst dort mit dem Bike beginnen. Dies erspart etwa 1000 Höhenmeter und knapp zwei Stunden der Auffahrt.

Entsprechendes gilt, wenn man mit dem Auto hinter dem Altissimo über Mori und Brentonico auffährt und die Tour dort an einem der unter 'Alternative Startorte' angegebenen Punkte beginnt.

Für Cracks:

2. Über Malga Campo Sent. 650/624): Nach Abfahrt vom Altissimo an WW 7 dem Schotterweg nach links folgen. Am Wegende bei der Malga Campo den rot/weiß markierten Pfad *'650'* befahren, später den links abzweigenden Pfad *'624 BIS'* liegen lassen und über etliche gefährliche Serpentinen durch die Felssteilhänge an senkrechten Abgründen vorbei hinab zur Malga Campei di sotto bleiben. Nach der Alm an der Pfadkreuzung den rot/weiß markierten Pfad *'624'* nach rechts bis zur Mündung an der Strada Brentegana bei Festa abfahren und dort weiter der beschriebenen Tour folgen (tolle Route!).

3. Über Malga Campo (Sent. 622): Kurz vor dem Rifugio auf dem Altissimo (bei WW 6) links auf den rot/weiß markierten Pfad *'622'*

hendes Gebäude passieren und nach 90 m am Eisentor auf dem Weg leicht rechts bergab halten. Dieser Hauptpiste nun stets folgen.

13 km 36,0 Beim Bauernhof Festa mündet man kurz nach dem Heiligenschrein an einen Asphaltweg, fährt links und zweigt nach 90 m, hinter dem Wirtshaus, rechts auf den leicht ansteigenden Weg am kleineren Gebäude vorbei ab.

14 km 36,4 Den linken Wegabzweig Ri. *'Altissimo, Malga Campei, ...'* und nach 460 m einen weiteren Abzweig liegen lassen. Stets dem Hauptweg folgen, nicht abzweigen.

15 km 38,5 Einen links durch die grün-gelbe Schranke abzweigenden Weg liegen lassen und auf dem weniger steilen Wegzweig bleiben.

16 km 40,1 Einen Wegabzweig rechts bergab zur Malga Rigotti (ohne Beschilderung) liegen lassen und auf dem linken Weg bergauf halten.

17 km 41,0 Den links bald durch eine Schranke führenden Weg liegen lassen, geradeaus bleiben und nach 50 m dem rechten Wegzweig leicht bergab folgen (wird später zum Pfad).

18 km 42,2 Bei Mündung an der Asphalt-Anfahrtsstraße rechts bergab bis Torbole fahren.

Tips + Info

Wer oben auf dem Altissimo-Gipfel angekommen ist, hat die Qual der Wahl zwischen zahlreichen Möglichkeiten der weiteren Tourengestaltung. Die beschriebene Tour beinhaltet nach der wahrlich harten Auffahrt zur Erholung die leichteste Variante mit weitgehender Abfahrt auf der asphaltierten Fahrstraße.
Wer noch genügend Nerven zum Trial-Fahren besitzt, sollte aber die eigentlich schönste Route nach Festa wie bei Variation 2 beschrieben über Malga Campo auf den Sentieros 650 und 624 wählen.
Noch knackiger wird das Ganze, wenn man diese Variation mit der Direkt-Abfahrt zur Malga Campo über den steilen Sentiero 622 verbindet.

Die Variationen 4 - 6 werden wohl nur beinharte Trial-Bruchpiloten begeistern können. Bei allen diesen Routen muß mit brutalen, steilen und geröllbedeckten Pisten gerechnet werden.

Für diese Tour, aber besonders für die Orientierung bei allen beschriebenen Variationen, ist dringend die Karte der COMUNE NAGO-TORBOLE über den 'Monte Altissimo' zu empfehlen. Diese enthält als einzige sämtliche Sentieros mit der entsprechenden Numerierung.

abzweigen und auf sehr steiler, schmaler aber überwiegend recht gut fahrbarer Piste zum Bocca Paltrane abfahren. Dort dem Pfad nach rechts hinab zur Malga Campo folgen und dann weiter nach Variation 2 bis Festa fahren.

4. Durchs Cavalpea-Tal (Sent. 633): Eine harte Trial-Variante als Alternative zur Abfahrt auf der Asphaltstraße. Dazu im Wiesengelände nach dem Rifugio Graziani bei km 23,7 der Pfadspur leicht links um den Hügel herum und bald extrem steil durchs Cavalpea-Tal abwärts folgen. Man mündet kurz vor S. Giacomo an der Fahrstraße und folgt dort wieder der beschriebenen Tour.

5. Über Cresta und Bocca di Navene nach Navene (Sent. 651/634): Ein Trial-Abfahrts-Abenteuer höchsten Schwierigkeitsgrades. Bei der Abfahrt vom Altissimo kurz nach ersten Linkskehre bei km 20,0 rechts auf den Pfad 651 Ri. *'Cresta, Navene'* abzweigen. Auf wüster Rüttelpiste geht es hinter den Felsgraten der steil zum Lago abfallenden Westhänge hinab zu einer Asphaltstraße. Diese bis Bocca di Navene abrollen und bei der Hütte rechts auf den nur anfangs unbefahrbaren Pfad 634 Ri. *'Navene'* abzweigen. Bei Mündung an einem Forstweg diesem nach rechts und am Wegedreieck links bergab Ri. *'Navene'* folgen. Von Navene aus stets am Seeufer entlang auf der Gardesana Orientale zurück nach Torbole fahren.

Für eigene Tourenplanung am Altissimo:

6. Rückfahrt nach Torbole abseits der asphaltierten Strada del Monte Baldo (Sent. 632/601): Statt am Ende der Tour ausschließlich auf der asphaltierten Strada del Monte Baldo nach Torbole abzufahren, kann man häufiger auf die abkürzenden Trial-Pisten der Sentieros 632 und 601 abzweigen, die allerdings nur teilweise beschildert sind.

7. Sentiero della pace: Ein schöner Abschluß der Tour ist am Ende die Fahrt über den Sentiero della pace (Tour 3). Anschließend kann man zur Abwechslung noch über Nago und die alte Strada di S. Lucia (Tour 4) nach Torbole abfahren.

8. Dosso dei Roveri: Am Ende läßt sich die Fahrt durch Kombination mit Tour 16 noch prächtig erweitern. Dazu bei WW 18 links bergauf bis Prati di Nago fahren und dort rechts auf den Weg Ri. *'Dosso Spirano'* abzweigen. Diesem bis zu WW 6 von Tour 16 folgen.

Auch probieren:

9. Corno della Paura: Abstecher zu einem schwindelerregend hoch über dem Etschtal an der Hangkante liegenden Felsplateau. Hier ist noch noch das Fundament einer riesigen Kanone, mit der die italienischen Elitetruppen der Alpini im Ersten Weltkrieg das gesamte Tal beherrschten. Dazu in S. Valentino bei km 29,1 rechts Ri. *'Avio'* abzweigen und bei der *'Albergo S. Valentino'* links auf den Schotterweg steuern, der zu diesem 'Horn der Angst' führt.

37 TREMALZO 4

55,4 km · 6:44 Std · 2224 Hm

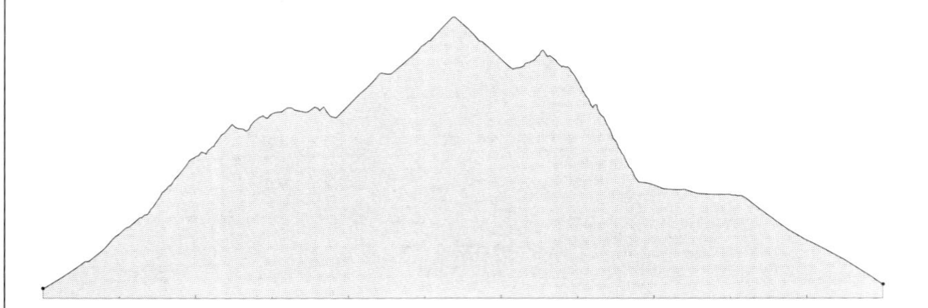

Extreme Tour! Die wirkliche, klassische Tremalzo-Route vom Lago-Ufer zum Tremalzo-Tunnel mit herrlicher Waldpfad-Abfahrt ins Ledrotal. In jeder Hinsicht spektakulär. Traumtour!

Beschreibung

Der wahre Crack ist sich zu schade für faule Kompromisse und überläßt den bequemen Start von oben lieber den verweichlichten Wohlstandsbürgern. Er absolviert die 'klassische' Tremalzo-Route ohne Pkw-Anfahrt direkt vom Lago-Spiegel in Riva aus und erklettert den Scheitelpunkt im 1863 Meter hohen Tremalzo-Tunnel mit eigener Muskelkraft. Nur so kann er behaupten, die Tremalzo-Nuß auch wirklich geknackt zu haben. Cracks im Quadrat haben zudem die Möglichkeit, am Ende der Fahrt beim Ledrosee das Ganze zum traumhaften MTB-Marathon auszuweiten. Sie hängen die Tour zum Rifugio Nino Pernici an und beenden nach der Trial-Mutprobe am Cima Pari über Bocca di Saval zum Bocca Dromaè die Fahrt nicht mit vorgesehen mit dem Abtauchen nach Mezzolago, sondern mit Kurs über Bocca di Giumella, Campi und Monte Englo nach Riva.

Gleich vom Start weg treten die Anstrengungen dieser Tour in den Hintergrund, verdrängt von totalem Naturgenuß. Das Asphaltsträßchen nach Pregasina fesselt das Auge mit wahren Prachtblicken über den Lago. Biker samt Gefährt wandeln fast senkrecht über den Wellen durch die Felsen, die Piste ist durch zahlreiche Tunnels und über enge Serpentinen in die steilen Hänge geschlagen, dem Stein sichtlich abgerungen. Über den Felsfassaden liegt das Dörfchen Pregasina, heute eine eigenartige Mischung aus einem Dorfkern mit den eingeborenen Einsiedlern und weit vertreut liegenden Ferienhäusern mit auffallend vielen deutschen Namensschildern an den verbunkerten Einfahrtstoren. Zum Glück fehlen bisher noch die anderswo am Lago gar nicht so seltenen Emailleschilder mit den weißblauen Rauten und dem bayrischen Löwen ...

	Fahrstrecke		
0,0	Riva	**66**	
	Abzweig Pregasina		
6,1	Pregasina	520	0:40
9,4	Porta dei Larici	881	
10,0	Malga Palaer	946	1:30
10,6	Sentiero 115	955	
12,3	Passo Rocchetta	1159	2:00
14,2	Passo Guil	1204	2:22
16,6	Bocca dei Fortini	1243	2:40
18,3	Passo di Bestana	1274	
19,1	Passo Nota	1198	2:59
22,5	Baita Tuflungo	1490	
26,8	Tremalzo-Tunnel	**1863**	4:29
28,6	Rifugio Garda	1705	4:35
29,1	Passo di Tremalzo	1665	
30,7	Rifugio Garibaldi	1521	4:40
33,0	Bocca Casèt	1608	4:57
33,6	Malga Casèt	1551	
36,0	Cima Vai	1287	
39,3	Tiarno di sopra	742	5:48
45,2	Lago di Ledro (Mezzolago)	660	6:12
55,4	Riva	66	6:44

Streckenschwierigkeiten

leicht	mittel	schwer	extrem
32,5 km	13,0 km	9,4 km	0,5 km

Lange, schwere Auffahrten bis Passo Rocchetta und später zum Tremalzo-Tunnel.

Fahrbahnen

Asphalt-	Forst-	Karrenwege	Pfade
22,5 km	22,9 km	3,4 km	6,6 km

Auffahrt bis Pregasina ruhige Asphaltstraße, dann steiler Forstweg, ab Malga Palaer schmaler Bergpfad bis Passo Guil. Dort wieder Forstweg bis Rif. Garda. Nach kurzer Asphalt-Abfahrt Forstweg bis Malga Casèt, dann bester Waldpfad, am Ende steil abfallender Karrenweg bis Tiarno. Rückfahrt nach Riva auf Fahrstraße.

Tragestrecken

–

Rast

Rif. Passo Nota, Rif. Garda, Rif. Baita Segala

Bergwanderungen/Gipfel

Corno della Marogna (1953 m)
Monte Tremalzo (1974 m)

Karten

I.G.M.	M 1:25.000
'Arco, Bezzecca, Riva, Malcèsine'	
f & b 'Gardasee'	M 1:50.000
KOMPASS '102'	M 1:50.000

37 TREMALZO 4

55,4 km · **6:44** Std · **2224** Hm

37 TREMALZO 4

55,4 km · **6:44** Std · **2224** Hm

Nach der Ortsdurchquerung geht es auf einer Schotterpiste erstmals richtig steil durch die Wälder bergauf zur Malga Palaer und auf schönem Trial-Pfad weiter zum Passo Rocchetta. Kein Paß im landläufigen Sinne, eher ein kleiner Sattel mit traumhaften Ausblicken zum Lago di Garda. Die zahlreichen Paßnamen der folgenden Wegstrecke sind Überbleibsel aus der Zeit, als die Route noch die Grenzlinie zwischen der k.u.k. Donaumonarchie und Italien bildete. Damals, vor dem Bau der Gardesana Occidentale, war das Ledrotal von den südlicheren Lago-Gefilden her am besten über den Tremalzo-Paß zu erreichen. Auf dem ehemaligen Grenzgrat wandelt man nun ohne größere Auf- und Abfahrten über Pfade und Forstwege an tief zu Ledro- und Gardasee hin abfallenden Taleinschnitten vorbei zum Passo Nota. Hier beginnt die eigentliche, von Vesio heraufziehende Tremalzo-Schotterstraße durch prachtvolle Bergwelten hinauf zum Tunnel.

Das helle Band der Piste schraubt sich in endlosen Kehren durch die grasigen Ausläufer des Corno della Marogna, bevor nach drei weiteren Tunnels auf dem Scheitelpunkt der Tour der Tremalzo-Tunnel durchquert wird. In kurzer Abfahrt ist das Rifugio Garda erreicht, wo die asphaltierte Fahrstraße über den Passo di Tremalzo hinab zum Passo d'Ampola führt. Bald schon zweigt man auf den Forstweg zum Bocca Casèt ab und folgt dort einem herrlichen Waldpfad nach Tiarno di sopra. Genüßlich und ohne besondere Trial-Einlagen segelt man wie ein Trapper talwärts und folgt der Fahrstraße am Ledrosee vorbei zurück nach Riva.

Wegweiser

1 km 0 Die Asphaltstraße bergauf Ri. *'Pregasina'* durch die Tunnels befahren.

2 km 2,8 In einer Rechtskehre links Ri. *'Pregasina'* abzweigen.

3 km 6,1 Ortsdurchfahrt Pregasina: Am *'Hotel Panorama'* in der Ortsmitte rechts und gleich wieder links bergauf in Richtung des *'P'*-Schildes halten. Nach 180 m die Kirche passieren und den Schotterweg befahren.

4 km 6,6 Beim letzten Gebäude auf dem zunächst ebenen Weg Ri. *'Malga Palaer, Passo Rocchetta, Passo Nota 422'* bleiben und diesem Hauptweg nun stets folgen, ggf. Ri. *'Malga Palaer'* halten.

5 km 9,4 In einer Rechtskehre mit kleinem Wendeplatz den links zu den alten Gebäuden von Rollo dei Larici führenden Weg liegen lassen und weiter bergauf bleiben.

6 km 10,0 Am verfallenen Gebäude der Malga Palaer rechts vorbei auf den Weg durchs Wiesengelände (blau markierte Bäume) steuern. Nach 120 m, kurz vor einer Hütte, den blauen Markierungen folgend rechts vom Weg

Anfahrt

An der Verkehrsinsel in Torbole Ri. *'Riva'* fahren und dort ab dem ersten Kreisverkehr stets Ri. *'Brescia, Limone'* halten.

Fahrt zum Startplatz

Nach Ortsausfahrt in Richtung Limone zweigt am Seeufer rechts die Asphaltstraße Ri. *'Pregasina'* ab. Hier beginnt die Tour, Parkmöglichkeiten gibt es zuvor beim alten E-Werk am Straßenrand in ausreichender Anzahl (5,4 km, 11 Min.).

Alternative Startorte

Pregasina

abzweigen und auf kaum erkennbarer Pfadspur 50 m über die Wiesen zum Waldrand hin halten, wo der Pfad wieder deutlich erkennbar weiterführt.

7 **km 10,6** Man mündet bei einem Felsen auf einen weiteren Pfad und folgt diesem nach links stets bergauf (nirgends abzweigen!).

8 **km 12,3** Am Passo Rocchetta dem ebenen Pfad an der Schranke vorbei, nach 50 m durch die Rechtskehre Ri. *'Guil'*, über zwei Serpentinen bergab und dann stets folgen. Nach 1,24 km den linken Pfadabzweig liegen lassen und bergauf Ri. *'Bocca dei Fortini, Guil, ...'* bleiben.

9 **km 14,2** Beim Passo Guil dem beginnenden Forstweg geradeaus folgen.

10 **km 16,6** Am Bocca dei Fortini geradeaus Ri. *'Tremalzo, Passo Nota'* bleiben.

11 **km 19,1** Nach Abfahrt vom beschilderten *'Passo di Bestana'* beim kleinen Grillplatz rechts auf die bergauf führende Tremalzo-Schotterstraße Ri. *'Passo Pra della Rosa'* abzweigen. Dieser nun stets bis zum Tremalzo-Tunnel und wieder bergab zum Rifugio Garda folgen.

12 **km 28,6** Das *'Rifugio Garda'* auf der beginnenden Asphaltstraße passieren und nach 2,1 km Abfahrt an der *'Garage Tremalzo'* rechts auf den Schotterweg abzweigen.

13 **km 32,6** Den freien Platz zwischen den Felsen überqueren, Ri. *'Chiesetta S. Anna-Giu'* rechts auf den Pfad und nach 20 m links auf den Karrenweg bergab abzweigen.

14 **km 33,0** Am *'Bocca Casèt'* noch 70 m geradeaus fahren und links auf den abschüssigen Weg abzweigen. Nach 600 m das Gebäude der *'Malga Casèt'* passieren und der sich bald zum Pfad verengenden Piste durch die Rechtskehre bergab folgen.

15 **km 36,3** 100 m nach einer engen Linkskehre den rechten Pfadabzweig liegen lassen, geradeaus auf fast ebenem Pfad bleiben und diesem (bald Karrenweg) dann sehr steil bergab bis Tiarno di sopra folgen.

16 **km 39,3** Man mündet bei einem einzelnen-Wohngebäude an der Fahrstraße und folgt dieser nach rechts nun stets zum Ledrosee und über Biacesa hinab zur Einfahrt in den neuen Tunnel.

17 **km 50,8** Unmittelbar vor dem Tunnel geradeaus auf die alte Straße Ri. *'Pregasina'* abzweigen und bis nach Riva abfahren.

Variationen

Für Einsteiger:

1. Start in Pregasina: Wer die Möglichkeit hat, sich mit dem Auto in Pregasina absetzen zu lassen, spart fast 500 Höhenmeter, verpaßt allerdings auch einen bereits sehr schönen Teil der Fahrt. Die Route ist zudem mit dem Bike fast einfacher als mit dem Auto, das etwas mühsam durch zahllose enge Kehren geschleust wird.

Für Cracks:

2. Abfahrt nach Tiarno di sotto: Wer die Abfahrt am Ende etwas trialmäßiger gestalten möchte, fährt an WW 15 beim Cima Vai auf den rechts abzweigenden Pfad und folgt der meist sehr steilen Waldpiste bis hinab zur Hauptstraße.

3. Abfahrten über S. Martino oder durchs Val Scaglia: Zwei alternative, bei Tour 25 und 27 und den dortigen Variationen beschriebene Abfahrts-Routen zum Ledro-See.

4. Lago-di-Ledro-Marathon: Für eine etwa zehnstündige Super-Runde die Tour wie beschrieben fahren (am Ende evt. über S. Martino zum Ledro-See abfahren) und ab Pieve die Route der Tour zum Rif. N. Pernici aufnehmen. Auf dieser Fahrt dann am Bocca Dromaè geradeaus auf dem Pfad bleiben und kurz vor dem Bocca di Giumella links auf dem Weg nach Campi-Righi abfahren. Bei Mündung an der Asphaltstraße rechts halten und später am Monte Englo steil nach Riva abtauchen.

38 MONTE STIVO

36,2 km · 5:20 Std · 1840 Hm

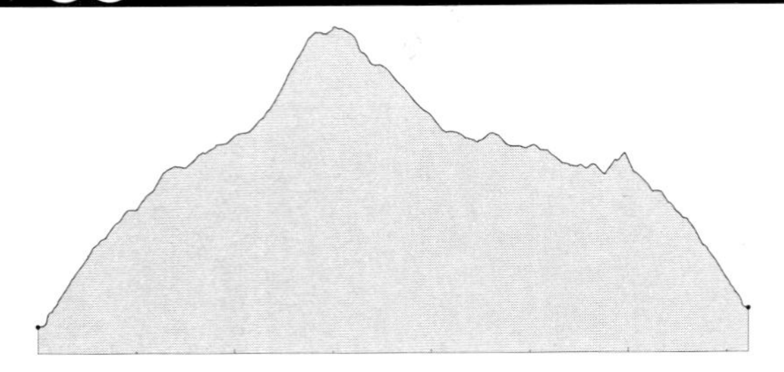

Extreme Tour! Sehr lange und am Ende durch schwer befahrbare Geröllpisten extreme Auffahrt zum Stivo. Trial-Pfade unterhalb der Gipfelregion und tolle Abfahrten mit fast überall herrlichen Weitblicken zum Gardasee. Supertour!

Beschreibung

Der Monte Stivo - oft Bühne für faszinierende Schauspiele der Natur, wenn die Wolken- oder Nebelfelder infolge besonderer thermischer Verhältnisse rasend schnell aus dem Etschtal hochsteigen und über dem Gipfel in Fetzen zerstieben. Hier oben fällt meist der erste Schnee der Region. Ein Berg als Individualist, der auch dem Biker eine Menge Sorgen bereiten kann. Die Auffahrt gehört zum schwersten, was der Lago zu bieten hat. Zwar nicht ganz so lang wie beim südlichen Nachbarn Altissimo, aber vor allem auf der zweiten Halbetappe zur Malga Stivo wegen extrem steiler Abschnitte mit geröllübersäten Fahrbahnen häufig schon an der Grenze zur Befahrbarkeit.

Nach hartem Kampf können Neugierige das Bike bei der Alm parken und per pedes einen Abstecher zum nochmals 300 Höhenmeter weiter, knapp unter dem Gipfel, liegenden Rifugio Marchetti unternehmen. Ob mit oder ohne Hüttenbesuch, nach der Malga Stivo folgt der Qual die reine Faszination. Auf schmalem Bergpfad quert man in luftiger Höhe die Wiesen- und Latschenhänge, die Route ist fast vollständig per Bike zurückzulegen. Erst ein zum Gipfel hinaufziehender Felsgrat muß in kurzer Kletterei überwunden werden, bevor der Pfad durch den Wald zur Malga Vallestrè abfällt. Die richtige Route ist etwas versteckt und schwer zu finden, allerdings kann die Hochfläche der Malga schon von weitem eingesehen werden und ist kaum zu verfehlen. Zur Not muß man durch die Prärie zum richtigen Ziel stapfen.

Von Vallestrè führt ein neuer, noch nicht in den Karten verzeichneter Forstweg hinab in die Gegend von Tovi. Durch ein Felstrümmerfeld geht es mit prächtigen Lago-Blicken am Hang entlang bis zur asphaltierten Monte-Velo-Straße beim gleichnamigen Rifugio. Hoch über dem Sarca-Tal quert man den Berg und benutzt nach am Ende nochmals kurzer Auffahrt an der Malga Fiavei vorbei den Anfahrtsweg nun als Downhill-Piste Nago.

Fahrstrecke

km	Ort	Hm	Zeit
0,0	Nago Hotel Nago	**229**	
1,3	S. Tommaso	399	
3,2	Campedello	681	
4,5	Corno	822	1:00
5,1	Abzweig Ciresole	837	
6,4	bei Malga Fiavei	1020	1:25
9,6	S. Barbara	1169	1:56
10,5	Baita Castil	1222	
14,1	Malga Stivo	1745	3:00
15,1		**1772**	
17,0	Malga Vallestrè	1476	3:37
20,7	bei Tovi	1129	3:56
26,0	beim Rif. Velo	1020	4:20
27,3	S. Francesco	951	
28,8	bei Malga Fiavei	910	4:38
31,6	Corno	822	
32,9	Campedello	681	
34,9	S. Tommaso	399	
36,2	Nago	229	5:20

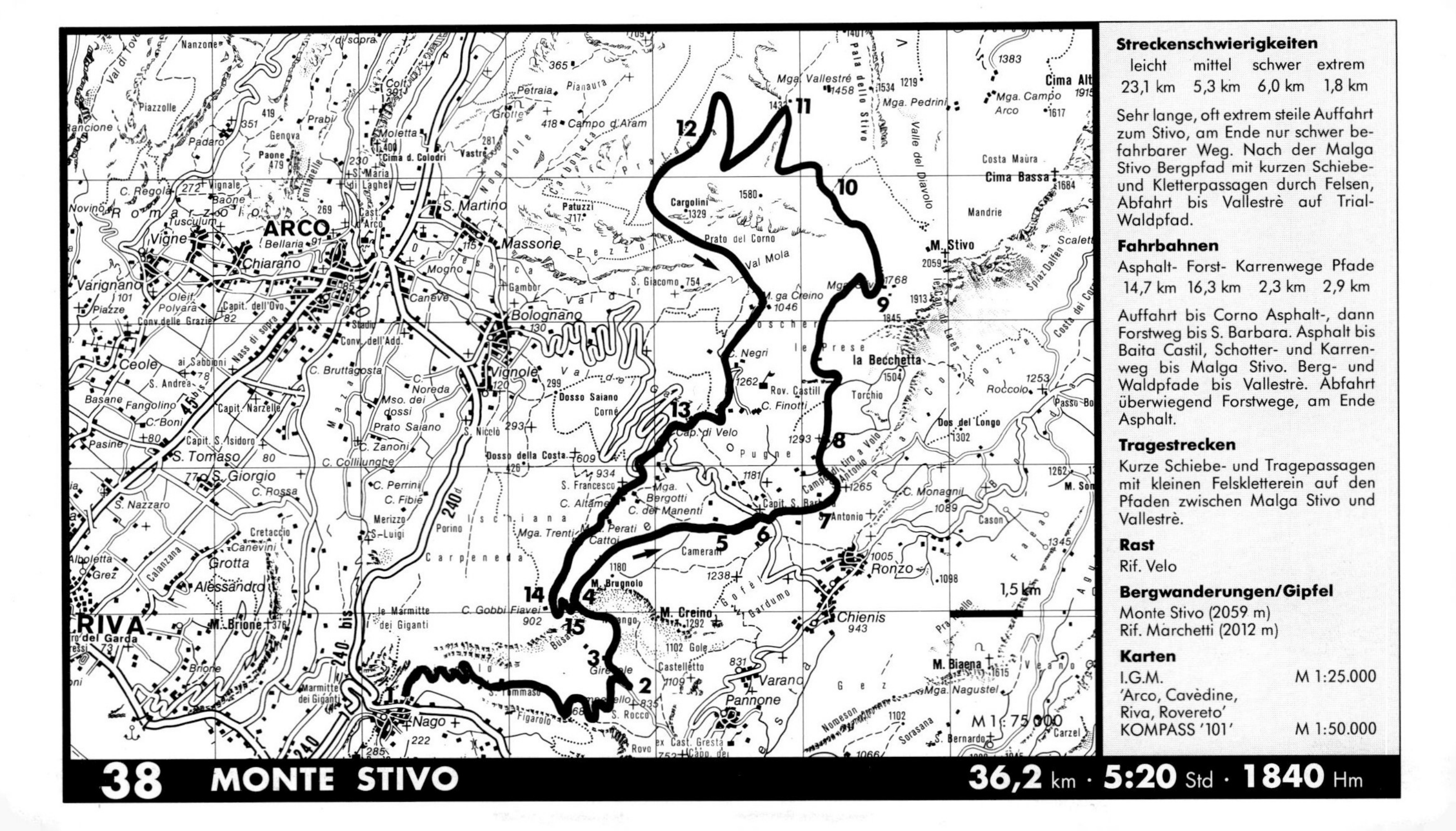

Streckenschwierigkeiten

leicht	mittel	schwer	extrem
23,1 km	5,3 km	6,0 km	1,8 km

Sehr lange, oft extrem steile Auffahrt zum Stivo, am Ende nur schwer befahrbarer Weg. Nach der Malga Stivo Bergpfad mit kurzen Schiebe- und Kletterpassagen durch Felsen, Abfahrt bis Vallestrè auf Trial-Waldpfad.

Fahrbahnen

Asphalt-	Forst-	Karrenwege	Pfade
14,7 km	16,3 km	2,3 km	2,9 km

Auffahrt bis Corno Asphalt-, dann Forstweg bis S. Barbara. Asphalt bis Baita Castil, Schotter- und Karrenweg bis Malga Stivo. Berg- und Waldpfade bis Vallestrè. Abfahrt überwiegend Forstwege, am Ende Asphalt.

Tragestrecken

Kurze Schiebe- und Tragepassagen mit kleinen Felskletterein auf den Pfaden zwischen Malga Stivo und Vallestrè.

Rast

Rif. Velo

Bergwanderungen/Gipfel

Monte Stivo (2059 m)
Rif. Marchetti (2012 m)

Karten

I.G.M. M 1:25.000
'Arco, Cavèdine, Riva, Rovereto'
KOMPASS '101' M 1:50.000

38 MONTE STIVO

36,2 km · 5:20 Std · 1840 Hm

38 MONTE STIVO

36,2 km · **5:20** Std · **1840** Hm

Wegweiser

1 km 0 Die Straße am *'Hotel Nago'* vorbei weiter befahren. Nach 330 m beim letzten Gebäude auf dem Asphaltweg links bergauf bleiben, an der Verzweigung wieder links sehr steil bergauf halten und der Asphaltpiste nun stets folgen.

2 km 4,5 Am Asphaltwegedreieck im Ackergelände unterhalb des kleinen Steingebäudes links Ri. *'Monte Brugnolo'* fahren.

3 km 4,9 An der Verzweigung auf dem rechten Schotterweg bergauf Ri. *'Monte Creino-S. Barbara'* und nach 120 m wieder auf dem rechten Ast bergauf halten. Nach 710 m auf dem Weg durch die Linkskehre Ri. *'Ronzo-Chienis'* bleiben.

4 km 6,4 Auf der Höhe beim Fahrverbotsschild den links abzweigenden, abschüssigen Grasweg liegen lassen und auf dem eingeschlagenen Weg geradeaus bleiben. Nach 420 m wieder einen links abzweigenden Weg liegen lassen und geradeaus Ri. *'Monte Creino-S. Barbara, Ronzo-Chienis'* bleiben.

5 km 9,1 80 m nach einer Hütte mündet man an einen Asphaltweg und fährt links.

6 km 9,4 Man mündet an der Fahrstraße bei S. Barbara und folgt dieser nach rechts am Heiligenschrein vorbei. Nach 130 m an der *'Albergo S. Barbara'* links Ri. *'S. Antonio'* in die *'Via Castil'* abzweigen (wird nach 80 m zur *'Via S. Antonio'*).

7 km 10,5 An einem Gebäude mit der Aufschrift *'Baita Castil'* auf den mittleren Weg rechts am Gebäude vorbei Ri. *'M. Stivo 608'* steuern und nun diesem Asphaltweg stets folgen.

8 km 11,7 Am Ende der Asphaltdecke den Schotterweg leicht links stets bergauf befahren.

9 km 14,1 Bei der Malga Stivo, 20 m vor der Rechtskehre am Beginn der Materialseilbahn, vom Weg links auf die kaum erkennbare Pfadspur bergab steuern und dieser nach 30 m rechts am Hang entlang, oberhalb des Wassertrogs vorbei, stets folgen (bald deutliche rot/weiße Markierungen).

10 km 15,2 Nach am Ende kurzen Kletterpartien durch die Felsen ist bei einem Gatter der Pfad wieder fahrbar. Nach 250 m beim mit *'666'* gekennzeichneten Felsblock auf dem Pfad links stets bergab halten und nach ca. 600 m im Wald auf dem linken Pfadast halten. Nach ca.

Anfahrt

An der Verkehrsinsel in Torbole der Hauptstraße bergauf Ri. *'Rovereto'* bis Nago folgen.

Fahrt zum Startplatz

Das Ortsschild *'Nago'* passieren und nach 550 m von der Hauptstraße links Ri. *'Hotel Nago'* in die *'Via Stazione'* abzweigen. Nach 140 m rechts auf dem Parkplatz am Straßenrand gegenüber des Hotels parken. Hier beginnt die Tour (2,4 km, 4 Min.).

Alternative Startorte

Torbole (mit Bike-Auffahrt nach Nago z. B. über die Strada di S. Lucia)

300 m mündet man bei einer betonierten Quelle an einem besseren, breiteren Pfad und folgt diesem rechts bergab.

11 km 17,0 Im Almgelände von Vallestrè mündet man oberhalb des Stallgebäudes bei einem rot/weiß markierten Felsblock an einem Weg, befährt diesen nach links in den Wald hinein und bald stets bergab.

12 km 20,7 Kurz nach einer Schranke bei Mündung am breiten Forstweg diesem geradeaus nun stets folgen (ab km 25,1 asphaltiert).

13 km 26,0 Man mündet an eine Kehre der Monte-Velo-Fahrstraße, rollt rechts bergab am Rifugio Velo vorbei und zweigt nach 900 m in einer Rechtskehre vor dem Gebäude links auf den Asphaltweg ab. Nach 250 m zwei Wegabzweige links liegen lassen und bald stets dem Schotterweg folgen.

14 km 28,8 Nach kurzer Abfahrt bei Mündung am Wegedreieck geradeaus bergauf fahren (nach 90 m passiert man durch eine Linkskehre die Malga Fiavei).

15 km 29,8 Nach Auffahrt mündet man am Anfahrtsweg (WW 4) und fährt rechts auf bekannter Route über Corno nach Nago ab.

Tips + Info

Eine sehr lohnenswerte Bergwanderung führt von der Malga Stivo in etwa 45 Minuten zum Rifugio Marchetti unterhalb des Stivo-Gipfels. Das bei dieser Unternehmung völlig nutzlose Bike am besten bei der Malga zurücklassen und dem Bergpfad 668 zum 2012 m hoch gelegenen Rifugio folgen.
Nach einer Rast kann noch der 2059 m hohe Stivo-Gipfel bestiegen werden, bevor man nach Rückkehr zur Malga Stivo die Tour wie beschrieben fortsetzt.

Achtung:
Die Route unter WW 10, zwischen dem mit '666' markierten Fels und der Mündung am wieder besseren Pfad bei der betonierten Quelle, konnte wegen frühen Schneefalls nicht mit dem Bike, sondern nur aus der Karte gemessen werden. Für die km-Angaben in diesem Abschnitt kann keine Gewähr übernommen werden.

Variationen

Für Einsteiger:

1. Start in S. Barbara: Etwas leichter wird die Tour, wenn sie nach Auffahrt mit dem Pkw über Chienis erst bei S. Barbara gestartet wird.

Für Cracks:

2. Start in Torbole: Wer in Torbole mit dem Bike startet und über die Strada di S. Lucia oder den Freizeitpark und die Strada dell'Olif nach Nago auffährt, hat zusätzlich etwa 160 Höhenmeter zu bewältigen.

3. Über Malga Campo und Drena: Für eine größere Tourenschleife bei WW 11 rechts fahren, nach 130 m dem Weg bergauf über den Pala della Stivo zur Malga Campo folgen. Auf der Asphaltstraße über Maso Michelotti nach Drena abfahren und entweder über Braila, Massone und Bolognano oder auf den Fahrstraßen des Sarca-Tals über Arco zurück nach Nago (siehe Touren 8, 9 und 14).

Auch probieren:

4. Abfahrt nach Bolognano: Eine tolle Downhill-Route führt als Alternative für die Rückfahrt auf der asphaltierten Monte-Velo-Straße nach Bolognano. Dazu bei WW 13 auf der Asphaltstraße bergab bleiben. Von Bolognano wahlweise auf der Fahrstraße oder auf Forst- und Fahrstraßen (siehe Touren 11, 13) zurück nach Nago rollen.

39 MONTE CAPLONE 44,9 km · 6:10 Std · 2034 Hm

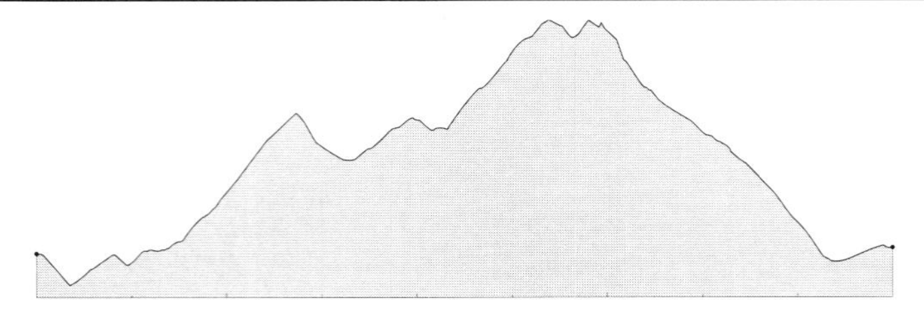

Extreme Tour! Sehr abwechslungsreiche Expedition durch die einsame, herrliche Berglandschaft zwischen Lago di Garda und Lago d'Idro mit allen Anforderungen des Mountain-Biking. Traumtour!

Beschreibung

Der Caplone schlägt im Gipfelrennen der höchsten Berge zwischen Lago di Garda und Lago d'Idro den Tremalzo mit hauchdünnem Vorsprung von zwei Höhenmetern. 1976 Meter über Normal-Null bilden das Dach dieser faszinierenden Bergwelt. Zusammen mit dem kaum minder hohen Zwilling Cima Tombea ein Massiv von herber Schönheit, eines der reizvollsten, aber auch schwersten Bike-Ziele der gesamten Lago-Region.

Relativ harmlos beginnt es auf asphaltierter Fahrstraße bis zum Eingang ins Valle di Tignalga. Erst weit hinten im gottverlassenen Tälchen wird die Piste enger und leitet bald über reinstes Steinbeißer-Terrain steil hinauf zum Passo di Scarpape. Nach dem Paß quert man auf Forstwegen mit permanenten Panoramablicken über die Valvestino-Täler hinüber zum Bachgraben des Valle di Campei. Der schroffe Einschnitt zieht schwindelerregend hoch hinauf zu den Zwillingen Caplone und Tombea und teilt beide Gipfel in Form des Bocca di Campei. Dort muß man hin, die Route nimmt allerdings einen Umweg in Form der sehr kräftezehrenden, steilen Auffahrt zum Bocca di Cablone. Da die eigentliche Expedition erst noch bevorsteht, ist man dankbar für die nun folgende Erholungsphase bei einer Traumfahrt durch die weite Hochfläche um die Malga Tombea, der Aussichtsterrasse über die gesamte Region.

Hinter der Alm zieht ein toller Pfad durch die hochalpinen Felsgrate hinauf zum Bocca di Campei und fällt an den steilen Nordflanken des Caplone wieder leicht zu einem Felsentunnel ab. Im Ersten Weltkrieg ist die Röhre leider in der Mitte eingebrochen, sodaß man sein Bike in kurzem Fußmarsch über den Bergrücken tragen muß. Dort beginnt eine nur anfangs wüste Trial-Piste mit uraltem, verwachsenem und teils verschüttetem Karrenweg. Bald wird es besser, der Pfad bietet herrliches Offroading und führt über 400 Höhenmeter hinab zum Bocca di Lorina. Unterwegs erhält man beim orientierungslosen Stolpern durch einen stockdunklen und mit viel Geröll angefüllten Tunnel noch eine Vorstellung vom Nichts, bevor zahllose Abfahrtskilometer durch die Wälder ins Valle San Michele warten.

Fahrstrecke

km	Ort	Hm	Zeit
0,0	Temosine	632	
	Via S. Michele		
1,8	Valle S. Michele	**462**	
4,1	Campiglio	625	0:22
4,8	Valle Tignalga	568	
5,6	Ca di Natone	645	0:32
7,5	Valle Tignalga	694	
9,4	Val di Grette	874	1:14
12,2	Passo di Scarpape	1242	2:00
13,7		1380	
16,2		1125	
18,9	Valle di Campei	1298	
19,9	bei Malga Alvezza	1340	3:04
21,5		1290	
25,6	Bocca di Cablone	1755	4:04
27,6	Malga Tombea	1835	
29,0	Bocca di Campei	**1868**	4:34
32,7	Bocca di Lorina	1431	5:30
33,5	Malga di Lorina	1384	
41,6	bei S. Michele	568	
44,9	Tremosine	632	6:10

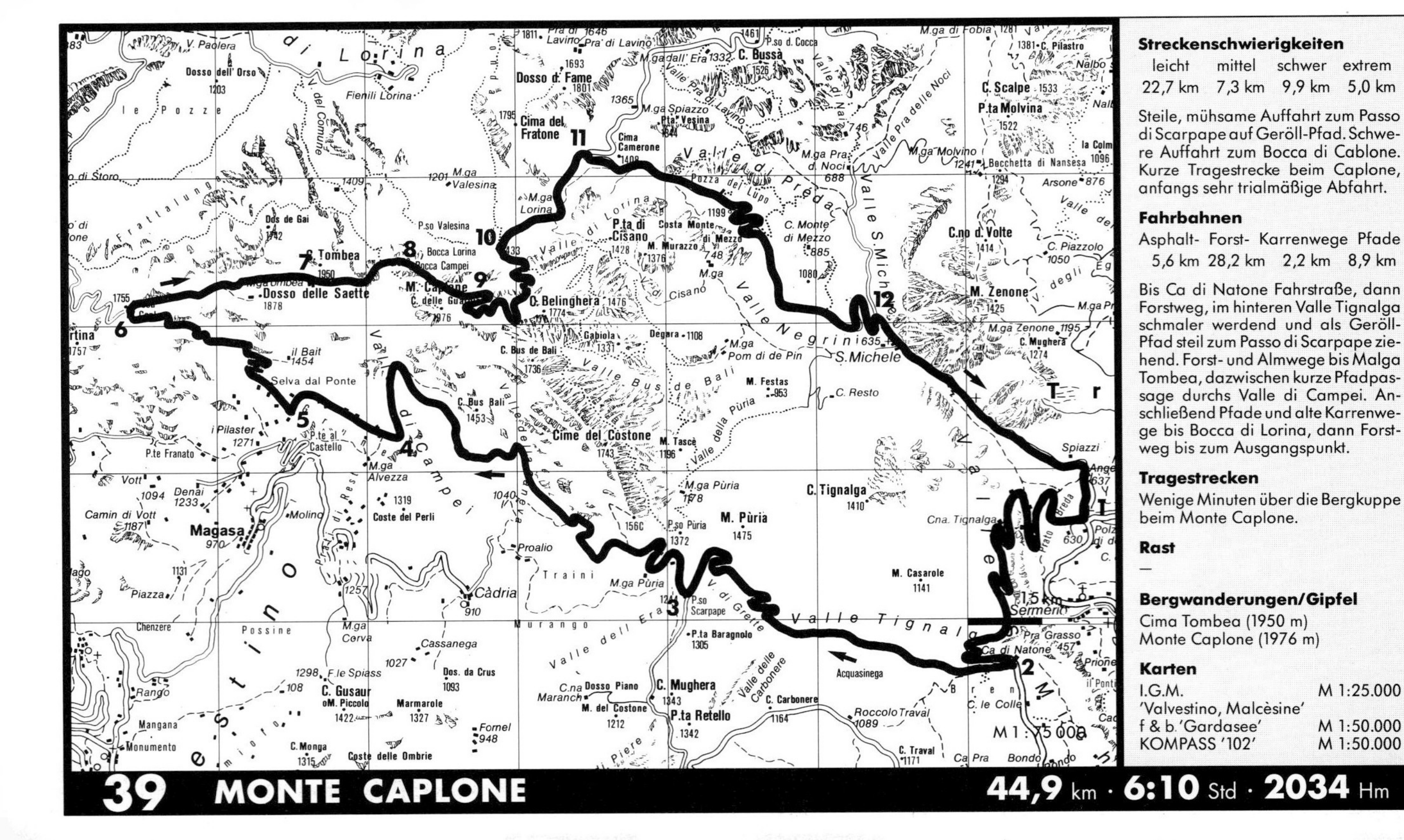

Streckenschwierigkeiten

leicht	mittel	schwer	extrem
22,7 km	7,3 km	9,9 km	5,0 km

Steile, mühsame Auffahrt zum Passo di Scarpape auf Geröll-Pfad. Schwere Auffahrt zum Bocca di Cablone. Kurze Tragestrecke beim Caplone, anfangs sehr trialmäßige Abfahrt.

Fahrbahnen

Asphalt-	Forst-	Karrenwege	Pfade
5,6 km	28,2 km	2,2 km	8,9 km

Bis Ca di Natone Fahrstraße, dann Forstweg, im hinteren Valle Tignalga schmaler werdend und als Geröll-Pfad steil zum Passo di Scarpape ziehend. Forst- und Almwege bis Malga Tombea, dazwischen kurze Pfadpassage durchs Valle di Campei. Anschließend Pfade und alte Karrenwege bis Bocca di Lorina, dann Forstweg bis zum Ausgangspunkt.

Tragestrecken

Wenige Minuten über die Bergkuppe beim Monte Caplone.

Rast

—

Bergwanderungen/Gipfel

Cima Tombea (1950 m)
Monte Caplone (1976 m)

Karten

I.G.M. 'Valvestino, Malcèsine'	M 1:25.000
f & b. 'Gardasee'	M 1:50.000
KOMPASS '102'	M 1:50.000

39 MONTE CAPLONE

44,9 km · **6:10** Std · **2034** Hm

39 MONTE CAPLONE

44,9 km · 6:10 Std · 2034 Hm

Wegweiser

1 km 0 Vom Abzweig der *'Via S. Michele'* beim Heiligenschrein aus der asphaltierten Fahrstraße an der Molkerei vorbei folgen.

2 km 5,6 Nach Durchquerung des zweiten tiefen Taleinschnittes am Ende der Auffahrt beim großen Heiligenschrein rechts auf den Forstweg abzweigen (gegenüber steht das alte Almgebäude von Ca di Natone). Nach 480 m an der Wegverzweigung auf dem rechten, rot/weiß markierten Ast bergab halten. Diesem Weg (später Karrenweg/Pfad) nun stets taleinwärts und dann steil bergauf folgen.

3 km 12,2 Am Passo di Scarpape mündet man an einem breiteren Forstweg und fährt rechts bergauf. Nach 1,5 km den höchsten Punkt überfahren und dem Weg nun wieder bergab stets folgen. Bei etwa km 18,5 wird er zum Pfad und durchquert den Bachgraben des Valle di Campei.

4 km 19,9 Nach wieder leichter Abfahrt unmittelbar vor einer engen Rechtskehre des Weges rechts auf den Feldweg abzweigen, der bald oberhalb eines spitzgiebeligen Gebäudes vorbeiführt.

5 km 21,5 Nach Überquerung einer Brücke am folgenden Wegedreieck rechts steil bergauf fahren, der Weg ist teilweise betoniert. Diesem Weg nun stets bergauf bis zum Bocca di Cablone folgen.

6 km 25,6 Am Bocca di Cablone auf dem Weg nach rechts Ri. *'Monte Caplone, Tremalzo 444'* bleiben.

7 km 27,6 Die Malga Tombea passieren und nach 300 m in einer Rechtskehre des Weges geradeaus auf den Pfad Ri. *'Monte Caplone, Tremalzo 444'* abzweigen.

8 km 29,0 Nach der Auffahrt und einem Felsdurchschlupf am Bocca di Campei auf dem Karrenweg/Pfad leicht bergab am Hang entlang bleiben.

9 km 29,6 Am nicht durchgehenden Felsentunnel der markierten Pfadspur links vom Tunneleingang mit geschultertem Bike etwa 100 m über den Bergrücken folgen und dort wieder links bergab fahren (bald gelb/weiße und rot/weiße Markierungen). Nach knapp 500 m dem verschütteten Karrenweg durch die Rechtskehre abwärts folgen und nach 270 m links auf den rot/weiß markierten Pfad im Talkessel abwärts abzweigen. Nach 350 m mündet man

Anfahrt

An der Verkehrsinsel in Torbole Ri. *'Riva'* fahren, dort stets Ri. *'Brescia, Limone'* halten und der Gardesana Occidentale am Seeufer entlang bis Limone folgen. 2 km nach dem Ortsschild *'Limone'* im Ort rechts Ri. *'Tremosine 2'* abzeigen und der Straße nun stets bergauf bis Vesio folgen.

Man mündet unterhalb von Vesio an eine weitere Straße und fährt rechts Ri. *'Tignale'* (nach 30 m Ortsschild *'Vesio'*). In der Ortsmitte bei der *'Bar Sole'* geradeaus Ri. *'Tignale'* bleiben und der Straße ortsauswärts nun 2,1 km folgen.

Fahrt zum Startplatz

Kurz vor einer großen Molkerei (Alpe del Garda) zweigt rechts bei einem Heiligenschrein die Schotterstraße *'Via S. Michele'* Ri. *'Tremalzo'* ab. Hier beginnt die Tour, eine kleine Parkmöglichkeit gibt es 170 m weiter am linken Straßenrand unmittelbar vor dem Molkereigelände (26 km, 40 Min.).

Alternative Startorte

--

wieder an den alten Karrenweg, fährt links bergab, bald durch einen Tunnel und folgt dieser häufig rot/weiß markierten Pfadpiste nun stets bis hinab zum Bocca di Lorina.

10 **km 32,7** Am Bocca di Lorina dem nun wieder guten Forstweg folgen und nach 740 m die Malga di Lorina passieren.

11 **km 34,4** Man mündet an einem Wegedreieck (links gelb/weiße Markierung an einer Steinmauer) und befährt den rechts bergab führenden Weg nun stets bis hinab ins Valle S. Michele.

12 **km 41,3** Am großen Schild *'Valle S. Michele'* auf dem Weg durch die Rechtskehre bleiben. Nach 400 m beim Stauwehr die Brücke überqueren und dem Weg talauswärts bis zum Ausgangspunkt bei der Molkerei folgen.

Tips + Info

Die Tour zum Caplone-Massiv sollte man weder zu früh noch zu spät im Jahr unternehmen. In diesen hochalpinen Gefilden hält sich nordseitig sehr lange der Schnee und die Tour kann an den steilen Hängen hinter dem Caplone-Gipfel sehr leicht lebensgefährlich werden.

Da es auf der gesamten Route keine einzige Rastmöglichkeit gibt, sollte man für diese sehr anstrengende Tour ausreichend Verpflegung und Flüssigkeit mitnehmen.

Es ist nicht zu empfehlen, die Tour etwa in umgekehrter Richtung zu fahren. Die Passage zwischen Bocca di Lorina und Caplone ist bergauf weitgehend unbefahrbar.

Am Ende der Tour kann man in der Molkerei Alpe del Garda die hervorragenden Käse der Region zu sehr günstigen Preisen einkaufen. Besonders empfehlenswert ist der superfrische Ricotta, den es hier in einer Qualität wie nirgends sonst gibt.

Im Valle di Campei gibt es nach kurzer, etwas rutschiger Felskletterei im Torrente Proalio die Möglichkeit zur kleinen Badepause in poolartig aus dem Fels gewaschenen 'Planschbecken'.

Variationen

Für Cracks:

1. Trial-Abfahrt durchs Valle Pra delle Noci ins Valle S. Michele: Wer am Ende wider Erwarten noch immer Lust auf Offroading hat, kann an WW 11 dem Forstweg noch 3,5 km/195 Hm bergauf zum Passo della Cocca folgen, dort rechts zur Malga Pra Pià abzweigen und den Trialpfad in o.g. Täler abfahren (siehe Tour 40). Man mündet bei WW 12 an der beschriebenen Tour.

2. Valle di Lorina: Beim Bocca di Lorina (WW 10) den bald links abzweigenden, schwer zu findenden Pfad hinab zur Malga Valisna suchen und dort dem Forstweg durch ein herrliches Felsenbachtälchen zur Fahrstraße ins Valle d'Ampola folgen. Auf Asphalt zum Passo d'Ampola und Passo di Tremalzo auffahren und am Rifugio Garda rechts auf den Schotterweg ins Valle S. Michele abzweigen. Man mündet bei WW 11 an der beschriebenen Tour (sehr schwere Auffahrten).

Auch probieren:

3. Tour über Lago d'Idro: Eine ähnliche, etwas mehr auf asphaltierten Fahrstraßen verlaufende Route ist z. B. vom Passo d'Ampola aus über Storo, Lago d'Idro und Bondone zum Bocca di Cablone möglich.

4. Auffahrt über Olzano: Bessere Fahrbahnen als im Valle Tignalga gibt es auf der Route Olzano, Dosso Piemp, Passo d'Ere zum Scarpape!

40 CORNO DELLA MAROGNA 41,7 km · 6:48 Std · 1953 Hm

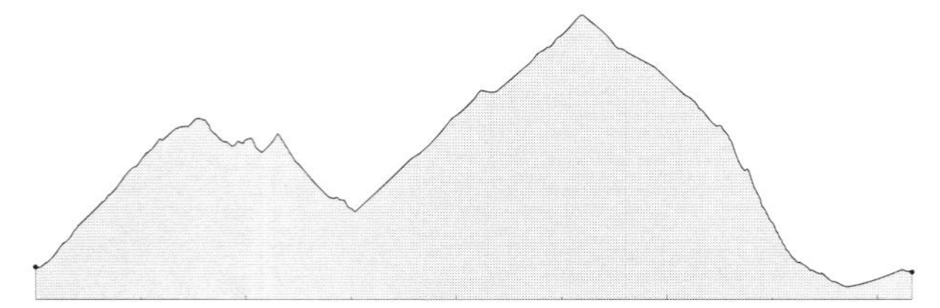

Extreme Tour! Kombination aus landschaftlich und fahrtechnisch begeisternden Trial-Pfaden und der schweren Auffahrt über die Tremalzo-Schotterstraße. Der Traum-Trial der Region!

Beschreibung

Zwar ist das Wort Tremalzo in aller Biker-Munde, die wirkliche Ehre aber gebührt dem Corno della Marogna. Während der Monte Tremalzo ein eher langweiliger, nichtssagender Hügel ist, thront sein Gegenüber wie der Steinbeißer persönlich als alle umliegenden Täler beherrschender Felsklotz an zentraler Stelle. Durch seine östlichen, mit hellen Kalkfelsen durchsetzten Grashänge windet sich die faszinierende Tremalzo-Schotterstraße und im Angesicht der gewaltigen Steinfassaden seiner Südhänge befindet sich das Trial-Paradies der Lago-Region - beides kombiniert zu traumhaftem Mountain-Biking bei dieser sehr variablen Tour.

Von Tremosine führt ein Schotterweg hoch über das Valle San Michele und wird am freien Hang schließlich zum Pfad. Dieser zieht in toller Trial-Fahrt mit ständig wechselnden Anforderungen durch Tunnels, zwischen Felskegeln und an steilen Abgründen entlang über den gesamten Höhenzug in den hinteren Talschluß zum Bocca di Fobia. Erst die letzten Meter zum Sattel sind nicht mehr fahrbar, ansonsten gibt es immer wieder mal sehr kurze Schiebepassagen, an einer Stelle muß ein unvollendeter Felsentunnel überklettert werden.

Vom Sattel leitet ein Pfad mit handtuchschmaler Fahrbahn in weiten Serpentinen durch traumhaft schöne, einsame Natur hinab ins obere Valle di Bondo, wo man stets der Tremalzo-Schotterstraße über Passo Nota und Tremalzo-Tunnel in schweißtreibender Auffahrt zum Rifugio Garda folgt. Bei der folgenden Abfahrt muß man aufpassen, am unscheinbaren Passo della Cocca den Abzweig zur Malga Pra Pià nicht zu verpassen. Gleich hinter der Alm steht der zweite Teil des Trial-Vergnügens auf dem Programm. Der Pfad quert den Südhang des Corno della Marogna und fällt überwiegend als steile Schotterpiste ins urwüchsige Valle Pra delle Noci ab. Stets den wilden Bachlauf begleitend geht es teils über rutschige, feuchte Felsplatten mit etlichen Bachüberquerungen talauswärts, bis am Ende wieder ein Forstweg nach traumhafter Tour durchs Valle San Michele nach Tremosine führt.

Fahrstrecke

km	Ort	Höhe	Zeit
0,0	Tremosine Via S. Michele	632	
0,4	bei Angelotto	641	
3,3	beim La Cocca	952	0:40
5,9	beim Cima Mughera	1240	1:25
7,7		1353	
9,1	beim B. di Nansesa	1245	2:00
11,0	bei Malga di Fobia	1212	2:26
11,6	Bocca di Fobia	1286	2:36
14,0	Valle del Pilès (Valle di Fobia)	979	
15,2	Forstweg	910	3:08
18,3	Passo Nota	1198	4:00
21,7	Baita Tuflungo	1490	
26,0	Tremalzo-Tunnel	**1863**	5:30
27,7	Rifugio Garda	1705	5:36
29,3	Malga Ciapa	1615	
31,1	Passo della Cocca	1461	5:46
32,1	Malga Pra Pià	1352	5:51
34,5	Valle Pra delle Noci	952	
36,4	Malga Pra delle Noci	672	6:26
38,4	bei S. Michele	**568**	
41,7	Tremosine	632	6:48

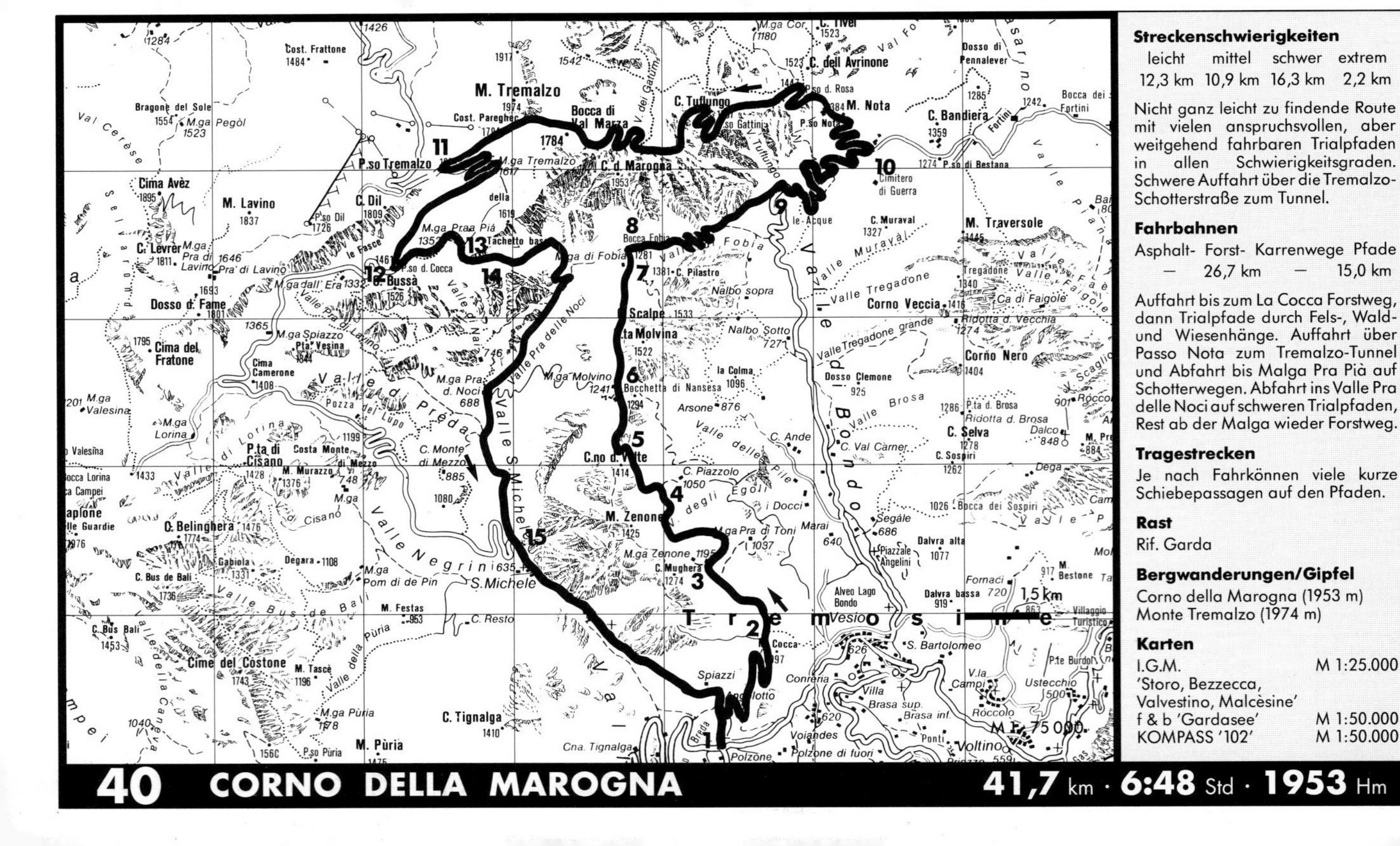

Streckenschwierigkeiten

leicht	mittel	schwer	extrem
12,3 km	10,9 km	16,3 km	2,2 km

Nicht ganz leicht zu findende Route mit vielen anspruchsvollen, aber weitgehend fahrbaren Trialpfaden in allen Schwierigkeitsgraden. Schwere Auffahrt über die Tremalzo-Schotterstraße zum Tunnel.

Fahrbahnen

Asphalt-	Forst-	Karrenwege	Pfade
–	26,7 km	–	15,0 km

Auffahrt bis zum La Cocca Forstweg, dann Trialpfade durch Fels-, Wald- und Wiesenhänge. Auffahrt über Passo Nota zum Tremalzo-Tunnel und Abfahrt bis Malga Pra Pià auf Schotterwegen. Abfahrt ins Valle Pra delle Noci auf schweren Trialpfaden, Rest ab der Malga wieder Forstweg.

Tragestrecken

Je nach Fahrkönnen viele kurze Schiebepassagen auf den Pfaden.

Rast

Rif. Garda

Bergwanderungen/Gipfel

Corno della Marogna (1953 m)
Monte Tremalzo (1974 m)

Karten

I.G.M. 'Storo, Bezzecca, Valvestino, Malcèsine'	M 1:25.000
f & b 'Gardasee'	M 1:50.000
KOMPASS '102'	M 1:50.000

40 CORNO DELLA MAROGNA

41,7 km · 6:48 Std · 1953 Hm

40 CORNO DELLA MAROGNA

41,7 km · 6:48 Std · 1953 Hm

Wegweiser

1 km 0 Den Schotterweg *'Via S. Michele'* taleinwärts Ri. *'Tremalzo, S. Michele'* befahren. Nach 440 m, kurz vor einer Rechtskehre auf leicht ansteigender Passage unterhalb des Almgebäudes, rechts auf den Weg durchs Wiesengelände abzweigen. Nach 120 m geradeaus auf dem Weg in den Wald hinein bleiben und diesem nun stets bergauf folgen.

2 km 3,3 Wenn der Weg geradeaus betoniert Ri. *'Sentiero Che Collega 26'* führt, links auf den anfangs grasigen Weg abzweigen.

3 km 4,2 Durch eine Rechtskehre auf dem Pfad weiterfahren und den links abzweigenden, abschüssigen Karrenweg liegen lassen. Nun stets dem Hauptpfad folgen.

4 km 5,9 Etwa 50 m vor dem zweiten Felsentunnel (kein Durchgang möglich!) rechts am Hang hochsteigen, auf dem Grat nach links über den unfertigen Tunnel hinweg gehen und dort kurz durch die Felsen zum weiterführenden Pfad absteigen (nach 90 m wieder fahrbar).

5 km 8,3 Dem Pfad durch eine Linkskehre etwas steiler bergab auf unwegsamer, kaum erkennbarer Karrenwegspur und nach 200 m, an der Verzweigung gegenüber der felsigen Bergkuppen, dem Hauptpfad durch die Rechtskehre in das Wäldchen hinein folgen.

6 km 9,1 Beim Bocchetta di Nansesa mündet man an eine verfallene Hütte im Wiesengelände und fährt geradeaus Ri. *'Bocca di Fobia'*.

7 km 11,0 Im hinteren Talkessel überquert der Pfad nach letzter Abfahrt und Passieren eines Felsens in der Nähe der nicht sichtbaren Malga di Fobia einen kleinen (meist trocknen) Bachgraben und führt nun steil bergauf. 130 m nach dem Bachgraben an der Pfadverzweigung geradeaus bergauf bleiben, nach 210 m und einer Rechtskehre dem Pfad links bergauf (nicht geradeaus wieder bergab!) folgen und nach knapp 100 m, noch vor der betonierten Tränke, rechts gut 100 m am Hang zum Sattel hochsteigen.

8 km 11,6 Am *'Bocca di Fobia'* dem Pfad nach rechts, bald durch zahlreiche weite Serpentinen bergab ins Valle del Pilès (Valle di Fobia) und weiter zur Mündung an einem Forstweg im oberen Valle di Bondo folgen.

9 km 15,2 Bei einem Wasserhäuschen mündet man am Forstweg und folgt diesem links bergauf bis zum Passo Nota.

Anfahrt

An der Verkehrsinsel in Torbole Ri. *'Riva'* fahren, dort stets Ri. *'Brescia, Limone'* halten und der Gardesana Occidentale am Seeufer entlang bis Limone folgen. 2 km nach dem Ortsschild *'Limone'* im Ort rechts Ri. *'Tremosine 2'* abzweigen und der Straße stets bergauf bis Vesio folgen.

Man mündet unterhalb von Vesio an eine weitere Straße und fährt rechts Ri. *'Tignale'* (nach 30 m Ortsschild *'Vesio'*). In der Ortsmitte bei der *'Bar Sole'* geradeaus Ri. *'Tignale'* bleiben und der Straße ortsauswärts nun 2,1 km folgen.

Fahrt zum Startplatz

Kurz vor einer großen Molkerei (Alpe del Garda) zweigt rechts bei einem Heiligenschrein die Schotterstraße *'Via S. Michele'* Ri. *'Tremalzo'* ab. Hier beginnt die Tour, eine kleine Parkmöglichkeit gibt es 170 m weiter am linken Straßenrand unmittelbar vor dem Molkereigelände. Man kann auch den beschilderten Parkplatz im Ort Vesio benutzen und mit dem Bike zum Startplatz anfahren (26 km, 40 Min.).

Alternative Startorte

Vesio, Rifugio Garda

10 km 18,3 Beim Passo Nota am kleinen Grillplatz links auf die Tremalzo-Schotterstraße Ri. *'Passo Pra della Rosa'* abzweigen und dieser stets bis zum Tremalzo-Tunnel und wieder bergab zum Rifugio Garda folgen.

11 km 27,7 30 m nach dem *'Rifugio Garda'* links über den Parkplatz auf den bergab führenden Schotterweg abzweigen.

12 km 31,1 Am unbeschilderten Passo della Cocca in einer Rechtskehre links auf den neuen Schotterweg zur Malga Pra Più abzweigen (nach 40 m massive Eisenschranke).

13 km 32,1 Bei der Malga Pra Più zum fast tiefsten Punkt des Almgeländes abrollen, beim weißen Schild *'Zona Divieto ...'* den Weidezaun übersteigen und dem Pfad über das Bächlein folgen. Nach 100 m am linken, mit *'22'* markierten Pfadabzweig geradeaus bleiben.

14 km 33,0 An einer Verzweigung rechts bergab auf dem *'22'*er Pfad ins Valle Pra delle Noci und dort meist am Bachlauf entlang stets talauswärts halten (ab km 36,3 wieder Forstweg).

15 km 38,0 Beim großen Schild *'Valle S. Michele'* geradeaus bergab und nach 400 m links über die Brücke bis zum Ausgangspunkt fahren.

Tips + Info

Diese Tour läßt sich als Trial-Runde auch in vielen anderen kürzeren Versionen ohne die Fahrt über den Tremalzo-Tunnel absolvieren (siehe auch Variationen). Fast sämtliche Wege und Pfade auf den beiden Höhenzügen um Monte Zenone und Corna Vecchia kommen dafür in Betracht.

Keine Verbindung mehr gibt es zwischen der verfallenen Malga di Fobia unterhalb des gleichnamigen Sattels ins Valle Pra delle Noci oder in Richtung Malga Pra Più. Bei allen auf den Karten verzeichneten Pisten fehlen sämtliche Brücken über die meist tiefen Bachgräben. Zudem sind die Wege oft bis zur Unkenntlichkeit verwachsen. Ein Durchkommen gelingt schon zu Fuß und ohne Bike nur mit Mühe, einigen gewagten Sprüngen über tiefe Gräben und Kletterpartien durchs freie Gelände.

Beim Start- und Zielpunkt können in der Molkerei Alpe del Garda frische Käse der Region zu günstigen Preisen eingekauft werden. Die Verkaufsstelle ist nur zu bestimmten Zeiten an Vor- und Nachmittag geöffnet (Anschlag beachten).

Variationen

Für Einsteiger:

1. Kurzrunde über Malga Pra delle Noci (Sent. 19): Beim Bocchetta di Nansesa (WW 6) auf den Pfad (später Weg) links hinter der Hütte bergab ins Valle Pra delle Noci abzweigen und dort talauswärts zurück zum Ausgangspunkt halten.

2. Kurzrunde durchs Valle di Bondo: Nach Abfahrt vom Bocca di Fobia bei Mündung am Forstweg (WW 9) rechts bergab nach Vesio fahren und auf der Fahrstraße zurück zum Ausgangspunkt.

3. Abfahrt ins Valle S. Michele auf einem Forstweg: Wer den zweiten Teil des Trial-Kurses ausklammern möchte, bleibt am Passo della Cocca (WW 12) auf dem Forstweg bergab bis zum Ausgangspunkt.

Auch probieren:

4. Über Corna Vecchia (Sent. 121/102/109/106/): Eine tolle, etwas kürzere Trial-Route um das Valle di Bondo mit vielen Variationsmöglichkeiten. Am Passo Nota (WW 10) 40 m geradeaus bleiben und rechts über die Brücke Ri. *'Cimitero'* abzweigen. Am Corna Vecchia dann entweder auf dem Pfad (später Weg) nach Vesio bleiben, oder mit kurzer Tragestrecke auf den Sentieros 102 und 109 nach Vesio.

Wer die Tour in Limone startet, kann dann auch auf dem extremen Sentiero 111 über Dalco abfahren.

DasLichtamEndedesTunnelsstirbtnie

Band 1	**FOR OFFROAD USE ONLY**	40 Touren	Tegernsee Schliersee Walchensee
Band 2	**OFF AND AWAY**	50 Touren	Karwendel Wetterstein Achensee
Band 3	**TAKE OFF**	40 Touren	Gardasee

Weitere Bände sind in Vorbereitung.